Amor por amor

Título original: *Rendre amour pour amour*
© 2019 *by* Editions Pierre Téqui
8 rue de Mézières
75006 – Paris

© 2025 de la traducción realizada por
Maria Florencia (Flor) Saéz Fernández
by EDICIONES COR IESU (hhnssc)
Plaza San Andrés, 5, 45002 - Toledo
www.edicionescoriesu.es
info@edicionescoriesu.es

ISBN (papel): 978-84-18467-72-1
ISBN (ebook): 978-84-18467-73-8
Depósito Legal: TO 70-2025

Impreso en España
Ulzama Digital SL (Huarte, Navarra)

JOËL GUIBERT

AMOR POR AMOR

Una espiritualidad del Corazón de Jesús

EDICIONES
COR
IESU

Del mismo autor

Renaître d'en haut, une renouvelée par l'Esprit Saint, Editions de l'Emmanuel, 2008.

El abandono en Dios un camino de paz en la escuela de Teresita, Monte Carmelo, 2022.

Que vienne ta miséricorde, éditions de l'Emmanuel, *2011.*

La sagesse de la Croix, éditions de l'Emmanuel, 2012.

Vivre en Marie, éditions du Carmel, 2013.

L'art d'être libre, éditions de l'Emmanuel, 2013.

Prêtre, éditions de l'Emmanuel, 2014.

Las personas que deseen participar en un retiro predicado por el P. Joël Guibert pueden consultar en la siguiente página web: www.perejoel.com

Introducción

Hasta no hace mucho tiempo casi no me había sentido atraído por lo que se llama la espiritualidad del Sagrado Corazón. Sin tener nada en contra, pensaba que era para aquellos que sentían una fuerte sensibilidad hacia ella. No obstante, me interrogaba sobre esta «insensibilidad» personal hacia lo que representa, sin embargo, un *monumento* de la espiritualidad cristiana. Tal vez, como el señor Jourdain[1], hacía prosa sin saberlo: aunque no utilizaba la expresión formal de «espiritualidad del Sagrado Corazón», hablaba, sin darme verdadera cuenta, de esta espiritualidad. Me había nutrido abundantemente de los escritos de estos mensajeros del Corazón misericordioso de Jesús como son Faustina, Teresita de Lisieux, Josefa Menéndez, la venerable Conchita Cabrera de Armida, pero no había gustado realmente el mensaje de santa Margarita María Alacoque, a quien el Sagrado Corazón se le había revelado particularmente. Había leído, por supuesto, algunas cosas de la religiosa de la Visitación de Paray-le-Monial, pero sin duda no había elegido la puerta de entrada adecuada o simplemente el Espíritu Santo no había visto mi corazón lo suficientemente maduro como para recibir semejante alimento.

Y he aquí que, a raíz de unas lecturas hechas un poco por casualidad, me fijé en dos afirmaciones precisas: en primer lugar, la del papa Pío XI, para quien la devoción al Sagrado Corazón de Jesús «contiene la suma de toda la religión»[2]; después la de su sucesor, Pío XII, quien afirmaba que «el Corazón de Jesús era la síntesis

---

1.   Personaje de la obra *El burgués gentilhombre*, de Molière (N. del T.).

2.   Pío XI. *Miserentissimus Redemptor*, 8 de mayo de 1928, nº 3.

de todo el misterio de nuestra Redención»[3]. Estas expresiones, fuertes, me marcaron profundamente y no me pude contentar con quedarme en el umbral de esta espiritualidad. Sin demora, me sumergí en los escritos de estos papas y también en los de santa Margarita María: mi corazón fue tocado y mi inteligencia iluminada. No me quedaba más que profundizar decididamente en este tema. Para este trabajo, me fue de preciosa ayuda la obra del P. Glotin, *La Bible du Coeur de Jésus*[4]. El padre jesuita interpela al lector:

> Has comprendido que este Libro de Vida para las Iglesias del tercer milenio se encuentra por encima de los manuales prácticos que necesitarán para evangelizar a los pueblos de hoy. Requiere pues la elaboración de productos derivados y adaptaciones a diferentes culturas[5].

Resulta difícil rechazar esta invitación. La obra del P. Glotin es una lectura bastante exigente. Hacen falta obras de divulgación que permitan a los cristianos descubrir o redescubrir esta espiritualidad del Sagrado Corazón que pertenece a la esencia misma de su vida bautismal. Con este libro, *Devolver amor por amor*, que quiere ser muy accesible sin ocultar la profundidad del mensaje, no tengo otro deseo que el de servir a la vida espiritual de los bautizados, nutrir su corazón con el de Jesús y dar gloria al amor de nuestro Dios.

La empresa es ambiciosa, pero ¿no estaría condenada al fracaso incluso antes de comenzar? En efecto, el culto al Sagrado Corazón tuvo su importancia en la Iglesia universal durante varios siglos en el seno de todas las categorías sociales. Los papas de la primera mitad del siglo XX consagraron importantes enseñanzas a

---

3.   Pío XII, *Haurietis Aquas,* 1956, n° 24.

4.   P. Édouard Glotin, *La Bible du Coeur de Jésus,* éd. Presses de la Renaissance, 2007.

5.   Ibid., p. 706.

este tema, mientras que en la segunda mitad de ese mismo siglo se asistió a un verdadero colapso de esta devoción en los países de la vieja cristiandad, particularmente en Europa. ¡Qué misterio! ¿Por qué lanzarse pues a esta peligrosa empresa de rehabilitación, cuando el culto al Sagrado Corazón es a menudo considerado como superado, sentimental o «dolorista»? Quizá esta devoción correspondía a un período pasado de la historia y ya no tiene cabida en nuestros tiempos... ¡Celebrémosle unos solemnes funerales y pasemos a otra cosa! Pero los movimientos de la historia y las sorpresas del Espíritu Santo lo han decidido de otra manera. En Paray-le-Monial, lugar donde el Sagrado Corazón se manifestó a santa Margarita María, se asiste a una verdadera resurrección que algunos datan de 1975, año conmemorativo de los hechos de Paray[6]. ¿Quién no ha oído hablar en las parroquias y en las capellanías de las famosas «sesiones» de verano de Paray-le-Monial, donde afluyen grandes muchedumbres, sacerdotes e incluso obispos? El culto al Sagrado Corazón no se situaría tras nosotros, sino más bien ante nosotros. Los que se reúnen en ese lugar santo y beben de esta espiritualidad del Corazón de Jesús, no pretenden una «restauración», sino más bien una resurrección, una profundización de su vida interior y un crecimiento del don de sí mismos. Este renacimiento del culto al Sagrado Corazón se verificará con el paso del tiempo. Pero antes incluso de constatarlo, vislumbramos ya la actualidad muy real de esta devoción por dos buenas razones. Sumergiéndonos en el Corazón de Cristo, en primer lugar, vamos a comprender mejor que esta devoción no tiene nada de anticuada, sino que es la devoción que engloba a todas las demás:

---

6. Cf. BERNARD PEYROUS, prefacio de Martin Pradère, *Jésus doux et humble de coeur*, éd. de l'Emmanuel, 2005, p.10.

No piense ninguno que esta devoción perjudique en nada a las otras formas de piedad [...]. Al contrario, una ferviente devoción al Corazón de Jesús fomentará y promoverá, sin ninguna duda, más particularmente el culto de la Santa Cruz, no menos que el amor hacia el augustísimo Sacramento del altar[7].

También hay que mencionar esta otra perspectiva, que augura un bello futuro para la devoción al Sagrado Corazón: cuando la recepción del auténtico Concilio Vaticano II —y no el «Concilio de los medios de comunicación» y su reduccionista mirada— impregne realmente las diferentes instancias católicas y las comunidades parroquiales, percibiremos claramente que el culto al Sagrado Corazón no fue eliminado por ese Concilio, sino que es una de las claves para comprenderlo. Este fue el análisis profético de san Juan Pablo II:

> El Concilio Vaticano II, en su análisis penetrante del «mundo contemporáneo», llegó a ese punto que es el más importante del mundo visible, a saber, el hombre bajando, como Cristo, a lo más profundo de las conciencias humanas, alcanzando el misterio interior del hombre que se expresa, en lenguaje bíblico e incluso no bíblico también, con la palabra «corazón». Cristo, Redentor del mundo, es Aquel que ha penetrado, de modo único e irrepetible, en el misterio del hombre y ha entrado en su corazón»[8].

En resumen, el problema del renovado culto al Sagrado Corazón no es que lleguemos demasiado tarde, ¡sino que quizá llegamos demasiado pronto! En efecto, es una mina de la que todavía no han sido explotadas sus inmensas riquezas. Cuántas maravillas, cuántas sorpresas y enriquecimientos están preparados para los corazones que se abran hoy y mañana a este amor en forma de cruz.

---

7. Pío XII, *Haurietis Aquas,* 1956, n° 35.

8. San Juan Pablo II, Encíclica *Redemptor Hominis,* 1979, n°, 8.

«Enamorarse" del Corazón de Jesús hasta devolver amor por amor es toda una aventura. Para lanzarse a ella hay que aceptar ciertamente que contiene terrenos desconocidos, pero es necesario trazar un camino. He aquí los pasos más importantes del itinerario que nos proponemos iniciar: en un primer momento, contemplaremos al Sagrado Corazón y después veremos cómo nuestro propio corazón puede responder a los reclamos amorosos de Dios.

Si el culto al Sagrado Corazón reúne en sí mismo los grandes misterios de la fe, intentaremos en la primera parte conectarlo con la fe en la Santísima Trinidad, en la encarnación y en la redención. En la segunda, abordaremos la respuesta del hombre, devolver amor por amor: confianza, ejercicio de la caridad, experiencia de los sacramentos, reparación, consagración y tantas otras realidades que permitirán desarrollar una verdadera espiritualidad del Sagrado Corazón.

PRIMERA PARTE:
DIOS, UN CORAZÓN ABRASADO
DE AMOR POR EL HOMBRE

El Sagrado Corazón:
UNA LARGA HISTORIA DE AMOR

SANTA MARGARITA MARÍA, «HEREDERA» DEL SAGRADO CORAZÓN

Basta con mencionar al Sagrado Corazón para que aparezca espontáneamente ante nosotros la figura de santa Margarita María. La religiosa de Paray-le-Monial pertenece al siglo XVII (1647-1690), que no está tan lejos de nuestro siglo XXI. La cuestión se plantea pues de manera directa: ¿el culto al Sagrado Corazón es una invención tardía? En relación con esta devoción[1], ¿no había nada o casi nada antes de las revelaciones privadas hechas a Margarita María en los tiempos modernos? Para evitarnos atajos engañosos, analicemos la cuestión de cerca.

Estamos en el 31 de diciembre de 1678, Margarita María, la salesa del monasterio de Paray, se entrega como ofrenda a Cristo. A cambio, recibe estas palabras: «Te constituyo "heredera" de mi Corazón»[2]. *Heredera* del Sagrado Corazón, ¿cómo comprender estas palabras?

---

1. La palabra devoción, utilizada en esta obra, no tiene nada que ver con la concepción común, a menudo desvalorizada, de una devocioncilla sentimental y anticuada. El sentido que nosotros damos a esta expresión se inspira en la muy noble definición de santo Tomás de Aquino (cf. Suma Teológica II, II, q. 82 a.1). Devoción significa dedicarse, entregarse a Dios y a su servicio.

2. Santa Margarita María de Alacoque *Obras completas,* Editorial Monte Carmelo, 2022, Carta nº 133 al P. Croiset, p.1007.

La expresión puede sugerir a primera vista que Dios le entrega, a través de su Corazón, todos los tesoros de su amor. Pero a la luz del desarrollo histórico de la devoción al Sagrado Corazón de Jesús, se puede entender de otra manera: la experiencia mística de Margarita María *recapitula* toda la historia pasada del culto al Sagrado Corazón hasta el punto de constituirla en heredera y, como tal, en *referencia* también para todo aquello que enriquecerá esta devoción después de ella.

Basta repasar la historia del culto al Sagrado Corazón —desde el Antiguo Testamento hasta nuestros días— para descubrir que esta devoción ha sido preparada desde hace mucho tiempo por el Espíritu Santo en el corazón de los creyentes. La experiencia espiritual de Margarita María ocupa, en el centro de esta historia, un papel crucial. Es momento ahora de recorrer, a grandes rasgos, esta larga y bella historia de amor entre el Corazón de Dios y el corazón de los hombres.

LA ALIANZA DE AMOR DEL ANTIGUO TESTAMENTO

Todo lo que necesitamos saber de Dios nos ha sido revelado por Jesucristo. San Juan de la Cruz afirma, comentando a Hebreos 1,1-2[3]:

> [...] Le podría responder Dios de esta manera diciendo:»Si te tengo ya habladas todas las cosas en mi Palabra, que es mi Hijo, y no tengo otra, ¿qué te puedo yo ahora responder o revelar que sea más que esto? Pon los ojos sólo en Él, porque en Él te lo tengo todo dicho y revelado, y hallarás en Él más aún de lo que pides y deseas.

---

3. SAN JUAN DE LA CRUZ, *Obras completas*, «Subida del Monte Carmelo», 2011, editorial Monte Carmelo, 2°, cap. 22 p. 346.

Pero, dado que el hombre se inscribe en una historia, las riquezas contenidas en esta gran Revelación, completada en Jesucristo, se desarrollan progresivamente a través de los siglos. A propósito de la Revelación conviene distinguir lo *implícito* de lo *explícito*. Pongamos un ejemplo sobre una cuestión que, al tratarse del núcleo de nuestra fe, no es de las menores: incluso si el término «Trinidad» no se menciona *explícitamente* en la Escritura, su realidad no está *menos implícitamente* presente, y a la Iglesia le han sido precisos varios siglos para *explicitar* este gran misterio trinitario.

Guardando la debida proporción, se aplica lo mismo al culto al Sagrado Corazón. Como escribió el papa Pío XII en su encíclica *Haurietis aquas*:

> Es indudable que los Libros Sagrados nunca hacen una mención clara de un culto de especial veneración y amor, tributado al Corazón físico del Verbo Encarnado como símbolo de su encendidísima caridad[4].

Pero si no se encuentra mención explícita de la devoción al Sagrado Corazón tanto en el Antiguo Testamento como en el Nuevo, el objeto mismo de este culto —el amor de Dios— está en ellos presente en todas partes[5].

Ya desde el Antiguo Testamento, *la alianza de amor* entre Dios y los hombres puede ser considerada como una verdadera prefiguración del culto al Sagrado Corazón. Jeremías es su anunciador profético:

> Con amor eterno te amé. [...] Esta será la alianza que pacte con la Casa de Israel, después de aquellos días, oráculo de Yahvé. Pondré

---

4. Pío XII, *Haurietis Aquas,* 1956, n° 6.
5. «Este hecho, que se debe reconocer abiertamente, no nos ha de admirar ni puede en modo alguno hacernos dudar de que el amor de Dios hacia nosotros —razón principal de este culto— es proclamado tanto en el Antiguo como en el Nuevo Testamento con imágenes con que vivamente se conmueven los corazones». Pío XII, *Haurietis Aquas,* 1956, n° 6.

mi ley en su interior y en sus corazones la escribiré, y yo seré su Dios y ellos serán mi pueblo. [...] cuando perdone su culpa y de su pecado no vuelva a acordarme. (Jr 31, 3; 33-34)

Como acabamos de ver, esta alianza de amor no tiene nada de palabrería —«¡palabras, palabras y nada más que palabras!»—, sino que más bien revela un «trasplante de corazón»: Dios implanta el fondo de su ser —su Ley, su vida, su amor— en el corazón mismo de sus criaturas. Esta comunión de amor es tan amplia y tan profunda que son necesarias varias aclaraciones para poder aprehenderla.

Dios nos ama con un Corazón de Padre

Ningún otro profeta como Oseas ha expresado con tanta fuerza y profundidad el amor con el que Dios va en pos del hombre:

Cuando Israel era niño lo amé, y de Egipto llamé a mi hijo. [...] Yo enseñé a caminar a Efraín, tomándolo en mis brazos, pero no sabían que yo los cuidaba. Los atraía con cuerdas humanas, con lazos de amor; yo era para ellos como quien alza a un niño contra su mejilla, me inclinaba y les daba de comer (Os 11, 1-4).

Dios es un Padre que ama con un Corazón de Madre[6]

Dios ama como un padre, ¡pero también como una madre! Encontramos acentos asombrosos de ello en el profeta Isaías. Al

---

6. «Conviene recordar que Dios trasciende la distinción humana de los sexos. No es hombre ni mujer, es Dios. Trasciende también la paternidad, la maternidad humanas». CATECISMO DE LA IGLESIA CATÓLICA, n° 239. La experiencia íntima de la tierna paternidad de Dios hacía decir a Marthe Robin: «¡Qué mal se conoce el corazón de Dios! Sin embargo, no solamente Dios es Padre, sino que a la vez es Madre», MARTHE ROBIN, *Journal. Décembre 1929-novembre 1932*, éd. Foyer de charité, 2013, p. 235.

pueblo que tiene la impresión de que Dios lo ha abandonado, el Señor le responde:

> ¿Acaso olvida una mujer a su niño sin dolerse del hijo de sus entrañas? Pues, aunque ella se olvidara, yo jamás te olvidaré (Is 49, 15).

Dios nos ama con un Corazón de Esposo

Un Dios con Corazón de Padre, de Madre e incluso de Esposo. Hoy resulta acorde con los tiempos proclamar que el cristianismo es una religión fría y moralizante. La Sagrada Escritura, y particularmente el libro del Cantar de los Cantares, hace saltar por los aires esa conclusión apresurada:

> Mi amado es mío y yo de mi amado […] Ponme como sello en tu corazón, como un sello en tu brazo. Que es fuerte el amor como la muerte […]. Sus saetas son una llamarada de Yahvé. Los torrentes no pueden apagar el amor, ni los ríos anegarlo (Is 6,2; 8, 6-7).

Acabamos de ver que la gran preocupación que recorre el Antiguo Testamento es la de recordarle a Israel que es verdaderamente el pueblo escogido por Dios en una alianza de amor absolutamente única. A partir de la elección del pueblo de Dios ya quedan establecidos los fundamentos del culto al Corazón de Dios. Por eso, se comprende el motivo por el que el papa Pío XII, en la encíclica antes citada, escribía esta conclusión:

> Es persuasión nuestra que el culto tributado al amor de Dios […] a través del símbolo augusto del Corazón traspasado del Redentor crucificado jamás ha estado completamente ausente de la piedad de los fieles, aunque su manifestación clara y su admirable difusión en toda la Iglesia se haya realizado en tiempos no muy remotos de nosotros, sobre todo después que el Señor mismo reveló este divino misterio a algunos hijos suyos, y los eligió para mensajeros y

heraldos suyos, luego de haberles colmado con abundancia de dones sobrenaturales[7].

EL CORAZÓN DE JESÚS EN LA ESCUELA DE SAN JUAN

Tras fijarnos en el Antiguo Testamento, acerquémonos ahora al Nuevo. De los tres textos evangélicos escogidos para la fiesta litúrgica del Sagrado Corazón (Mt 11, 25-30, Jn 19, 31-27; Lc 15, 3-7), sólo uno menciona explícitamente el Corazón de Jesús, el del Evangelio de San Mateo:

> Venid a mí todos los que estáis cansados y agobiados y yo os proporcionaré descanso. Tomad sobre vosotros mi yugo, aprended de mí que soy manso y humilde de *corazón* y hallaréis descanso para vuestras almas. Porque mi yugo es suave y mi carga ligera (Mt 11, 29-30).

Volveremos sobre estas palabras de Cristo cuando desarrollemos en la segunda parte de esta obra algunos de los aspectos principales de la espiritualidad del Sagrado Corazón. Pero antes dejemos que san Juan nos guie hacia los secretos del Corazón de Jesús[8].

Reclinado en el pecho de Jesús

Jueves santo. Jesús y sus discípulos comparten la solemne cena pascual. La atmósfera que se vive en el cenáculo es muy particular.

---

7. *Haurietis Aquas*. 1956, n° 25.
8. Recomendamos dos hermosas reflexiones que han nutrido nuestra meditación: P. DANY DIDEBERG, *Le clair regard. La Bible du Coeur de Jésus,* tome 4: La prière, bajo la dirección del P. Édouard Glotin, S. J., y Dany Dideberg, éd. de l'Emmanuel, 2014, p. 7-18; MARTIN PRADÈRE, Jésus doux et humble de coeur, éd de l'Emmanuel, p. 75-114.

Jesús irradia alegría ante la idea de entregar su Cuerpo y su Sangre, manifestación suprema de su amor. Pero este tiempo de intensa comunión es también un momento doloroso, pues Jesús declara que uno de ellos -Judas- lo va a entregar. Imaginemos este cuadro absolutamente único, vivido en esa hora precisa en la habitación del piso de arriba del Cenáculo. Como se hacía en aquel tiempo, las comidas se tomaban tumbados apoyados en un cojín. San Juan estaba en la mesa «al lado de Jesús», dice el Evangelio (Jn 13, 23). El discípulo se encontraba muy cerca del pecho de Jesús (*kolpos* en griego), como un niño que reposa en el seno de su mamá o de su papá. Observemos que es la misma palabra griega que emplea san Juan al principio de su evangelio para referirse a la muy particular relación que tiene Jesús con su Padre del cielo: «A Dios nadie lo ha visto jamás: lo ha contado el Hijo Unigénito, que está en el *seno del Padre*» (Jn 1,18). Sin duda esta cena pascual fue para san Juan un momento de intensa comunión con el amor de Cristo que latía en su seno, en su corazón. Por ello el Evangelio precisa, a propósito del apóstol Juan, que «uno de sus discípulos, *el que Jesús amaba*, estaba reclinado en la mesa sobre el pecho de Jesús» (Jn 13, 23).

Este Corazón a corazón no se detiene allí. Pedro pide a Juan que se acerque aún más a Jesús para saber quién lo va a traicionar. Juan, "reclinándose sobre el pecho de Jesús, le preguntó: «Señor, ¿quién es?"» (Jn 13,25). Es como si el apóstol muy amado penetrara más profundamente aún en el Corazón de Cristo, más lejos que su Corazón afectivo, hasta el núcleo mismo de su amor, en su «misterio interior» en contacto con los acontecimientos y las personas[9]. Juan en esta escucha del Corazón del Maestro, no sólo le es dado saber el nombre de Judas. Presente, sin duda, todo el dolor de Jesús traicionado, así como su extremo amor misericordioso,

---

9. El discípulo amado se reclina sobre el pecho de Jesús su στῆθος palabra griega que designa mejor lo que los judíos llamaban el corazón, es decir, «todo el misterio interior», de la persona», en Martin Pradère, op. cit., p. 92

sin límites, hacia Judas. No olvidemos que, según la costumbre de la época, darle a alguien el bocado (Jn 13, 26-27) expresaba una enorme señal de amistad hacia quien lo recibía. «Simbólicamente, *Jesús se entrega al que lo entrega*»[10].

La experiencia del Corazón traspasado de Cristo en el Gólgota

La tarde del Jueves santo, Jesús abrió a san Juan los tesoros de sabiduría que estaban encerrados en su Corazón: «Juan reposó en el espíritu y en el Corazón de Jesús y en los sentidos ocultos de su doctrina», escribió Orígenes[11].

Al día siguiente, Viernes Santo, el Corazón físico de Jesús se abre por la lanzada del soldado. Como para los judíos era el día de la Preparación, no querían que quedasen los cuerpos de los ajusticiados en la cruz el sábado (cf. Jn 19, 31). Había que verificar que los cuerpos estaban muertos para poder enterrarlos. Para asegurarse de que Jesús había expirado: «Uno de los soldados le atravesó el costado con una lanza y al instante salió sangre y agua» (Jn 19,34). Testigo privilegiado del acontecimiento, contemplando este momento preciso, Juan emplea una fórmula muy solemne: «El que lo vio lo atestigua y su testimonio es válido y él sabe que dice la verdad para que vosotros creáis» (Jn 19,35). ¿Por qué tanta solemnidad en este testimonio? Después de todo, se trataba de un simple «procedimiento» para asegurarse de la muerte del reo. El mismo Evangelio nos ofrece la clave para comprenderlo: «Y todo esto sucedió para que se cumpliese la Escritura: No se le quebrará hueso alguno. Y también otra Escritura dice: Mirarán al que traspasaron» (Jn 19,36). Para san Juan está claro que este Crucificado es «el Cordero que quita el pecado del mundo» (Jn 1, 29). En efecto, estas dos profecías del Antiguo Testamento que Juan

---

10. Ibid., p. 91
11. Orígenes, In Cant., I : PG 13, 87 B.

rememora evocan, para cualquier judío que conoce la Biblia, la figura del Mesías. Es como si san Juan, en el momento preciso en que el costado de Jesús es traspasado, recibiera una revelación más profunda aún de la identidad del Crucificado y del amor infinito que brota de su Corazón abierto. Este es el motivo por el que el discípulo habla con tanta solemnidad: quiere gritar al mundo esta verdad para que los hombres contemplen también al Traspasado y reconozcan en Él a su Salvador que los ama hasta el extremo.

Para Juan, escribe el cardenal Ratzinger, la imagen del costado traspasado es el punto culminante no sólo de la escena de la Cruz, sino de toda la historia de Jesús[12].

Los secretos del Corazón traspasado de Jesús

Como acabamos de ver, las circunstancias conmovedoras de la muerte de Jesús dan testimonio, para san Juan, de que es el Mesías tan esperado y anunciado de manera profética en el Antiguo Testamento. Pero esta escena en la que el Corazón de su Maestro es traspasado conmueve al discípulo amado por otra razón aparentemente anodina. En efecto, dice el Evangelio: «Uno de los soldados le atravesó el costado con una lanza y al instante salió *sangre* y *agua*» (Jn 19,34). Estos signos físicos del corazón traspasado de Jesús son completamente «normales» para la medicina. Pero Juan, iluminado por la ciencia divina que emana del Corazón de su Maestro, recibe una lectura mucho más mística que este enfoque meramente médico.

---

12. Cardenal Joseph Ratzinger. *Foi chrétienne hier et aujourd'hui*, éd. Mame, 1969, p. 163. Citado por Martin Pradère, op.cit., p.80.

¡Sólo el Espíritu discierne el Espíritu!

¿Cómo discernir, sin el Espíritu Santo, que esta sangre y esta agua superan en mucho las simples consecuencias físicas de una lanzada que perfora y vacía un corazón humano? La Primera Epístola de san Juan lo precisa: Jesucristo fue el que vino con agua y con sangre. […] *Y el Espíritu da testimonio,* porque el Espíritu es la verdad. Tres son los que dan testimonio: el Espíritu, el agua y la sangre (1 Jn 5,6-8).

Entonces, ¿qué da a entender precisamente el Espíritu de Dios con estos signos del agua y de la sangre? A Juan le hace ver que es justamente el Espíritu Santo el que brota del costado de Cristo. Recordemos que el último día de la gran fiesta de las Tiendas Jesús dijo en voz alta, ya con el Gólgota en perspectiva: El que tenga sed, que venga a mí y beba el que cree en mí; como dice la Escritura: «…de sus entrañas manarán ríos de agua viva» (Jn 7, 37-39).

Para Juan, como para nosotros, ¡es indispensable tener el Espíritu… para discernir el Espíritu! «Dios nos reveló todo esto por medio del Espíritu; y el Espíritu todo lo sondea, incluso lo profundo de Dios» (1Co 2,10) Intentemos, gracias al Espíritu del Dios vivo, desvelar los secretos escondidos en este manantial del agua y de la sangre que manan del costado abierto del Cordero.

La Cruz: un volcán de amor finalmente liberado

Nuestra fe no se funda en revelaciones místicas, sino en la Escritura leída en el seno de la Iglesia. Sin embargo, la teología de los santos y la sabrosa ciencia de las almas místicas pueden enriquecer poderosamente la fe y la vida espiritual del pueblo de Dios[13]. La primera vez que vi esa obra maestra que es *La Pasión*

---

13. «La interpretación de la Sagrada Escritura quedaría incompleta si no se estuviera también a la escucha *de quienes han vivido realmente la Palabra de Dios, es decir, los santos.* En efecto, la interpretación más profunda de la

de Cristo de Mel Gibson me golpeó una escena: ¿Por qué ese «géiser» de agua y de sangre brotando del costado de Cristo cuando el soldado lo traspasaba con su lanza? Mi primera impresión fue pensar que el realizador se había tomado demasiada libertad al interpretar la lanzada Pero mi apreciación negativa cambió cuando supe que se había inspirado en las revelaciones de ciertas místicas, como Ana Catalina Emmerich, María de Ágreda... Pero sólo voy a citar las palabras de Cristo dirigidas a la beata Conchita Cabrera de Armida: «En el calvario, la lanzada *alivió el volcán de amor* que consumía mi corazón y que buscaba comunicarse»[14]. El deseo de amor de Cristo de entregar su vida a los hombres era tan fuerte que estaba como «comprimido» en su Corazón. Hizo falta que este divino Corazón fuera perforado para permitir que la sangre, portadora de vida y de amor, fuera finalmente liberada para así esparcirse profusamente por el mundo. Santa Teresita entendió muy bien el misterio de este «amor-géiser» de Dios, que sufre al tener que darse tan poco y que se siente como consolado cuando encuentra almas abiertas a los torrentes de su amor:

> Creo que si encontraras almas que se ofreciesen como víctimas de holocausto a tu Amor, las consumirías rápidamente. Me parece que te sentirías feliz si no tuvieses que comprimir las oleadas de infinita ternura que hay en ti[15].

¡Qué conversión debería obrarse en nosotros, inconscientes religiosos, tan prontos a imaginar un Dios «tacaño» que no nos da su amor más que con cuentagotas!

Escritura proviene precisamente de los que se han dejado plasmar por la Palabra de Dios a través de la escucha, la lectura y la meditación asidua. [...] Cada santo es como un rayo de luz que sale de la palabra de Dios», BENEDICTO XVI, *Verbun Domini*, n° 48.

14. J. GUTIÉRREZ GONZÁLEZ, *La experiencia del misterio eucarístico en Concepción Cabrera de Armida*, BAC 2004.

15. TERESA DE LISIEUX, *Obras completas*, 1998, Monte Carmelo, *Manuscrito A 84 r°*.

La Cruz: manantial de la misericordia

La crucifixión manifiesta a la vez la herida del Corazón de Dios debida al pecado de los hombres y el exceso de amor de Dios en respuesta a esta ofensa: «Habiendo amado a los suyos que estaban en el mundo, los amó hasta el extremo» (Jn 13,1). Al pie de la cruz, Juan, la Santísima Virgen y el soldado que había traspasado su Corazón son literalmente rociados por este rocío de misericordia que brota del Corazón de Cristo.

> Una lanza, escribió san Bernardo, atravesó su alma y llegó hasta su Corazón, de modo que ya no ignora cómo compadecerse de mis debilidades. Las heridas que recibió su cuerpo nos descubren los secretos de su Corazón; nos permiten contemplar el gran misterio de su compasión, las entrañas misericordiosas de nuestro Dios[16].

Al día siguiente de la resurrección, esta experiencia de la misericordia, que brota de las llagas de Jesús, se verá confirmada. Jesús resucitado se aparece a los apóstoles que estaban reunidos; y sobre su traición durante la Pasión pone una palabra de consuelo y de perdón: «La paz con vosotros» (Jn 20,19). Así es como Él, en este intenso momento de misericordia, les confía su futura misión, que justamente será la de comunicar la misericordia: «A quienes perdonéis los pecados, les quedarán perdonados» (Jn 20,21). ¡El Corazón abierto de Cristo es verdaderamente la esclusa de la misericordia divina!

La Cruz: ¡la vida que brota de la muerte!

Nuestro pensamiento, a menudo demasiado analítico, tiende a distinguir, hasta el punto de separar, a veces, los misterios de la salvación. Por ejemplo, para nosotros, el don de la vida eterna sólo viene después de la muerte de Cristo. La contemplación de la

---

16. San Bernardo, *Homilías sobre el Cantar de los Cantares*, 61, 3-5.

Cruz de Cristo hecha por Juan nos invita, por el contrario, a unir los misterios sin confundirlos. Para el discípulo amado, antes incluso de su resurrección, Cristo, en lo más profundo de su estado de muerte, deja ya brotar la vida a través de los signos de la sangre y del agua[17]. San Agustín, influido por una traducción de san Jerónimo, contemplará el costado abierto de Cristo en la cruz y hará este comentario:

> El evangelista ha usado el verbo con cuidado. No dice «golpeó» o «hirió» su costado, u otra cosa cualquiera, sino *«abrió»* para que la puerta de la vida se abriera allí de donde han manado los sacramentos de la Iglesia, sin los que no se entra a la vida que es la auténtica vida[18].

Por la Cruz nació la Iglesia, fuente de los Sacramentos

Releyendo la Escritura bajo la luz del costado traspasado del Crucificado, la Iglesia no tardó en comprender que su propio nacimiento místico se había iniciado en el Gólgota. Del mismo modo que Eva fue formada de una de las costillas de Adán (Gn 2 21,22), así la Iglesia, esposa inmaculada del Hijo de Dios, ha nacido de su costado abierto por la lanza: «Cristo ha formado la Iglesia a partir de su costado, como del costado de Adán fue formada Eva», enseña san Juan Crisóstomo[19]. Una vez más, no disociemos,

---

17. Orígenes, preguntándose por qué una tumba nueva para Cristo, da esta admirable respuesta: «Era necesario que fuese enterrado en un sepulcro nuevo.[…] El que no fue semejante a los otros muertos, pero que, en el estado de muerto, mostró signos de vida: la sangre y el agua, y fue, por decirlo así, un muerto nuevo», en Orígène, *Contre Celse* 2, 69, Cf. P. Édouard Glotin, *la Bible du Coeur de Jésus*, Presses de la Renaissance, 2007, p. 217.

18. San Agustín, *Tratado sobre el Evangelio de San Juan*, CXX, 19,2: PL 35, 1953

19. San Juan Crisóstomo: *Catequesis bautismales,* 3, 13-19.

separándolos de manera perfecta, estos diferentes momentos de la salvación, muerte, resurrección de Cristo y envío del Espíritu: precisamente de la misma unidad de estos misterios nace la Iglesia. Dicho esto, en la Cruz es donde ha nacido, de los «méritos» de Cristo, cabeza de la Iglesia:

> La Iglesia, ya *concebida* y nacida del costado del nuevo Adán reclinado en la Cruz, se ha *manifestado* por primera vez a los hombres de modo solemne en el celebérrimo día de Pentecostés, escribía el papa León XIII[20].

Y esta Iglesia es, de alguna manera, la gran «fuente» de la que brotan esos siete ríos que son los sacramentos que irrigan el corazón de los creyentes y santifican misteriosamente el mundo. No desarrollamos aquí más estos temas de la Iglesia y de los sacramentos, ya que les dedicaremos un capítulo en la segunda parte de esta obra.

Entremos a través de la «puerta «del Corazón

Nuestra meditación ha dejado entrever los inestimables tesoros que están escondidos en el Corazón del Crucificado. Para tener acceso a ellos hay que franquear esta puerta que es el costado abierto de Nuestro Señor: «Cristo es la puerta de entrada, y la puerta te ha sido abierta cuando la lanza perforó su costado», dice

---

20. León XIII, Encíclica *Divinum Illud*, 7. El concilio de Viena (1312) ya enseñaba: Confesamos también […] que, después de exhalar su espíritu, Él [Jesús] fuera perforado por la lanza en su costado, para que, al manar de él las ondas de agua y sangre, se formara la única inmaculada y virgen, santa madre Iglesia, esposa de Cristo, como del costado del primer hombre dormido fue formada Eva para el matrimonio; y así a la figura cierta del primero y viejo Adán que, según el Apóstol, es forma del futuro {Rom. 5, 14], respondiera la verdad en nuestro novísimo Adán, es decir, en Cristo», *en Denzinger,* 901.

san Agustín[21]. El alma contemplativa, ávida por entrar por esta puerta misteriosa del Corazón herido en el Gólgota, no quedará decepcionada, sino que será introducida en un conocimiento íntimo y sublime de Cristo. Como escribía el papa Pío XI a propósito de la devoción al Sagrado Corazón de Jesús:

> Y con razón, venerables hermanos; pues en este faustísimo signo y en esta forma de devoción consiguiente, ¿no es verdad que se contiene la suma de toda la religión y aun la norma de vida más perfecta, como que más expeditamente conduce los ánimos a conocer íntimamente a Cristo Señor Nuestro, y los impulsa a amarlo más vehementemente, y a imitarlo con más eficacia?[22].

Pero dicha experiencia de «conocimiento-unión» difícilmente sucederá sin una frecuentación asidua y amorosa de la Pasión de Cristo, a imagen del ciervo sediento que busca el agua viva (cf. Sal 42,2). San Ambrosio nos invita insistentemente a ello:

> Bebe de Cristo, porque Él es la Roca de donde brota el agua. Bebe de Cristo porque Él es la Fuente de la vida. Bebe de Cristo porque Él es la Paz. Bebe de Cristo, porque Él es el Río cuya corriente alegra la ciudad de Dios. Bebe de Cristo, porque de su seno brotan ríos de agua viva[23].

EL SAGRADO CORAZÓN: DE LOS COMIENZOS DE LA IGLESIA HASTA SANTA MARGARITA MARÍA

No pretendemos exponer de una manera detallada la historia del culto al Sagrado Corazón. Como si de una pintura impresionista

---

21. SAN AGUSTÍN, *Sermón* 311: PL. 38, 1415. Cf. PL. 35, 1512
22. Pío XI, Carta Encíclica *Miserentissimus Redemptor,* 3, 8 de mayo de 1928.
23. SAN AMBROSIO, *Explanatio psalmorum,* I, 33, Citado por el P. ÉDOUARD GLOTIN, *Voici ce Coeur qui nous a tant aimés,* ed. de l'Emmanuel, p. 38.

se tratara, nos limitaremos a trazar algunas pinceladas en este imponente fresco histórico que permitirán al lector encontrar en ellas alimento para su vida espiritual y le mostrarán cómo el Espíritu Santo ha suscitado y amplificado a través de los siglos esta devoción al Sagrado Corazón de Jesús en el alma de los creyentes.

Los primeros mártires

Durante los primeros siglos era impresionante la increíble resistencia de los mártires. Su singular perseverancia sólo podía ser el fruto de su unión con la fuerza vivificante que brotaba del Corazón de Cristo. Así se dice, a propósito del diácono Sanctus, quemado con un hierro al rojo vivo durante la persecución acaecida en Lyon en 177, que «permanecía inflexible, firme en la confesión [de fe] y fortificado y aliviado por la fuente celestial de agua viva que brota del seno de Jesús»[24].

La Edad Media

En la Edad Media se desarrolla una mística más afectiva. Inspirados por el Espíritu, se penetra más adentro en el Corazón de Cristo y muy particularmente en su herida de amor. Si Francia es tierra de elección del divino Corazón de Jesús, Alemania le precede a través de grandes místicas como santa Lutgarda. Mientras que un pretendiente ronda a esta joven adolescente, Jesús se le aparece, mostrándole la herida de su costado y le dice:

Renuncia a la adulación de un amor indigno de ti, no dejes de contemplar aquí lo que amas y por qué lo amas. Yo te prometo que aquí encontrarás delicias de toda pureza[25].

---

24. Eusebio de Cesarea, *Histoire ecclésiastique,* trad. G. Bardy, V, chap.1-4, & 22, Citado por el P. Édouard Glotin, op. cit., p. 288.

25. *Vie de sainte Lutgarde par Thomas de Catimpré,* Presses universitaires de Namur, 991, 5. Citado por el P. Édouard Glotin, *op. cit.,* p. 296-297.

Abandonemos Renania para ir a Sajonia y descubrir allí a la gran Gertrudis de Helfta. Toda su comunidad religiosa está reunida en el coro, cantando el oficio de lecturas de la fiesta de san Juan Evangelista. De repente, el discípulo amado se le aparece a Gertrudis y la lleva ante la dulce presencia de Cristo:

Ven conmigo, le dice Juan, y reposaremos juntos sobre el pecho del Señor, fuente de toda dulzura, que encierra el secreto tesoro de toda bienaventuranza[26].

Esta invitación a reposar sobre el Corazón de Cristo confirma la interpretación mística, sugerida antes, de san Juan en la última cena pascual. Al escuchar los latidos de amor del Corazón de su Maestro, santa Gertrudis es sumergida en un profundo arrebato: «Las santísimas pulsaciones, que hacían latir sin cesar el Corazón divino, le causaban un gozo indecible». Comprendiendo que san Juan también había sentido estos latidos de amor durante la santa Cena, se asombra de que hubiera guardado silencio de semejante experiencia en su Evangelio, experiencia que hubiera sido tan provechosa para toda la Iglesia. El apóstol le da esta asombrosa respuesta:

Mi misión era que del Verbo increado de Dios Padre yo no transcribiera para la Iglesia naciente más que una sola palabra, en la que hay suficiente para satisfacer las mentes de todo el género humano, hasta el fin del mundo, incluso aunque nadie llegará jamás a comprenderla plenamente. En cuanto a la dulce elocuencia de estas pulsaciones, ha sido reservada para los tiempos actuales a fin de que su eco vuelva a calentar el amor adormecido que dirige a Dios este mundo envejecido[27].

---

26. Santa Gertrude d'Helfta, *Le Héraut de l'amour divin*, IV, 4.3
27. Ibid., IV, 5.

¿Cómo no conmoverse ante el final de esta revelación privada? La situación descrita es la de nuestro mundo moderno, tentado por la apostasía tranquila, el pecado y los odios intestinos. Para volver a calentar esta era de glaciación del amor, Dios nos ofrece esta arma secreta como es el culto al Corazón de Cristo. A la medida de la iniquidad creciente y del amor que se enfría cada vez más en muchos (cf. Mt 24,12), esta devoción, a menudo considerada como anticuada, se presenta más bien como un divino «ardid de amor» para el futuro de la Iglesia y del mundo.

San Juan Eudes

A principios del siglo XVII, san Juan Eudes (1601-1680), apóstol y teólogo, intuyó muy pronto el papel central del Corazón de Jesús en el objetivo de la salvación: la unidad de los hombres entre sí en la comunión con Cristo. Al colocar al Sagrado Corazón como fundamento mismo de la comunión de la Iglesia y del género humano, el pensamiento de san Juan Eudes anuncia ya el del Vaticano II, que ve en esta comunión la esencia misma de la Iglesia. ¡Qué asombroso eco, en efecto, con las palabras de Juan Pablo II!:

> La comunión es el fruto y la manifestación de aquel amor que, surgiendo del *Corazón* del Padre eterno, se derrama en nosotros a través del Espíritu que Jesús nos da, para hacer de todos nosotros «*un solo corazón* y una sola alma». Al realizar esta comunión de amor, la Iglesia se manifiesta como «sacramento», o sea, «signo e instrumento de la íntima unión con Dios y de la unidad del género humano»[28].

Esta convicción central de san Juan Eudes deja traslucir otra intuición profética. Para nuestro santo, el modelo y la fuente de

---

28. SAN JUAN PABLO II, *Carta apostólica para el nuevo milenio Novo Millennio Ineunte*, n° 42.

esta unión de la Iglesia a su Señor se encuentra en la unión entre los Corazones de Jesús y de María, figura de la Iglesia. La conciencia que tiene de esta comunión salvadora entre Jesús y María es tan viva que, para él, sin negar su distinción, prevalece la unión:

> No es justo separar dos cosas que Dios ha unido tan estrechamente [...], dos Corazones que están unidos por el mismo espíritu y por el mismo amor que une al Padre de Jesús con su Hijo amado para no formar sino un solo Corazón: no en unidad de esencia, como es la unidad del Padre y del Hijo, sino en unidad de sentimiento, de afecto y de voluntad[29].

Volveremos más tarde sobre esta unión de los dos Corazones de Jesús y de María.

Santa Margarita María

¡Verdaderamente Dios sabe lo que hace!

En este siglo XVII bisagra, siglo de santos que ve una renovación grande de fervor y que sin embargo prepara el siglo de las Luces y la gran apostasía de los tiempos modernos, Jesús se aparece a una religiosa de la Visitación de Paray-le-Monial, santa Margarita María. Dios prepara el alma de su futura confidente desde su infancia, con sufrimientos purificadores, pero también con poderosas influencias del Espíritu; hasta tres apariciones mayores, durante las cuales Jesús revela a sor Margarita María los secretos de su amor, pidiéndole incluso promover una fiesta litúrgica dedicada a su Sagrado Corazón. Para ese mundo que pronto va a hundirse en la apostasía silenciosa, Jesús quiere, «por un último esfuerzo de su amor»[30], sacudir a los hombres revelándose como un Corazón

---

29. SAN JUAN EUDES, *Oeuvres complètes*, 8, 206.

30. «Esta devoción era como un último esfuerzo de su amor que quería favorecer a los hombres en estos últimos tiempos con esta redención

inflamado de amor hacia ellos: «Este Corazón arde de tanto amor hacia ti y hacia todos los hombres que ya no puedo contenerlo»[31]. Pero Jesús, al revelarle su corazón abrasado de amor, le hace también una queja dolorosa: Corazón lleno de amor, pero también Corazón herido en su amor:

> Mira este Corazón que tanto ha amado a los hombres que no ha ahorrado nada [...] para demostrar su amor. Sin embargo, la mayor parte de ellos me corresponde con ingratitudes[32].

Ya hemos hecho referencia a esto antes: la elección divina de Margarita María, el contenido del mensaje que le encarga vivir y transmitir al mundo, confiere a la santa de Paray-le-Monial un estatus completamente único en la historia del culto al Sagrado Corazón. Con Margarita María se ponen de manifiesto las grandes claves teológicas y espirituales de la devoción al Sagrado Corazón. Encontramos aquí, como en una síntesis, los grandes misterios de la fe católica, así como las grandes líneas de la espiritualidad del Sagrado Corazón: devolver amor por amor, reparar, consagrar, vivir la compasión, la consolación, la caridad fraterna, etc.

EL SAGRADO CORAZÓN: DE SANTA MARGARITA MARÍA A NUESTROS DÍAS

Mientras que la experiencia mística de Margarita María recapitula la larga maduración del culto al Sagrado Corazón desde los principios de la historia de la salvación, a partir de ella van a suceder otros acontecimientos. Con figuras contemporáneas como

---

amorosa [...] para colocarnos bajo la dulce libertad del imperio de su amor, el cual quería restablecer en los corazones» SANTA MARGARITA MARÍA DE ALACOQUE, *Obras completas*, op.cit., «Cartas» n° 133 al P, Croiset, p. 1005.

31. SANTA MARGARITA MARÍA DE ALACOQUE, *Obras completas*, op.cit., «Autobiografía» n° 53, p. 165.

32. Ibid., n° 92, p. 214.

santa Faustina y la beata Conchita, entre otras, el Espíritu Santo enriquece el culto al Sagrado Corazón con nuevos y hermosos acordes.

Santa Faustina

Las revelaciones hechas a Faustina Kowalska (1905-1938) nos adentran todavía más en los misterios del Corazón de Cristo.

Pongamos primero en perspectiva tres grandes fiestas litúrgicas oficializadas en la Iglesia que han sido adoptadas después de las revelaciones privadas hechas a tres mujeres. La fiesta del *Cuerpo y la Sangre de Jesús -Corpus Christi-* tras las revelaciones, en la Edad Media, a santa Juliana de Cornillon; la fiesta del *Sagrado Corazón*, después de las recibidas por santa Margarita María Alacoque, en el siglo XVII y la fiesta de la *Divina Misericordia,* tras las revelaciones, en el umbral del tercer milenio, a santa Faustina.

La relación de estas tres solemnidades muestra a la vez una continuidad en la revelación progresiva del amor divino, pero también una profundización, hasta remontar, con Faustina, a la fuente última del amor. El P. Eduardo Glotin lo señala con razón:

> De la adoración festiva del «Corpus» de Cristo, hemos pasado a la adoración reparadora de su «Corazón» herido. Desde el símbolo del Corazón, volvemos hoy a remontarnos hacia el misterio de la misericordia, del que es la revelación[33].

El mensaje de la Divina Misericordia de santa Faustina presenta otra faceta que no debe descuidarse, especialmente hoy. A la sombra de la experiencia de santa Margarita María, Faustina tiene la misión de recordar a nuestra sociedad secularizada -y a los creyentes a menudo contaminados por el espíritu del mundo- los atributos de Dios. Dios no es únicamente misericordia, es también

---

33. P. ÉDOUARD GLOTIN, S.J. , *La Bible du Coeur de Jésus, op.cit.,* p. 449

el Dios infinitamente santo que ejerce la justicia[34]. Sí, la urgencia actual es anunciar la misericordia de Dios a un mundo herido, pero sin ocultar las exigencias de su justicia, evitando ofrecer a las almas un dios falso y, finalmente, engañándolas y encerrándolas en su pecado. Cristo dio a entender a santa Margarita María que el culto al Sagrado Corazón era una oportunidad ofrecida al mundo en un «último esfuerzo» del amor divino. La enseñanza del *Diario* de la religiosa polaca parece acentuar esta gravedad, afirmando que la divina misericordia se presenta como una última oportunidad para la humanidad antes de la venida de Cristo:

> Deseo que mi Misericordia sea venerada, dice Cristo a Faustina. [...] Doy a la humanidad su última tabla de salvación, es decir, el refugio de mi misericordia[35].

Beata Conchita

Concepción Cabrera de Armida (1862-1937) -más conocida como Conchita- es una personalidad fuera de lo común. Madre de nueve hijos, esta seglar mejicana fue fundadora de dos institutos religiosos, uno de ellos sacerdotal. Digamos en primer lugar que Conchita recibió la misión de continuar la obra de santa Margarita María:

> El apostolado de la Cruz, le dijo Jesús, es la obra que continúa y completa la de mi Corazón y que le fue revelada a la bienaventurada Margarita María[36].

---

34. Santa Faustina, *Diario*, n° 180.

35. Ibid., n° 998.

36. Concepción Cabrera de Armida, *Journal spirituel d'une mère de famille*, éd. de l'Emmanuel, 2003, p. 64. Citado por el P. Michel Marie Philipon, o.p.

Se trata claramente de una profundización del mensaje de Paray-le-Monial. ¿En qué punto preciso? La Cruz es el mensaje central de los escritos revelados a Conchita. Jesús le hace comprender que Margarita María tenía por misión revelar el amor ardiente del Corazón de Cristo, y ella, Conchita, tendrá la tarea de revelar más intensamente sus sufrimientos[37]. El Señor desea que se preste una atención particular a los «dolores interiores» que habitaron su alma mucho antes de la sangrienta Pasión. Tendremos ocasión de desarrollar este punto más adelante.

Al término de nuestro recorrido a través de la Sagrada Escritura, la Tradición, la liturgia y las experiencias de las místicas, se imponen a nuestro espíritu tres convicciones.

- Hemos observado que el culto al Sagrado Jesús Corazón de Jesús no es una «invención» tardía. Se remonta al Antiguo Testamento. Desde los inicios de la Alianza con la humanidad, Dios preparaba desde siempre a los hombres para esta revelación cada vez más luminosa: De lo que hemos expuesto, escribe Pío XII, hasta ahora aparece evidente, venerables hermanos, que en los textos de la Sagrada Escritura, de la Tradición y de la Sagrada Liturgia es donde los fieles han de encontrar principalmente los manantiales límpidos y profundos del culto al Corazón Sacratísimo de Jesús, si desean penetrar en su íntima naturaleza y sacar de su pía meditación sustancia y aumento para su fervor religioso»[38].

- Si Dios ha suscitado místicas a través de los siglos para hablar del Sagrado Corazón y difundir su mensaje, no son sus revelaciones privadas las que dan fundamento a este culto, sino más bien el

---

37. «Escribe a su padre espiritual: «Padre, tengo vergüenza de decirle esto, pero es el mismo Jesús quien ha evocado el recuerdo de Margarita María… Me ha dicho que había escogido a las dos [Margarita María y Conchita], una para una cosa y otra para otra, es decir, una para revelar al mundo su amor y la otra su sufrimiento». Beata Conchita, Cuenta de conciencia (Diario espiritual) C. C., mayo, 1894, 3, 89.

38. Pío XII *Haurietis Aquas,* n° 27.

Espíritu inspirando la Escritura, la Tradición y el Magisterio en su papel de discernimiento. No obstante, las revelaciones privadas hechas a Margarita María y a otras personas, no deben ser tenidas en poca consideración: Dios las suscita en el transcurso de los siglos para despertar y recalentar las almas de los creyentes con vistas a una más grande comunión de amor su Señor[39].

- Observemos, para terminar, que el desarrollo a través del tiempo de la devoción al Sagrado Corazón, no es de ninguna manera una deriva sentimental, que hubiera podido más o menos contaminar la sana doctrina. El culto al Sagrado Corazón de Jesús pertenece a la esencia misma de la fe católica y la favorece: «Su admirable crecimiento, precisa el papa Pío XII, se debe principalmente al hecho de haberse comprobado que era en todo conforme con la índole de la religión cristiana, que es la religión del amor»[40].

Después de haber recorrido a grandes pasos esta bella historia de amor entre Dios y los hombres, es tiempo de contemplar con más detalle el amor de Dios. Según el gran Bossuet, el Corazón de Jesús es «el compendio de todos los misterios del cristianismo»[41].

---

39. «No puede decirse, por consiguiente, ni que este culto deba su origen a revelaciones privadas, ni cabe pensar que apareció de improviso en la Iglesia; brotó espontáneamente, en almas selectas, de su fe viva y de su piedad ferviente hacia la persona adorable del Redentor y hacia aquellas sus gloriosas heridas, testimonio el más elocuente de su amor inmenso para el espíritu contemplativo de los fieles. Es evidente, por lo tanto, cómo las revelaciones de que fue favorecida santa Margarita María ninguna nueva verdad añadieron a la doctrina católica.[...] De hecho, mediante una manifestación tan excepcional, Jesucristo expresamente y en repetidas veces mostró su Corazón como el símbolo más apto para estimular a los hombres al conocimiento y a la estima de su amor; y al mismo tiempo lo constituyó como señal y prenda de su misericordia y de su gracia para las necesidades espirituales de la Iglesia en los tiempos modernos», Pío XII, *Haurietis Aquas,* 1956, n° 26.

40. Pío XIII, *Haurietis Aquas,* 1956. n° 26.

41. A propósito del Evangelio de san Juan, Bossuet escribe: «Todos los escritos de san Juan solo tienden a explicar el Corazón de Jesús. En este Corazón

La afirmación es fuerte y nos invita a vincular el Sagrado Corazón con los misterios centrales de la fe cristiana. Justamente, el papa Pío XII propone en la encíclica *Haurietis aquas* tal perspectiva del Corazón divino de Jesús con la fe en la Trinidad, la encarnación y la redención:

> Estamos persuadidos de que estas nuestras reflexiones, dictadas por la enseñanza misma del Evangelio, han mostrado claramente cómo este culto se identifica sustancialmente con el culto *al amor divino y humano del Verbo Encarnado*, y también con el culto al amor mismo con que *el Padre y el Espíritu Santo* aman a los hombres pecadores; porque, como observa el Doctor Angélico, el amor de las tres Personas divinas es el principio y origen del misterio de la *Redención* humana[42].

Las tres avenidas están claramente trazadas, comencemos por evocar a la Trinidad en quien el Sagrado Corazón encuentra su origen y sus características.

está el compendio de todos los misterios del cristianismo, Jacques Benigne Bossuet, Oeuvres oratoires, «*Panégyrique de l'apôtre saint Jean*», Paris, Hachette, 1914, tomo II, p. 541.

42. Pío XII, *Haurietis Aquas,* 1956, n° 25. Cursivas del autor.

EL SAGRADO CORAZÓN Y EL DIOS TRES VECES SANTO

El Sagrado Corazón de Jesús no se puede separar del misterio de Dios uno y trino. ¿Cómo podría ser esto posible siendo Cristo la segunda Persona de la Trinidad? Resulta interesante observar que Margarita María, la gran propagadora del Sagrado Corazón, tuvo además una visión de la Trinidad, uniendo los «Tres» al corazón de la misión de amor del Hijo de Dios:

> Se presentaron ante mí las tres Personas de la adorable Trinidad [...] el Padre eterno presentándome una pesadísima cruz [...], «Y yo, —me dijo mi Señor Jesucristo— te clavaré en ella como yo fui clavado y te haré fiel compañía». La tercera de estas adorables Personas me dijo que Él, que no era más que amor, me consumiría purificándome[1].

No solamente el Sagrado Corazón no es un «electrón libre» en relación a las tres Personas divinas, sino que este símbolo del amor de Jesús tiene como misión llevarnos a la Trinidad: «Ves a la Trinidad si ves al amor», dice san Agustín[2]. Esto nos introduce directamente en nuestro tema: ¿qué dice el Sagrado Corazón de Jesús sobre el modo de amar de Dios, sobre cómo Dios *nos* ama?

---

1. Santa Margarita María de Alacoque, *Obras completas*, op. cit., «Autobiografía» n° 59, p. 172.
2. San Agustin, *De Trinitate*, VIII, 8, 12; CCL 50, 287.

HEMOS PERDIDO EL VERDADERO SENTIDO DE DIOS

La forma en que Jesús ha revelado su Corazón dice algo de «la esencia» misma del Dios tres veces santo, de lo que Él es en sí mismo y del modo en que ama: «¿No sabes, dijo Jesús a la vidente de Paray, que soy la memoria eterna de mi Padre celestial?»[3]. Si seguimos escuchando a Margarita María, veremos que Dios le revela que él es el Santo y que esta *santidad divina* se expresa por su *justicia* y su *misericordia*. Así, en su *Autobiografía,* toma nota de estas palabras de Cristo:

> Aprende de mí que soy un Maestro santo. [...] Soy puro y no puedo sufrir la más pequeña mancha. [...] y soy manso para soportar tus debilidades, no seré menos severo y exacto para corregir y castigar tus infidelidades[4].

Confesémoslo, esta visión de Dios, del Sagrado Corazón, en la que se articulan justicia y misericordia insondable, casi nos asusta. Esta reacción negativa, muy contemporánea, nos cuestiona realmente. En efecto, Margarita María, que no es para nada jansenista y cuya concepción de Dios es conforme a la gran y sólida teología, no tiene ninguna dificultad en articular aquello a lo que nosotros nos oponemos o negamos. ¿Cómo hemos llegado a semejante sospecha a propósito del misterio de Dios, hasta el punto de tener mil dificultades para combinar su justicia y su misericordia? He aquí tres ejes para intentar responder a esta cuestión.

- Nuestra época ha perdido el sentido del pecado. Ahora bien, el sentido de la falta está intrínsecamente unido al sentido de Dios[5].

---

3. Santa Margarita María de Alacoque, *Obras completas,* op. cit. «Autobiografía»nº 10, p. 114.

4. Ibid., nº 51, p. 161.

5. «Los hombres de hoy, atrapados por la pérdida del sentido del pecado, tentados a veces por alguna ilusión muy poco cristiana de impecabilidad.

Hoy hablamos sin cesar del amor de Dios, pero ¿de qué amor hablamos? ¿No confundimos misericordia y tolerancia? Sí, Dios puede perdonarlo todo, e incluso más si fuese necesario, pero no puede perdonar los pecados que no confesamos y de los que no nos arrepentimos; no puede perdonar a los pecadores que no quieren cambiar de vida. La exégesis, cómoda y simplista, que numerosos cristianos se hacen del episodio bíblico de la mujer adúltera, traiciona ese equilibrio a propósito del amor de Dios, afirmando sólo que «Dios lo perdona todo. ¿Jesús no le dijo a la mujer adúltera: «Tus pecados te son perdonados»?», y se ocultan completamente las palabras conclusivas de Jesús: «Vete y no peques más».

A esta interpretación errónea del pecado y de Dios hay que añadir el peso de un cierto discurso pastoral que nos tiene, desde hace varios años, algo formateados. Los entierros son demasiado a menudo un perfecto ejemplo: en ellos se evoca el destino del difunto como si estuviera automáticamente salvado. La teología subyacente va en la línea de la canción de Michel Polnareff: «¡Todos iremos al cielo!» Sí, Dios es amor, pero justamente, en nombre de este amor, no puede forzar a nadie a entrar en su paraíso, no puede transformar y purificar un alma pecadora sin un mínimo de colaboración por su parte. Todo esto queda claro en esta fórmula del *Diario* de santa Faustina: al salir de una «visita» mística al purgatorio, oyó una voz celestial decirle: «Mi misericordia no lo desea, pero mi justicia lo exige»[6].

- Nos cuesta, de manera espontánea, casar los contrarios. Nuestro espíritu creado es así: sólo puede pensar las realidades una

---

[…] Este sentido tiene su raíz en la conciencia moral del hombre y es como su termómetro. Está unido al *sentido de Dios*, ya que deriva de la relación consciente que el hombre tiene con Dios como su Creador, Señor y Padre». San Juan Pablo II, Exhortación apostólica, *Reconciliatio et Paenitentia*, 1984, n.º 18 y 22.

6. Santa Faustina, *Diario*, n.º 19.

después de la otra, de manera analítica. Cuando se trata de casar misericordia y justicia en Dios, nuestra inteligencia enloquece. Nosotros funcionamos de modo «o-o»: «Pero, padre, si Dios es misericordioso, entonces no puede ser justo»; e inversamente: «Si Dios es justo, es que es severo, y por lo tanto, ¡no es misericordioso!». Tendríamos que funcionar de modo «y-y», casar lo que consideramos contrarios: Dios santo es misericordia infinita *y* justicia. Adoptemos el propósito de san Agustín, quien, en una fórmula paradójica, afirma que Dios odia el pecado *y* ama tiernamente al pecador. Para llegar a este equilibrio, nuestra inteligencia limitada debe llegar a ser humilde y, sin negar la racionalidad, debe entrar, además, en una mirada contemplativa, pues sólo Dios puede hacernos penetrar en las profundidades de su Ser.

Bastan estos pocos elementos de respuesta para convencernos de que no sólo no estamos más avanzados que las generaciones pasadas para pensar en el Ser de Dios, sino que quizás estamos incluso más alejados. En efecto, esta reducción tan actual de la persona de Dios a su misericordia, ocultando su justicia, no es anodina, sino que es grave: «El Dios pastel es tan idolátrico como el Dios hombre del saco», decía Paul Ricoeur[7]. Esta forma de amnesia a propósito de «lo esencial» de Dios es tal que exige mucho tiempo para explicar a la gente esas dimensiones de justicia y de misericordia divina: lo verifico de forma muy particular en el marco de los retiros que predico. Sin embargo, todo encaja: sin esta justa articulación entre santidad, justicia, misericordia, el misterio de Dios se viene abajo. Pero también llega a ser indescifrable una dimensión fundamental de la vida del cristiano: ¿en efecto, cómo hablar de *reparación* si la *justicia* divina no es más que una manera de hablar? Analizaremos más detenidamente esta cuestión en la segunda parte de esta obra. Ahora fijémonos en la justicia de Dios y en su misericordia.

---

7. Citado por el P. ANDRÉ MANARANCHE, *Pour nous les hommes la rédemption*, éd. Communio–Fayard, 1983, p. 71.

UN DIOS DE JUSTICIA

¿Qué es la justicia divina?

Conviene definir la justicia divina con mayor precisión, a fin de no mantener un diálogo de sordos con el lector y no provocarle rechazo. La justicia divina es el amor infinito de Dios llevado a una tal temperatura, a una tal pureza que no puede sufrir la menor mancha de pecado en sus criaturas tan amadas: Jesús, precisa Margarita María, «imprime de tal modo su pureza, que le es imposible al alma soportar la vista de sí misma, al verse en un estado tan abominable»[8]. El alma que se vuelve vulnerable al contacto con Dios verá cómo se le revela, por contraste, toda la negrura de sus pecados. No es que Dios quiera aplastar a su criatura, pero es la única manera de que el alma pueda ver la verdad sobre ella misma y sobre Dios, y así dejarse atraer y elevar hacia él. La justicia divina, que realiza esta *operación verdad,* no es la venganza de un Dios malvado, ya que, al contrario, permite a la criatura ajustarse cada vez más a la voluntad de Dios, y por ello a su felicidad. Si Dios no ejerciese su justicia frente al pecado que nos daña —y que, de hecho, disminuye nuestra bienaventuranza— no nos amaría en verdad. Si Dios se mostrara indiferente ante nuestro pecado, nos dejaría en nuestro fango y en nuestra desgracia. En resumen, Dios no tiene más que un deseo: hacernos participar de su amor que es la felicidad misma. Para realizar esta unión, debe ejercer su *justicia* que *ajusta.* Esto no es una justicia sádica, sino la adaptación progresiva a su amor. Si dependiera solamente de Dios, podría perfectamente no ejercer su justicia sobre sus hijos, pero sus pecados, que atrofian su felicidad, le obligan a ello. Si así es verdaderamente la justicia divina, ¿cómo temerla, como no desearla?

---

8.   Santa Margarita María de Alacoque, *Obras completas, op.cit.,* «Escritos por orden de la Madre de Saumaise», n° 25, p. 276.

Si una justicia tal es siempre deseable, no es menos cierto que el pecador puede enrocarse en su estado. Cuando rehúsa ponerse bajo la misericordia de Dios, debe saber que se coloca automáticamente bajo su justicia: «[Jesús] me hizo ver, escribe Margarita María, que si no se corregía, su misericordia se retiraría para dejar actuar a su justicia»[9]. En estas condiciones de cerrazón interior, la justicia divina ya no puede purificar al pecador, y entonces lo deja endurecerse:

> Podrán, sí, recibir alguna luz de mi santidad de justicia que, clarificando al pecador, lo endurece y le hace ver la mala disposición en que se halla, pero sin darle esperanza alguna de gracia triunfadora que lo saque de ella, por lo cual cae en la desesperanza o lo hace insensible a su propia desgracia[10].

Este endurecimiento del pecador puede incluso llevarle hasta la anestesia interior: «Su conciencia les queda sin remordimientos, el entendimiento sin luz, el corazón sin contrición, y al fin mueren en su ceguera»[11].

Tener experiencia de la justicia divina

Santa Margarita María tuvo una experiencia muy particular de la justicia divina[12]. Es muy interesante oírla hablar, tanto más hoy

---

9.   Ibid.,»Fragmentos» n° 5, 3, p. 319.

10. Ibid., «Fragmentos» n° 2, p. 310.

11. Ibid.,«Fragmentos» n° 3, p. 311.

12. Si queremos ser más precisos, deberíamos hablar con santa Margarita María, de una doble expresión de la santidad divina: «Me hizo ver en él dos santidades, la una de amor y la otra de Justicia; ambas muy rigurosas a su manera y ambas se ejercerían continuamente sobre mí», ibid., «Autobiografía» n° 46, p. 156. La distinción entre estas las dos santidades siendo difíciles de percibir según las palabras de la santa, para no perturbar la mente del lector, hemos elegido englobarlas en la expresión «santidad de justicia».

en día cuando, como hemos dicho, somos tentados a escuchar un solo sonido de campana a propósito del amor de Dios. La traducción de su experiencia del Corazón de Jesús, que me perdonen la expresión, no tiene nada de una teología «melosa» que sólo evocaría las *dulzuras* del amor misericordioso y silenciaría los *dolores* de la justicia divina. Margarita María habla incluso de «tormento interior»[13].

- Cuando la justicia divina se hace sentir más, la persona tiene una fuerte impresión de abatimiento: «Me sentí tan penetrada por la santidad de mi Dios, la cual se había descargado sobre mí, que me parecía no tener ya fuerza para resistirla»[14]. Esta experiencia del peso de la gloria divina no recae solamente sobre el alma, es toda la persona la que queda como arrasada: «Me levanté del suelo cargada con un peso tan abrumador que apenas podía arrastrarme», escribe Margarita María[15].

- Este sentimiento de abatimiento es acompañado de pavor. En un momento, la santidad de justicia, escribe la religiosa de Paray, «Me haría experimentar el estado de un alma réproba, dándome a sentir la desolación en la que encuentra a la hora de la muerte. [...] Me pareció entonces que su justa cólera se había vuelto contra mí y me hallé en espantosa agonía y desolación completa»[16].

- Por último, no nos sorprenderá que esta santidad purificadora actúe como un fuego, quemando las escorias del pecado y que sea sentida de manera profundamente dolorosa por el alma: «Sintiéndome abrasada por un fuego vivísimo que me penetraba hasta la

---

13. Ibid., «Cartas» 86, p. 791.
14. Ibid., «Fragmentos» n° 4, p. 314.
15. *Oeuvres complètes de sainte Marguerite-Marie Alacoque*, publiées par Mgr Gauthey, éd. Gigord, 1920, 3ª édition, «Sentiments de retraite, n° 30, tomo II, p. 150.
16. Santa Margarita María de Alacoque, *Obras completas*, op.cit., «Autobiografía», n° 99 p. 221

médula de los huesos»[17]. [...] «Esta santidad quiere purificar un alma para comunicarse con ella [...] Mi alma que sufre de verse tan impura es expuesta ante la santidad de un Dios que no puede sufrir la menor mancha en un alma que conversa con él»[18].

La justicia divina, ¡el amor a alta temperatura!

Estas palabras nos llevarían casi a concluir que la justicia de Dios es cruel y que nos interesa guardar distancias con el Sagrado Corazón. ¡Que no sea así! ¡Esta santidad divina no es más que el amor y un amor elevado a la más alta temperatura! En su bondad, Dios propone a ciertas almas, que ha preparado con un cuidado muy particular, dejarse purificar profundamente de toda mancha de pecado, a fin de llegar a ser, por su parte, seres tan henchidos de amor como para tomar sobre ellos los sufrimientos de los pecadores, y así aliviarlos. La salesa de Paray escribía:

Me postraba con frecuencia ante la soberana Bondad y le ofrecía aquellos corazones para que les penetrase con su divino amor; pero fue necesario sufrir mucho antes de que lo hiciera[19].

---

17. Santa Margarita María de Alacoque, *Obras completas*, op.cit., «Escritos por orden de la Madre de Saumaise», n° 30, p. 281

18. Santa Margarita María de Alacoque, *Obras completas*, op.cit., «Cartas», 133 al P. Croiset, p. 1010.

19. Ibid., «Fragmentos» n° 5, p.320. En su *Diario,* santa Faustina cuenta: «Hoy ha venido a verme una señorita; me he dado cuenta de que sufría, no tanto del cuerpo, como del alma. La he confortado como he podido, pero mis palabras de consuelo no han sido suficientes. Era una pobre huérfana que tenía el alma inmersa en la amargura y en el dolor. Ha desnudado su alma delante de mí y me ha revelado todo; he comprendido que en ese caso las palabras de simple consuelo eran insuficientes. He rogado ardientemente al Señor por aquella alma y he ofrecido a Dios mi alegría, para que se la dé a ella y a mí me quite toda sensación de gozo. Y el Señor ha escuchado mi plegaria; a mí me ha quedado el alivio de que ella ha sido consolada», *Diario,* n° 864.

Si bien Jesucristo no tuvo necesidad de purificación, experimentó sin embargo el peso y las angustias de la justicia divina en su agonía redentora. Y en su generosidad, asocia a ciertas almas víctimas a esta experiencia única con vistas a la salvación del mundo. Santa Margarita María estaba humildemente persuadida de ello, y comprendió su experiencia de la justicia divina como «un pequeño eco y participación de lo que Nuestro Señor sufrió en el Huerto de los Olivos»[20].

Precisemos finalmente que, si Dios pide a estas almas conocer los tormentos interiores de la purificación y de la redención, las colma por otra parte de una paz muy excepcional. Margarita María confía vivir esta experiencia dolorosa «en una paz inalterable, siendo la voluntad de Dios que sufra este mal con paciencia»[21].

UN DIOS DE MISERICORDIA

Hemos dicho que urge casar justicia y misericordia en Dios para unir mejor lo que muchos creyentes tienden con demasiada frecuencia a oponer. Según santo Tomás de Aquino estos dos atributos divinos actúan juntamente en la Pasión de Cristo:

La liberación del hombre por la Pasión de Cristo convino tanto a la misericordia como a la justicia divinas. A la *justicia*, porque mediante su Pasión Cristo satisfizo por los pecados del género humano, y así fue liberado el hombre por la justicia de Cristo. A la *misericordia*, porque, no pudiendo el hombre satisfacer, de suyo, por el pecado de toda la raza humana, como antes queda probado (q.l a.2 ad 2), Dios le dio a su Hijo como *satisfactor*[22].

---

20. Santa Margarita María de Alacoque, *Obras completas,* op.cit., «Cartas» n° 22, p. 626.
21. Ibid., «Cartas», n° 120, p. 905
22. Santo Tomás de Aquino, *Suma teológica III*, q. 46. a 1 ad. 3.

Después de fijarnos en la justicia de Dios, intentemos ahora sumergirnos en el océano de su misericordia: «¡Qué bueno es amar a este Señor tan lleno de amor!», exclama Margarita María en una de sus cartas[23].

La misericordia, el mayor de los atributos de Dios

Si la justicia es una dimensión fundamental del ser y del amor de Dios, la misericordia lo es tanto y aún más. Juan Pablo II hace suya la opinión teológica según la cual la misericordia es el más grande de los atributos divinos: «La Iglesia vive una vida auténtica cuando profesa y proclama la misericordia, el atributo más admirable del Creador y del Redentor»[24]. Sabemos lo que este Papa profeta debe a la enseñanza de santa Faustina en la elaboración de su visión de la divina misericordia. En el *Diario* de Faustina, podemos encontrar estas palabras de una gran profundidad teológica: «El supremo amor y el abismo de la misericordia los he conocido en la Encarnación del Verbo y en la Redención. Así es como he descubierto que este atributo es el más grande de Dios»[25].

El culto al Sagrado Corazón es el culto a la divina Misericordia

Sería reduccionista considerar el culto al Sagrado Corazón según Margarita María, en el siglo XVII, como una mera etapa en la historia de la espiritualidad, sin un verdadero vínculo con el culto a la divina misericordia de santa Faustina, en el siglo XX. Estos dos mensajes no sólo están íntimamente unidos, sino que se llaman el uno al otro. En efecto, el mensaje de Paray prepara el de

---

23. Santa Margarita María de Alacoque, *Obras completas,* op.cit., «Cartas» nº 29, p. 643.
24. San Juan Pablo II, Carta Encíclica sobre la misericordia divina *Dives in Misericordia*, 1980, nº 13.
25. Santa Faustina, *Diario,* nº 180.

la divina misericordia de Cracovia; y recíprocamente, el mensaje de Faustina, tres siglos más tarde, explicita el del Sagrado Corazón haciéndonos entrar aún más profundamente en su misterio.

- Así se manifestó Cristo a Margarita María en la primera gran aparición del 27 de diciembre de 1673: Jesús «me hizo reposar durante largo tiempo sobre su pecho divino, en el cual me descubrió las maravillas de su amor y los secretos inexplicables de su Sagrado Corazón. […] Me dijo: "Mi divino Corazón está tan apasionado de amor por los hombres […] que no pudiendo ya contener en sí mismo las llamas de su ardiente caridad, es necesario que las comunique por medio de ti"»[26].

- Tres siglos más tarde, el 22 de febrero de 1931, cuando santa Faustina se encuentra en el monasterio de Plock, en Polonia, Cristo se le aparece: «Al anochecer, estando en mi celda, vi al Señor Jesús vestido con una túnica blanca. Tenía una mano levantada para bendecir y con la otra tocaba la túnica sobre su pecho. De la abertura de la túnica en el pecho salían dos grandes rayos: uno rojo y otro pálido. […] Después de un momento Jesús me dijo: Pinta una imagen según el modelo que ves y con la inscripción: "Jesús en Ti confío". […] Quiero que esta imagen sea bendecida con solemnidad el primer domingo después de Pascua de Resurrección; ese domingo debe ser la Fiesta de la Misericordia»[27].

A primera vista, no parece muy evidente el vínculo entre esta manifestación del Sagrado Corazón y la de la divina misericordia. Sin embargo, habremos observado que la imagen de Faustina tiene dos rayos que brotan del seno de Jesús y que parecen atravesar el pliegue de su túnica, que aparta con su mano. En griego, el «pliegue de la túnica» se dice *kolpos* y es justamente utilizado en la Escritura para significar «el corazón que nos acoge, donde

---

26. Santa Margarita María de Alacoque, *Obras completas,* op.cit., «Autobiografía», n° 53, p. 165.
27. Santa Faustina, *Diario*; n° 47 y 49.

podemos escondernos, acurrucarnos»[28]. El vínculo entre el Sagrado Corazón de Margarita María y la divina misericordia de Faustina aparece así con gran claridad: el divino Corazón de Jesús es la fuente de la divina misericordia; el culto al Sagrado Corazón es pues el culto a la divina misericordia.

> La Iglesia, escribe Juan Pablo II, parece profesar de manera particular la *misericordia* de Dios y venerarla dirigiéndose al *Corazón de Cristo*. En efecto, precisamente el acercarnos a Cristo en el misterio de su Corazón, nos permite detenernos en este punto de la revelación del amor misericordioso del Padre, que ha constituido el núcleo central de la misión mesiánica del Hijo del Hombre[29].

¿Qué realiza la misericordia divina?

La misericordia supera la justicia sin negarla jamás

Hemos insistido con fuerza en la importancia de mantener juntas justicia y misericordia en Dios, so pena de falsificar el misterio de Dios y, por lo mismo, nuestra relación íntima con Él. ¿Cómo articular estos dos atributos fundamentales que constituyen la esencia divina? En una fórmula concisa, podríamos decir que la misericordia nunca desprecia a la justicia, sino que la supera.

- La divina misericordia que brota del Corazón de Cristo nunca hace caso omiso de la justicia de Dios: «Una exigencia generosa de perdón, escribe Juan Pablo II, no anula las exigencias objetivas

---

28. Cf. *Coeur de Jésus, Source de miséricorde*, livret réalisé par l'Association pour la miséricorde divine, 2011, p. 134

29. SAN JUAN PABLO II, Carta Encíclica *Dives in Misericordia*, 1980, nº 13. Por su parte Pío XII escribía: «Mediante una manifestación tan excepcional, Jesucristo expresamente y en repetidas veces mostró su Corazón como el símbolo más apto para estimular a los hombres al conocimiento y a la estima de su amor; y al mismo tiempo lo constituyó como señal y prenda de su misericordia», Pío XII, Haurietis Aquas, 1956, nº 26

de la justicia. La justicia rectamente entendida constituye por así decirlo la finalidad del perdón»[30]. Por otra parte, este gran papa no sólo ha escrito estas bellas palabras, sino que las ha practicado: después de su atentado en la plaza de San Pedro, el Santo Padre dejó que la justicia humana se ejerciera, y al mismo tiempo fue a visitar a su agresor en la prisión para perdonarlo.

- Añadamos que la auténtica misericordia no cierra los ojos al mal perpetrado, pero afirma que la persona que lo ha cometido es siempre más grande que su acto malvado. La justa misericordia jamás hará de un mal un bien, pero gracias al excedente de amor que ofrece le abre al culpable la posibilidad de un nuevo horizonte. La justicia mira el *acto* malo que debe ser condenado; la misericordia, sin sustituir jamás a la justicia, mira a la *persona* que nunca debe ser reducida a su solo acto. «La auténtica misericordia, añade Juan Pablo II, es por decirlo así la fuente más profunda de la justicia. Si esta última es de por sí apta para servir de «árbitro» entre los hombres en la recíproca repartición de los bienes objetivos según una medida adecuada, el amor en cambio, y solamente el amor, (también ese amor benigno que llamamos «misericordia») es capaz de restituir el hombre a sí mismo»[31].

- Precisemos, finalmente, que una justicia que no se apoya en la misericordia corre el riesgo de convertirse en inhumana. Así, una sociedad secularizada que quisiera liberarse de toda misericordia bajo pretexto de que sus *estructuras* serían ya *justas,* se fundaría en una visión reduccionista del hombre y de la vida en común: ¡el hombre no sólo vive de justicia, sino de toda misericordia que sale del Corazón del Padre![32]. No seamos ingenuos, una justicia

---

30. San Juan Pablo II, Encíclica *Dives in Misericordia*, 1980, n° 14.

31. Ibid.

32. «La afirmación según la cual las estructuras justas harían superfluas las obras de caridad, esconde una concepción materialista del hombre: el prejuicio de que el hombre vive «sólo de pan», una concepción que humilla al hombre e ignora precisamente lo que es más específicamente humano», Benedicto XVI, Carta Encíclica *Deus Caritas est*, 2005, n° 28 b.

que quisiera hacer caso omiso del perdón conduciría irremediablemente a lo contario de lo que quiere establecer: *summus ius, summus iniuria* (el máximo derecho, la máxima injusticia) afirma el adagio. «La experiencia del pasado y de nuestros tiempos demuestra que la justicia por sí sola no es suficiente y que, más aún, puede conducir a la negación y al aniquilamiento de sí misma, si no se le permite a esa forma más profunda que es el amor configurar la vida humana en sus diversas dimensiones»[33]. Juan Pablo II recuerda así la necesidad de esta articulación para toda vida en sociedad, ¿cómo podría ser de otra manera en Dios mismo?

Pongámonos bajo la divina misericordia

Debido a este vínculo íntimo entre justicia y misericordia, cada uno de nosotros se enfrenta a una elección.

- Como pecadores que somos podemos escoger, por miedo, por estupidez, o por fariseísmo, mantenernos solamente bajo la justicia divina y entonces ¡la justicia divina se abatirá sobre nosotros! Quizá conozcamos las palabras de santa Teresita a sor Febronia, que defendía a ultranza los derechos de la justicia divina: «Hermana mía, si busca la justicia de Dios la obtendrá. El alma recibirá de Dios exactamente lo que desea». No había transcurrido aún un año cuando, en enero de 1892, sor Febronia murió a causa de la epidemia de gripe que diezmó a la comunidad, en enero de 1892. Tres meses más tarde, Sor Teresita tuvo un sueño que contó a su Madre Priora, María de Gonzaga: «Madre mía, Sor Febronia vino anoche a verme y me pidió que rezásemos por ella: está en el Purgatorio, *seguramente* porque había confiado demasiado poco en la misericordia de Dios. A través de su comportamiento implorante y sus miradas profundas parecía querer decirme: "Tenía usted razón, se ha cumplido la plena justicia de Dios sobre mí, pero es mi culpa, si la hubiera creído, hubiera ido derecha al cielo"»[34].

---

33. San Juan Pablo II, Carta Encíclica *Dives in Misericordia,* 1980, n° 12
34. DCL. Cf. *Annales de sainte Thérèse de Lisieux,* n° 610, février 1983, p. 5.

- Pero toda la Tradición espiritual nos invita a la actitud inversa. Sin negar jamás o subestimar la justicia divina, elijamos poner siempre nuestra miseria bajo la tierna misericordia de Dios. La Epístola de Santiago nos invita a ello con insistencia: «Porque quien no tuvo misericordia, será juzgado sin misericordia: la misericordia triunfa sobre el juicio» (St 2,13). Esto movía a Teresita de Lisieux a todas sus audacias ante la bondad divina: «Aunque hubiera cometido todos los crímenes posibles, seguiría teniendo la misma confianza; sé que toda esa multitud de ofensas sería como una gota de agua arrojada en una hoguera encendida»[35].

La misericordia es un don antes de ser perdón

Para designar la misericordia, el Antiguo Testamento se sirve de varias expresiones: *rahamim, hesed…* Esta última evoca la fidelidad de Dios en el contexto de la alianza con su pueblo, pero con esa nota particular de «gracia». Espontáneamente, cuando oímos hablar de misericordia, pensamos en el perdón después de una falta. La palabra *hesed* nos invita a considerar también la misericordia como una gracia, un don que precede al perdón. Por utilizar una comparación muy sencilla, esta misericordia no consiste solamente en que un padre repare un juego de construcción que su hijo ha roto, sino que ya está en el don inicial del juego que precede al acto de romperlo. Si esto es así, todo lo que somos —y seremos— es un don gratuito de la divina misericordia. La creación del mundo es un puro efecto de la misericordia: Dios no tenía absolutamente ninguna necesidad de crear el universo y a los hombres para paliar un eventual aburrimiento, contrariamente a lo que algunos se imaginan. La elección del pueblo de Dios del Antiguo Testamento y de la Iglesia es el fruto de una gran misericordia por su parte. Y también por misericordia podemos

---

35. Teresa de Lisieux *Obras completas*, Monte Carmelo, 1998, Últimas conversaciones, *Cuaderno amarillo*, 11.7.6

vivir la vida misma de Cristo resucitado. Añadamos, finalmente, que nuestra participación en la felicidad eterna de la Trinidad en el más allá es una gracia insigne que la divina misericordia nos hace. La eternidad misma no nos bastará para agradecer tales gracias. Todo esto hacía suspirar de amor a santa Faustina: «Aunque entiendo bien que Dios es feliz en Sí mismo y que para ser feliz no necesita absolutamente ninguna criatura, no obstante, su bondad lo fuerza a darse a sus criaturas y esto con una generosidad inconcebible»[36].

La misericordia divina dice y hace

La Palabra de Dios, *dabar* en hebreo, significa a la vez *palabra* y *hecho*[37]. Así, la misericordia divina *dice* y *hace* lo que dice: el perdón de los pecados.

- La misericordia divina dice. Dios le dice sin cesar al pecador que tendrá abierto un futuro si se coloca bajo el perdón divino: «Dios misericordioso y clemente, tardo a la cólera y rico en amor y fidelidad, que mantiene su amor por mil generaciones y perdona la iniquidad, la rebeldía y el pecado, pero no los deja impunes: que castiga la culpa de los padres en los hijos y en los nietos hasta la tercera y cuarta generación» (Ex 34,6-7).

- La misericordia hace. ¡Qué consuelo saberse amado en nuestro pecado! Pero la misericordia no se detiene en una simple declaración de amor, va hasta renovar el fondo de nuestro ser, recreándolo en la vida misma de Cristo resucitado, ¡qué misericordia!

---

36. Santa Faustina, *op. cit.,* n° 244.

37. El Concilio Vaticano II precisa, a propósito de la Revelación que ella «se realiza con *hechos* y palabras intrínsecamente conexos entre sí, de forma que las obras realizadas por Dios en la historia de la salvación manifiestan y confirman la doctrina y los hechos significados por las palabras, y las palabras, por su parte, proclaman las obras y esclarecen el misterio contenido en ellas», Concilio Vaticano II, *Dei Verbum* n° 2.

Demasiados creyentes piensan que Jesús ha venido a nuestro mundo únicamente para decirnos que nos ama, para manifestar su solidaridad. Al monje Abelardo, que se había dejado encerrar en esta visión reductora, san Bernardo le respondía: «¿Cristo habría enseñado la justicia y no la habría dado? ¿Habría manifestado la caridad, pero no la habría infundido a las almas?»[38]. La misericordia no sólo es *afectiva*, es *efectiva*, nos justifica, nos acomoda a la santidad de Dios hasta en las profundidades de nuestro ser. Desgraciadamente, esta es una realidad de la que no tenemos suficiente conciencia: cuando nos rendimos a la misericordia de Dios, en ese mismo instante, ésta nos cambia, transforma nuestro pecado en santidad: «Tengo experiencia del amor, dice Teresa de Lisieux en uno de sus poemas, el bien y el mal que halla en mí lo aprovecha, ¡qué poder!, y mi alma se transforma en él»[39].

La difusión del culto al Sagrado Corazón en la misericordia y la justicia divina

La contemplación del Sagrado Corazón a la vez abrasado de amor y herido por el pecado de los hombres nos ha conducido a considerar que en Dios se mezclan justicia hacia el pecado y misericordia hacia el pecador. Una presentación del culto al Sagrado Corazón, o sencillamente de la fe, que no asociara estos dos atributos divinos acabaría mintiendo sobre Dios, sobre la salvación del hombre y sobre su propia felicidad. La «nueva evangelización»[40], de la que tanto se habla en nuestros días, debe interrogarse sobre el contenido de su mensaje, sobre la manera en la que lo presenta. Cuando predicamos, cuando catequizamos, ¿mostramos aún al

---

38. SAN BERNARDO, Tract. de erroribus Abaelardi, VII, 3.
39. TERESA DE LISIEUX, Obras completas, *op.cit., PN 30, 3.*
40. Recordamos la llamada vibrante de Juan Pablo II lanzada en 1983 en Haití: «Hay necesidad de una nueva evangelización, nueva en su fervor, nueva en sus métodos, nueva en su expresión».

Dios verdadero, a Dios tal como es?, o ¿mostramos a un Dios que hemos definido nosotros mismos? Esta es una verdadera cuestión pastoral, incluso una de las más determinantes hoy en día. Si Dios es «el agente principal de la evangelización»[41], sólo el verdadero Dios, el Dios «entero», podríamos decir, —esto es, el Dios de justicia y el de misericordia— y no el Dios de misericordia sin su justicia, podrá inspirar con fuerza nuestra evangelización. Cuando el rostro de Dios es amputado, la evangelización pierde necesariamente vigor. Cuando el verdadero Dios es anunciado, entonces puede por fin evangelizar en libertad, a través de nuestras voces y nuestras manos.

Por supuesto que hay que tener en cuenta la realidad de nuestro mundo. Vivimos en una sociedad que se hunde en la apostasía tranquila y en el disfrutar a toda costa[42]. Esto no deja de afectar a las almas de nuestros contemporáneos, que se empobrecen y se debilitan hasta el extremo. Nuestras voluntades se han hecho tan indolentes que nos es muy difícil comprender ciertas exigencias del Evangelio y casi imposible vivir la menor ascesis para fortalecer justamente esta voluntad amorfa y reparar por nuestros pecados. En este mundo actual herido por tantos sufrimientos e inmoralidades, el anuncio de la misericordia será inevitablemente la primera palabra de la nueva evangelización:

> Es menester que la Iglesia de nuestro tiempo [...] adquiera conciencia más honda y concreta de la necesidad de dar testimonio de la misericordia de Dios revelada en Cristo en toda su misión de Mesías[43].

---

41. Pablo VI, Exhortación apostólica *Evangelii Nuntiandi,* n° 75.
42. Charles Melman, *L'homme sans gravité. Jouir à tout prix,* Paris, éd. Denoël, 2002
43. San Juan Pablo II, Carta Encíclica *Dives in Misericordia*, 1980, n° 12.

Dicho esto, si el anuncio de la misericordia será siempre el primero, no podrá ser jamás el último, en el sentido de que silencie la justicia divina. En efecto, ¿cómo podemos curar las heridas de nuestros contemporáneos si les dejamos en sus pecados que tanto les dañan, en esos comportamientos que los vuelven profundamente desgraciados? No hay curación posible sin amoldarnos a la santidad de Dios. Así, el anuncio de la justicia divina, del combate espiritual contra las malas tendencias, de la reparación de nuestros pecados y de los del mundo entero, no es una opción para los apóstoles de hoy y de mañana. Anunciar la justicia divina es incluso la marca, la piedra de toque de un auténtico amor a este mundo. Por haber sido párroco, valoro especialmente la suerte que tengo ahora, a través de este nuevo ministerio de los retiros, de disponer de tiempo para preparar a las almas a descubrir el verdadero rostro de Dios, que une misericordia y justicia, para conducirlas a un auténtico camino de conversión, permitiéndoles así una mayor unificación de su ser y también una mayor serenidad de espíritu.

El Sagrado Corazón y la Encarnación

Este paralelismo entre el culto al divino Corazón de Nuestro Señor y la Encarnación nos es sugerido por unas palabras del Catecismo: «El Hijo de Dios… nos ha amado a todos con un corazón humano»[1]. La afirmación puede parecer banal para los creyentes llevados por la costumbre, pero, si se mira más de cerca, resulta fundamental. En efecto, deja entender claramente que el culto al Sagrado Corazón, lejos de ser una devoción periférica, conduce a la encrucijada misma de la salvación, de un Dios hecho hombre, de un Dios hecho carne, de un Dios hecho Corazón de carne. Menospreciar el culto al Sagrado Corazón lleva, conscientemente o no, a despreciar la encarnación.

Cuando Jesús presenta su Corazón a santa Margarita María como en un trono de llamas, le explica que es necesario honrar este Corazón divino «bajo la figura de este Corazón de carne»[2]. Se nos plantea un triple cuestionamiento:

- ¿Por qué adorar a Dios bajo la figura de un símbolo? ¿Cómo acoger positivamente esta cultura del símbolo, cuando la mentalidad moderna no confía más que en el saber científico? Por otra parte, ¿puede el Altísimo dejarse encerrar en representaciones humanas, por elevadas que sean? ¿El decálogo no dice: «No te harás esculturas ni imagen alguna, ni de lo que hay abajo en la tierra, ni de lo que hay en las aguas debajo de la tierra, ¿ni de lo que hay arriba en los cielos» (Dt 5,8)?

---

1. Catecismo de la Iglesia Católica, n° 478.
2. Santa Margarita María de Alacoque, *Obras completas*, Monte Carmelo, 2022, «Cartas» n° 133 al P. Croiset, p. 1004-1005.

- La intención de Dios al revelar su Corazón es la de reunir lo más cerca posible de él a sus hijos dispersos, pero ¿por qué este símbolo del corazón? ¿No hubiera podido perfectamente proponer Jesús a nuestra veneración sus *manos*, que tanto bendijeron y curaron, o sus *ojos*, con los que tanto amó: «Jesús, fijando su mirada en el joven rico, lo amó» (Mc 10, 21)?

- Por último, ¿por qué adorar a Dios a través de una imagen que representa su Corazón de carne? Este realismo del Corazón humano de Jesús puede ser chocante para algunos creyentes: más de uno ha rechazado estas representaciones pictóricas del Corazón de Cristo.

LAS RIQUEZAS DEL SÍMBOLO

Vivimos bajo el yugo de un pensamiento muy racionalista para el que no cuenta más que el conocimiento verificable, científico. Los saberes basados en los mitos, en la fe o en los símbolos son considerados como una droga blanda encargada de anestesiar los espíritus, permitiéndoles así relativizar los sufrimientos de la existencia. En este contexto, el redescubrimiento del poder del símbolo es una buena noticia: ¡el símbolo es mucho más rico de lo que parece!

Doble sentido del símbolo

El símbolo es como un cohete de dos etapas. Tomemos el ejemplo del cielo. El primer nivel de sentido es la realidad visible, observable, que puede prestarse al estudio. Pero el firmamento nos remite a otro nivel, más alto, a la segunda etapa del cohete, que es más directamente simbólica: si tenemos el corazón abierto, contemplando esa bóveda misteriosa e infinita del cielo, nos dejamos atrapar por lo divino que sugiere, nos dejamos llevar hacia las alturas a las que aspira nuestra humanidad pobre y limitada.

El símbolo nunca agota el misterio

Otra característica del símbolo es la de no agotar jamás el misterio al que remite. Si lo hiciera ya no sería un misterio, sino la proyección de nuestros esquemas humanos triviales: el símbolo convertido en ídolo. A través de una fórmula mordaz, Voltaire señaló muy bien esta deriva: «Dios ha hecho al hombre a su imagen y semejanza, y el hombre se lo ha devuelto con la misma moneda»[3]. El símbolo cuando remite a Dios lo revela, pero de manera siempre velada. Su sentido profundo nunca es «evidente» para la razón, le hace señas pero no la obliga. El símbolo tiene algo que ver con el amor, que para ser auténtico nunca se impone, sino que se propone a la libertad del otro: «Venid y lo veréis», dijo Jesús a los apóstoles que querían saber dónde vivía (cf. Jn 1,39).

Así ocurre con el símbolo del Corazón de Jesús. Podemos larga y amorosamente contemplar una representación iconográfica de él, pero nunca vamos a agotar «la anchura y la longitud, la altura y la profundidad» de tal misterio (cf. Ef 3,18). Por eso, los secretos del divino Corazón de Jesús pertenecen a los enamorados. Dios sólo puede revelar sus tesoros de caridad a seres que le amen, es indispensable una cierta connaturalidad «de corazón». Por otra parte, siendo el amor de Cristo un pozo sin fondo, el Espíritu sólo da acceso a las almas que manifiestan una cierta «violencia» en el deseo de amar: «El Reino de los cielos sufre violencia y los violentos se hacen con él» (Mt 11,12).

El símbolo es «demasiado» simple para los espíritus complicados

Por definición, el símbolo parte de una realidad terrestre extremadamente sencilla para elevarnos hasta un objeto divino que nos supera. Esta imbricación entre lo humano y lo divino es bastante embarazosa para un espíritu demasiado cerebral: ¡todo esto

---

3.   VOLTAIRE, *Le Sottisier*.

le parece «demasiado» simple! Para él, lo divino no puede expresarse más que con una terminología docta, «científica», casi esotérica. Las palabras de Jesús, tan sencillas, tan evidentes, que parten de las realidades de la vida cotidiana y de las de la naturaleza para mejor evocar el Reino de los cielos, ¡le parecen demasiado «naif» y poco serias! A *fortiori,* cuando el Altísimo utiliza el símbolo del Corazón de Jesucristo para mostrar el loco amor que siente por el hombre, cuando deja entrever que este Corazón sangra y que está herido por la ingratitud de los hombres, esto les parece demasiado elemental a ciertos espíritus. *Este Dios es demasiado sencillo para ser el verdadero Dios.* Y se apartan de tal devoción popular o la miran con una cierta condescendencia: «¡Es para los simples de espíritu, pero no para mí que soy un espíritu sofisticado!»

No nos equivoquemos, el culto al Sagrado Corazón apela a un alto simbolismo. ¡Pero para aprehenderlo no basta el cerebro! Por definición, el símbolo se dirige a toda la persona: su inteligencia, su afectividad, su imaginación, su cuerpo. Se puede incluso decir que el Sagrado Corazón penetra en el hombre por su propio corazón, por la inteligencia de su corazón. Para acceder a esta auténtica devoción no hay que tener miedo de vivir con el corazón, sin, por otra parte, menospreciar la inteligencia: «Hoy, el "encefalocentrismo" domina al hombre occidental [...], sencillamente, parece que "el corazón haya muerto"»[4]. Este retorno al centro, a nuestro corazón, no es fácil, pues nos expone a una cierta vulnerabilidad, experiencia que mucha gente no puede soportar. No nos asombremos pues si los «pequeños» están naturalmente en sintonía con el culto al Sagrado Corazón. Precisemos sin demora que esta pequeñez espiritual no tiene nada que ver con el anti-intelectualismo: ser pequeño no quiere decir ser estúpido. Prueba de ello es que la promoción del culto al Sagrado Corazón ha sido, desde sus orígenes, confiada por Dios a una orden considerada

---

4.   P. Édouard Glotin s.j., *La Bible du Coeur de Jésus*, op.cit., p. 418.

intelectual, los jesuitas[5]. La fidelidad o, a la inversa, un cierto desdén hacia esta misión al servicio del Sagrado Corazón es, para todo miembro de la Compañía de Jesús —pero también para todo sacerdote— un test de la pequeñez de la que estábamos hablando. El jesuita Pedro Arrupe, que durante largo tiempo fue general de la Compañía, declaraba en 1981 que:

> En el Sagrado Corazón de Jesús está encerrada una expresión simbólica de lo que es más profundo del espíritu ignaciano, y [...] una eficacia extraordinaria, tanto para la perfección personal como para la fecundidad apostólica[6].

EL SÍMBOLO DEL CORAZÓN

Nos preguntábamos antes por qué es presentado el Corazón de Jesús a la fe de los creyentes y no sus manos o sus ojos. Preguntemos hoy, por ejemplo, a modo de pequeño sondeo, la siguiente cuestión: «¿Qué evoca espontáneamente para ti la palabra corazón?» Sin duda, la respuesta que obtendremos será unánime: ¡El corazón es el

---

5. Poco después de la muerte de Margarita María, un jesuita, J. Croiset, hacía público lo que la santa le escribía dos años antes: »Jesucristo me hizo conocer, de una manera que no cabe duda, que quería establecer por todas partes esta sólida devoción, principalmente por medio de los padres de la Compañía de Jesús«. J.Croiset, s.j., *Abrégé de la vie d'une religieuse de la Visitation de Sainte Marie»,* unido a la continuación de *La dévotion au Sacré-Coeur de N-.S. Jésus-Christ,* anónimo del mismo autor, ab 95. Más recientemente, el teólogo jesuita Karl Rahner escribía: «Que esta misión sea hoy más difícil de cumplir, que este culto deba ser profundizado por la teología, vivido y predicado de una manera adaptada a los tiempos modernos, no quita a la Compañía de Jesús esta convicción: se trata de una recomendación que directamente tiene en su origen a Dios», Karl Rahner, Prefacio del P. Arrupe, *Comme je vous ai aimés,* Namur 1986, p. 6-7.

6. Conferencia del 6 de febrero de 1881 en el curso de espiritualidad ignaciana, *ARSJ,* 1981, 537, Citado por el P. Édouard Glotin, s.j., *op.cit.,* p. 413.

símbolo del amor, de la ternura...! Si nuestro mundo actual ve instintivamente el corazón como signo del amor, no conviene olvidar esta otra significación, más bíblica, del corazón, como expresión del centro íntimo, del misterio interior de la persona.

El corazón como centro interior de la persona

A diferencia de la mentalidad contemporánea, para la Biblia el corazón no evoca en primer lugar el amor, sino que significa el centro interior del hombre. Sólo la persona accede a su propio santuario interior, pero por su condición corporal, por su palabra o por sus gestos, le resulta difícil no dejar escapar a veces fragmentos de su jardín secreto. ¿No decimos muchas veces que los ojos son el espejo del alma? Esta capacidad de interioridad distingue radicalmente al hombre del animal:

> Por su interioridad, el hombre es, en efecto, superior al universo entero: a esta profunda interioridad retorna cuando entra dentro de su corazón, donde Dios lo aguarda, escrutador de los corazones[7], dice el Concilio Vaticano II.

¿Qué indica este corazón en tanto que «misterio interior del hombre», retomando una expresión querida por el papa Juan Pablo II[8]? Designa lo que nosotros llamamos comúnmente el alma, el lugar donde reside el Espíritu Santo, «el corazón en sentido

---

7. Concilio Vaticano II, *Gaudium et Spes*, n° 14.
8. El Concilio Vaticano II, en su análisis penetrante «del mundo contemporáneo», llegaba al punto más importante del mundo visible: el hombre bajando —como Cristo— a lo profundo de las conciencias humanas, tocando el misterio interior del hombre, que en el lenguaje bíblico, y no bíblico también, se expresa con la palabra «corazón». Cristo, Redentor del mundo, es Aquel que ha penetrado, de modo único e irrepetible, en el misterio del hombre y ha entrado en su «corazón», san Juan Pablo II, Encíclica *Redemptor Hominis*, n° 8.

espiritual es el alma o algo del alma»[9]. Significa también la sede de la voluntad, de la libertad y de la verdad, el santuario de la conciencia:

> El corazón, enseña el Catecismo, es la morada donde yo estoy, o donde yo habito. Es nuestro centro escondido, inaprensible ni por nuestra razón ni por la de nadie; sólo el Espíritu de Dios puede sondearlo y conocerlo. Es el lugar de la decisión, en lo más profundo de nuestras tendencias psíquicas. Es el lugar de la verdad, allí donde elegimos entre la vida y la muerte. Es el lugar del encuentro, ya que, a imagen de Dios, vivimos en relación: es el lugar de la Alianza[10].

El corazón como expresión del amor

Si estamos atentos al mundo del espectáculo o del deporte habremos observado que los deportistas expresan frecuentemente su afecto hacia el público con el símbolo del corazón. Quizá aún nos acordemos de la victoria del tenista brasileño Gustavo Kuerten hace ya varios años. Al término de una final épica, sostenido por un público totalmente entregado a este jugador tan entrañable, después de ganar el partido, dibujó sobre la tierra un inmenso corazón en dirección al público y se dejó caer en el interior del mismo. ¡Qué entusiasmo en las gradas de Roland Garros!

No es difícil ver que entre el espíritu bíblico y la mentalidad actual el símbolo del corazón ha evolucionado mucho: el corazón ha pasado de ser el principio de la interioridad a ser el símbolo del amor. No consideremos, sin embargo, este deslizamiento como una gran brecha que habría eliminado cualquier vínculo entre estos significados. El corazón del corazón, el fondo de la interioridad, ¿acaso no es amar? Santo Tomás de Aquino dijo con justicia: El verdadero

---

9. Santo Tomás de Aquino, *Suma teológica* II, II, 44, 5, ad. 1.
10. Catecismo de la Iglesia Católica, n° 2563.

signo de amistad es que un amigo revela *los secretos del corazón* a su amigo. En efecto, porque el corazón de los amigos es uno solo y una sola alma, no parece que un amigo ponga fuera de su corazón lo que revela al amigo[11].

En el transcurso de la Edad Media, bajo la influencia de la literatura «cortesana», el corazón se convierte progresivamente en el símbolo de la amistad y del amor:

> El corazón, escribe Honoré d'Autun, es el símbolo del amor que se dice reside en el corazón; se designa el contenido por lo que le contiene […] y para expresar que alguno ama a una persona, se dice que su corazón está herido. Así, Cristo sobre la cruz fue herido de amor por la Iglesia[12].

Mostrando a santa Margarita María su divino Corazón inflamado de amor por el mundo, Cristo se ha como «adaptado» a este nuevo acento del amor que simboliza en lo sucesivo el corazón. El Concilio Vaticano II no teme consagrar esta significación moderna uniendo corazón y amor en el misterio mismo de Cristo: «El Hijo de Dios con su encarnación se ha unido, en cierto modo, con todo hombre […], *amó con corazón de hombre*»[13].

ADORAR A DIOS A TRAVÉS DE SU CORAZÓN DE CARNE

El culto al Sagrado Corazón se topa muy pronto con la hostilidad conjugada de los enciclopedistas y jansenistas: a menudo los extremos se tocan. Mientras que los primeros ridiculizaban lo que pensaban era una chiquillada, los jansenistas, por su lado, se

---

11. Santo Tomás de Aquino, In Jo, c .15. L. 3.
12. Honoré d' Autun, *Expositio in Cant. Canticorum,* 4,9.Pl, 172, 419. Citado por el P. Édouard Glotin, *La Bible du Coeur de Jésus,* op. cit., p.132.
13. Concilio Vaticano II, *Gaudium et spes,* n° 22.

lanzaban contra esos «adoradores del Corazón» —esos «*cordíco-las*»— que, al rendir homenaje a un órgano de carne, se apartaban, según ellos, de la persona de Cristo, la única digna de adoración. Todo esto movió al papa Pío VI, en 1794, a que el magisterio de la Iglesia se expresara por primera vez en favor de «la adoración» al Corazón físico de Nuestro Señor.

Una imagen religiosa es siempre «relativa» a la persona

Algunas representaciones del Corazón de Jesús podían desagradar a la piedad popular o podían herir a cierta élite intelectual. En efecto, numerosas imágenes del Sagrado Corazón se habían fijado más en el aspecto anatómico de corazón que en la significación simbólica del mismo. Al margen de estos excesos «artísticos», el hecho es que Dios, por su Iglesia, invita a los hombres a adorarlo a través del Corazón humano de su Hijo ¿Cómo comprender esto y vivirlo de la manera más adecuada posible?

El problema subyacente no data del siglo XVII, hay que remontarse a la famosa querella de las imágenes que dividió a la Iglesia en el siglo VIII. El segundo concilio de Nicea, en 787, decidirá la posición de la Iglesia en la materia. Los Padres de Nicea afirman que la imagen no es el modelo, sino que nos reenvía al modelo. El icono, a través de la representación material de un personaje divino, permite discernir la huella de lo invisible, algo de la presencia de Dios. En esta gran teología patrística del icono, se inscribe el papa Pío XII para defender las representaciones del Corazón de Jesús: «Por lo tanto, no es justo decir que la contemplación del Corazón físico de Jesús impide el contacto más íntimo con el amor de Dios»[14]. Y desarrolla su argumentación:

---

14. Pío XII, *Haurietis Aquas*, 1956, n° 28.

Y así, del elemento corpóreo —el Corazón de Jesucristo— y de su natural simbolismo, podemos y debemos, sostenidos por la fe cristiana, elevarnos hasta adoración del Amor divino del Verbo Encarnado»[15].

Se comprende que las objeciones al culto al Corazón de Jesús se deben esencialmente al olvido del carácter «relativo» de la representación del icono: «Por lo tanto, en la persona misma del Verbo Encarnado es donde termina el culto relativo tributado a sus imágenes»[16]. Nuestra adoración no se detiene en la imagen como tal, sino que, a través de ella, nos unimos al Hijo de Dios representado:

> No pretendemos con esto que en el Corazón de Jesús se haya de ver y adorar la que llaman imagen formal, es decir, la representación perfecta y absoluta de su amor divino, puesto que no es posible representar adecuadamente con ninguna imagen criada la íntima esencia de este amor; pero el alma fiel, al venerar el Corazón de Jesús, adora juntamente con la Iglesia el símbolo y como la huella de la Caridad divina, la cual llegó también a amar con el Corazón del Verbo Encarnado al género humano, contaminado por tantos crímenes[17].

El culto al Sagrado Corazón en la lógica de la encarnación

Además del olvido del carácter «relativo» del icono, que remite siempre a la Persona divina que representa, la reticencia respecto al culto de las imágenes del Corazón Sagrado de Jesús presenta otro defecto, apuntado más arriba: esta negación, este malestar con respecto a las representaciones del Sagrado Corazón, son a menudo reveladoras de una concepción errónea de la encarnación. Sin

---

15. Ibid., nº 28.
16. Ibid., nº 28.
17. Ibid., nº 28.

a veces darse cuenta, los opositores «cortan» a Nuestro Señor en dos, separando de una manera radical por un lado su humanidad y por otro su divinidad. Nosotros confesamos que ¡Cristo es «irrompible»! Adorar a Cristo en su Corazón de carne es confesar que el Verbo verdaderamente se ha hecho carne, es reconocer que en Jesús no hay por una parte un Corazón humano y por otra un Corazón divino que habitaría no se sabe dónde en el Verbo encarnado. El Corazón de Cristo es, retomando las palabras de la encíclica de 1956, «el «lugar» simbólico de la mediación entre Dios y la humanidad»[18].

El Sagrado Corazón, fuente del amor divino

Profundicemos aún un poco más en esta lógica de la encarnación que penetra el Corazón de Cristo. Las conclusiones son conmovedoras para nuestra vida espiritual y para nuestro amor al Señor. En efecto, por su Corazón humano-divino recibimos no sólo el amor humano de Jesús, su amor afectivo de hombre, sino también su amor divino. El Papa Pío XII, retomando la intuición desarrollada antes por San Juan Eudes[19], habla de tres amores que

---

18. En el número 29, el Papa precisa: «Esta verdad fundamental nos permite entender cómo el Corazón de Jesús es el corazón de una persona divina, es decir, del Verbo Encarnado, y que, por consiguiente, representa y pone ante los ojos todo el amor que Él nos ha tenido y nos tiene aún. Y aquí está la razón de por qué el culto al Sagrado Corazón se considera, en la práctica, como la más completa profesión de la religión cristiana. Verdaderamente, la religión de Jesucristo se funda toda en el Hombre–Dios Mediador».

19. San Juan Eudes habla de «tres corazones» presentes en Nuestro Señor: »Tres Corazones en este admirable Hombre Dios que son un solo Corazón, porque su *Corazón divino,* siendo el alma, el Corazón y la vida de su *Corazón espiritual* y de su *Corazón corporal,* establecidos en tan perfecta unidad con él que esos tres Corazones no son sino un Corazón muy único, lleno de amor infinito a la santísima Trinidad y de caridad inconcebible a los hombres», SAN JUAN EUDES, *Le Coeur admirable de la Très Sacrée Mère de Dieu, , OEuvres complètes,* Paris, Beauchesne, 1908, 6,37.

atraviesan el Corazón de Cristo: «El amor sensible del Corazón físico de Jesús y su doble amor espiritual, el humano y el divino»[20]. El culto al Sagrado Corazón es verdaderamente el culto del amor: «Cuando adoramos al Sagrado Corazón de Jesucristo, en él y por él adoramos así el amor increado del Verbo divino como su amor humano, con todos sus demás afectos y virtudes»[21]. Así, el Corazón humano de Jesús se presenta para todo bautizado como el «lugar divino» del amor, pero también como el lugar de su propia santidad, de su felicidad e incluso de su salud[22]. Entonces, ¿cómo ignorar o mantener a distancia este santo Corazón de Jesús?

Cuando Dios «se incultura»

Los contemporáneos de Margarita María eran muy sensibles al Corazón de Cristo como tal, tanto en su representación como en su jaculatoria: «Sagrado Corazón de Jesús, en vos confío». Nuestra sociedad moderna expresa una cierta incomodidad ante esta forma de la piedad popular. Entonces, ¿hay que decretar que el culto al Sagrado Corazón ha terminado?

No confundamos el culto al Sagrado Corazón con las representaciones que el arte y la piedad nos ofrecen. Es muy interesante observar la evolución de la representación en la última gran aparición del Sagrado Corazón a Santa Faustina, a principios del siglo XX. En el cuadro del pintor Kazimirowski, realizado según las indicaciones de la santa polaca, el Sagrado Corazón no ha desaparecido, sino que está *sugerido* más que *descubierto*. La superiora de sor Faustina, viendo el nuevo cuadro, hizo esta reflexión: «Creíamos que estábamos ante un nuevo modelo del Sagrado

---

20. Pío XII, *Haurietis Aquas*, n° 28.

21. Ibid., n° 24.

22. «La salud es Dios mismo» San Juan de la Cruz, *Noche oscura*, 2011, Monte Carmelo, Lib. II cap. 16, p. 650.

Corazón»[23]. Añadamos que la invocación pedida por Jesús a Faustina, curiosamente ausente en el cuadro del pintor polaco, decía «Jesús, en Ti confío». Estos dos elementos ponen en evidencia una continuidad y un cambio en la representación del Sagrado Corazón. La representación nueva, aun sugiriendo el Corazón, focaliza la atención en la persona de Cristo y la invocación viene a reforzar esta convicción, ya que no se dirige al Corazón, sino a la persona misma de Jesús. Dios parece «inculturarse» en nuestro mundo actual, más sensible a la persona que a la representación explícita del Corazón. El culto al Sagrado Corazón no ha sido abandonado, ha evolucionado; el Altísimo se ha adaptado a la sensibilidad de nuestro tiempo.

---

23. María Winowska, *L'icône du Christ miséricordieux, Message de soeur Faustine,* éd. Sain-Paul, 1973, p. 147.

El Sagrado Corazón y la redención

Pío XII, en su magnífica encíclica *Haurietis Aquas*, invita a contemplar el Corazón de Cristo a fin de penetrar mejor en los secretos del gran misterio cristiano que es la redención del mundo, realizada por la muerte y la resurrección de Cristo: «...podemos ya con toda seguridad contemplar y venerar en el Corazón del Divino Redentor la imagen elocuente de su caridad y la prueba de haberse ya cumplido nuestra Redención»[1]. El Papa nos dice que esta contemplación no tiene nada de abstracto, que no es puramente intelectual. Al penetrar así en el Corazón del Redentor, la unión «transformante» tan deseada se realizará progresivamente: «...podemos venerar el Corazón del Divino Redentor [...] como una mística escala para subir al abrazo "de Dios nuestro Salvador"»[2].

Así, después de la Trinidad y la encarnación, ha llegado el momento de completar nuestra meditación sobre el Sagrado Corazón a través de este tercer y gran misterio de la fe cristiana: la redención.

EL CORAZÓN TRASPASADO ES UN LIBRO DE VIDA

Nos hemos referido ya a la primera aparición de Cristo a santa Margarita María, en la que manifiesta su amor ardiente a los hombres. En un primer viernes de mes, día de la Pasión, Jesús, de

---

1. Pío XII, *Haurietis Aquas*, 1956, nº 16.
2. Ibid.

nuevo, expone a la luz su gloria, pero orienta la mirada más específicamente hacia el Gólgota:

> Jesucristo, mi dulce Maestro, se presentó ante mí todo radiante de gloria con sus cinco llagas, que brillaban como cinco soles, y de esta sagrada Humanidad salían llamas por todas partes, [...] me descubrió su amantísimo y amabilísimo Corazón que era la fuente de las llamas[3].

Las palabras que acompañan esta aparición son inequívocas, se trata del Corazón ultrajado de la Pasión:

> Esto, me dijo, me es mucho más sensible que todo lo que he sufrido en mi pasión; tanto, que si [me] devolvieran algo de amor, estimaría en poco todo lo que hice por ellos y querría, si fuese posible, hacer aún más; pero no tienen más que frialdad y rechazo para corresponder a todos mis desvelos por procurarles el bien[4].

Entonces este divino Corazón herido pide a la salesa que participe en su agonía para suplir la ingratitud de los hombres.

> Te haré partícipe de la tristeza mortal que quise sentir en el Huerto de los Olivos. Esta tristeza te reducirá, sin que tú lo puedas comprender, a una especie de agonía más dura de soportar que la muerte[5].

Si bien las obras de espiritualidad pueden ayudar a entrar en los misterios de la Pasión, en último término el Corazón de Jesús es el único Libro que permite aprehender el amor infinito que se esconde en él: «Quiero hacerte leer en el Libro de la vida donde se contiene la ciencia del amor», le dice Jesús a Margarita María[6]. Este Libro de la vida es verdaderamente su Corazón: «He aquí el

---

3. SANTA MARGARITA MARÍA ALACOQUE *Obras completas*, op. cit., «Autobiografía» n° 55, p. 168.
4. Ibid., «Autobiografía» n° 56, p. 168-169.
5. Ibid., «Autobiografía» n° 57, p. 170.
6. Ibid., «Escritos por orden de la Madre de Saumaise» n° 35, p. 284.

Maestro que te doy, el cual te enseñará todo lo que deberás hacer por mi amor»[7].

Este secreto de vida confiado a la santa de Paray puede también ser el nuestro a poco que consintamos en acogerlo. En efecto, ¿quién de entre nosotros no experimenta una repulsión espontánea delante de la Cruz? El Corazón de Dios quiere introducirnos suavemente en los deliciosos secretos de esta ciencia misteriosa de la Cruz, que puede presentarse según tres proposiciones que se vinculan la una a la otra.

Sólo la Cruz de Cristo puede dar sentido a nuestras cruces

Sólo la Cruz de Cristo puede iluminar y dar sentido a nuestros sufrimientos, a veces insoportables:

> La solución del problema del sufrimiento se esconde allí, en el costado traspasado del Crucificado. Este costado es como una *ventana* abierta para mirar a través de ella. Y a través de dicha ventana Jesús mira a los hombres y ve su miseria, su debilidad, su pena. Y su corazón se derrite «de compasión por las multitudes» y de misericordia. Si nos acercamos a la Cruz a la altura de su costado, podemos también mirar el Corazón de Jesús a través de esta ventana y comprenderemos que no hay más que una respuesta al sufrimiento del hombre: de alguna manera Dios lo necesitaba para probar al hombre la locura del amor divino[8].

Sentir repulsión y miedo frente a la Cruz es señal de una naturaleza equilibrada. Sólo el Corazón de Cristo puede hacer

7. Ibid., «Escritos por orden de la Madre de Saumaise» n° 27, p.277.
8. Cardenal Godfried Danneels, *Pas de dimanche sans vendredi,* coll. «Paroles de vie», Pâques 1992, Servicio de prensa del arzobispado de Malinas. Por su parte, el Concilio Vaticano II dice: «Por Cristo y en Cristo se ilumina el enigma del dolor y de la muerte, que fuera del Evangelio nos envuelve en absoluta obscuridad», Concilio Vaticano II, *Gaudium et spes,* n° 22.

cualquier cosa nueva y ofrecer una significación nueva al sufrimiento humano. Pierre Coursat, seglar fundador de la comunidad del Emmanuel, cuya causa de beatificación está introducida, estuvo enfermo casi toda su vida y a punto de morir en varias ocasiones. Así explicaba, con mucha sencillez, uno de sus descubrimientos espirituales:

> En el momento de mi conversión, tenía mucho miedo a la Cruz que me causaba un efecto terrible, pero busqué refugio en el altar del Sagrado Corazón y, desde aquel entonces, siempre he conservado esta devoción hacia el Sagrado Corazón[9].

Sólo el amor puede dar sentido a nuestras cruces

Cuando alcanzamos esta «ventana» que es el Corazón de Cristo, lo que no es poca cosa, nos falta aún encontrar la llave para poderla abrir: el amor vivido en el seno de nuestras pruebas es esa misteriosa llave que permite superarlas:

> El Maestro ha subido a la tribuna de la Cruz, escribe santa Catalina de Siena, y nos ha enseñado la doctrina que había escrito sobre su Cuerpo. Ha hecho de sí mismo un Libro […]. Que lo lea pues nuestra alma, que lo lea y que, para leerlo mejor, suba con los pies de su afecto hasta el amor de Jesús crucificado[10].

¿Cómo permite el amor acercarse a esta Cruz que se nos muestra tan desagradable? La unión con el Corazón amante de Jesús nos hace capaces, en primer lugar, de aceptar lo real del sufrimiento; su rechazo, por el contrario, se revela agotador para toda la

---

9. Bernard Peyrous et Hervé-Marie Catta, *Le feu et l'espérance*, éd. de l'Emmanuel, 1994, p.194. Citado por Martin Pradère, *Jésus doux et humble de coeur*, éd. de l'Emmanuel, 205, p.228.

10. Santa Catalina de Siena, Carta CCLV, citada por el P. Édouard Glotin, *La Bible du Coeur de Jésus*, op. cit., p.47.

persona. El amor permite también a Jesús hacernos comprender que por esta Cruz participamos íntimamente en su Pasión y podemos así ofrecer nuestros sufrimientos, en un acto de amor, por la vida del mundo, lo que representa un acto supremo de caridad desinteresada. Este fue el gran descubrimiento de Madre Teresa a través de sus terribles tinieblas interiores:

> Sentí que Dios no es Dios, que no existe verdaderamente. En mí había tinieblas terribles. Como si todo estuviese muerto en mí, pues todo era glacial. Fue tan sólo la fe ciega la que me llevó porque, en verdad, todo era oscuridad para mí. A veces, la agonía de la desolación era tan grande y al mismo tiempo la viva esperanza del Ausente tan profunda que la única oración que aún acertaba a pronunciar era: «Sagrado Corazón de Jesús, confío en ti. Yo calmaré tu sed de almas».

Y he aquí que la luz se hace en su alma:

> Hoy, he sentido una alegría profunda: porque Jesús ya no puede vivir directamente la agonía, desea vivirla a través de mí. Me abandono más que nunca en él[11].

Sólo el Espíritu puede enseñar la sabiduría de la Cruz

Desde el comienzo de esta obra hemos oído a san Juan decirnos cómo el Espíritu Santo permite comprender los signos del agua y de la sangre que han brotado del costado traspasado de Jesús en la Cruz. En sí misma, la Cruz de Cristo es absolutamente incomprensible. El mismo santo Tomás de Aquino, esa formidable inteligencia teológica, lo reconocía:

---

11. CARDENAL POUPARD, *La sainteté au défi de l'histoire*, éd. Presses de la Renaissance, 2003, p. 83.

Esta verdad, que Cristo ha muerto por nosotros, es, sin embargo, tan compleja que nuestra inteligencia apenas la comprende, ni siquiera puede imaginarla. Ya lo afirmaba el profeta Habacuc cuando dijo: «Voy a hacer una obra en vuestros días, a la que no daríais crédito si se os contara» *(Ha 1, 5)*. En efecto, tan grande es el don de Dios y su amor por nosotros que superan lo que podemos entender[12].

El misterio de amor escondido en la llaga del costado de Cristo es tan grande para la inteligencia humana que algunos tropiezan y llegan a acusar a Dios de semejante barbarie. El ateo Nietzsche no escapó de esta trampa, incapaz de franquear el umbral del misterio:

> ¿Cómo pudo Dios permitir esto [la muerte de Jesús]? A esta pregunta, la razón inquieta de la pequeña comunidad encontró una respuesta terriblemente absurda: Dios entregó a su Hijo para la remisión de los pecados, como víctima. ¡De este modo se concluyó de golpe el Evangelio! ¡El sacrificio expiatorio, y en su forma más repugnante y bárbara, el sacrifico del inocente por las faltas de los pecadores! ¡Qué horrible paganismo![13].

Pero no olvidemos que en cada uno de nosotros vive un pequeño Nietzsche, o, por lo menos, un *pequeño razonador*, que juzga inaceptable e irracional la elección de Dios de tomar este camino de amor por la Cruz.

La primera condición para aspirar a «comprender» este misterio insondable de la Pasión es justamente la de aceptar no comprenderlo por nosotros mismos y dejarnos enseñar por el Espíritu Santo, guionista por excelencia de la Pasión de Cristo: «¡…cuánto más la sangre de Cristo, *que por el Espíritu eterno se ofreció a sí*

---

12. Santo Tomás de Aquino, *Comentario al Símbolo de los Apóstoles,* artículo «Padeció bajo Poncio Pilato».

13. Nietzsche, *L'Antéchrist,* 41.

mismo como víctima inmaculada a Dios», dice la Epístola a los Hebreos (9,14). La gran Edith Stein, santa Teresa Benedicta de la Cruz, nos enseña claramente que penetrar en la ciencia de la Cruz «sólo les es posible a los seres en los que vive el Espíritu de Cristo, que, en tanto que miembros suyos, reciben de la Cabeza su vida, su fuerza, su sentido y su orientación»[14]. Por lo tanto, no vale la pena querer captar el misterio de la Pasión sin el Espíritu del Dios vivo, no vale la pena llevar nuestra propia cruz con nuestras solas fuerzas, sin él. Reconozcamos humildemente que no estamos a la altura de descifrarla y soportarla, pidamos que venga él mismo a enseñárnosla. «La Cruz jamás echará raíces si el terreno no ha sido preparado antes por el Espíritu Santo», precisa Cristo a la beata Conchita[15]. El Espíritu Santo, que es el supremo educador de esta sabiduría divina de la Cruz, se encargará en persona de disipar nuestros miedos. Él mismo nos infundirá incluso una alegría asombrosa en medio del sufrimiento:

> Que los que tiemblan ante la Cruz no teman, —prometió Cristo a Conchita— [...]. El Espíritu Santo, el Espíritu de amor es quien me ha empujado hacia la Cruz y, desde que la he abrazado voluntariamente, la Cruz se ha transformado en amor. Dios sabe suavizar las amarguras de la Cruz. Dios sabe armonizar los contrarios, dando alegría en medio del dolor. El amor sobrepasa lo que hay de terreno y natural en el hombre, diviniza los sufrimientos y los suaviza. El amor hace todavía más: en el Calvario, hace desbordar los corazones de una alegría santa e indescriptible[16].

---

14. Edith Stein (sainte Thérèse-Bénédicte de la Croix*), L'expiation Mystique, Source cachée*, Oeuvres spirituelles, Genève, éd. Ad Solem/Cerf, 1898, p. 233.

15. Beata Conchita, *Cuenta de conciencia, (Diario espiritual)*, C.C., 19 de febrero de 1911, 35, 66-71. T. 2528.

16. Citado en Concepción Cabrera de Armida, *La vie dans l'Esprit Saint*, éd. de l'Emmanuel, 2009, p. 49-49.

LOS MISTERIOS ESCONDIDOS EN EL CORAZÓN TRASPASADO DEL REDENTOR

«Mirarán al que traspasaron» (Jn 19,37). Retomando estas palabras del profeta Zacarías para describir la Pasión (Za 12,10), san Juan nos invita a elevar nuestra mirada para que, como él, podamos acceder a los secretos de la redención que permanecen encerrados en el Corazón abierto del Cordero: «...el Corazón de nuestro Salvador, escribe el Papa Pío XII, en cierto modo refleja, [...] no sólo el símbolo, sino también la síntesis de todo el misterio de nuestra Redención»[17].

La vida de Cristo dada por la Iglesia

San Juan nos ha hecho vislumbrar más arriba la inmensa fecundidad que brota del Corazón abierto de Cristo: «Uno de los soldados le atravesó el costado con una lanza y al instante salió sangre y agua. El que lo vio lo atestigua y su testimonio es válido» (Jn 19, 34-35). A través de esta agua misteriosa que brota del costado de Cristo nacen, como hemos dicho, los sacramentos que ahora ofrece al mundo la Iglesia, nacida también del Corazón del Crucificado. Esta Iglesia, esposa del Resucitado, es verdaderamente el «Sacramento» que lleva los siete sacramentos. Este descubrimiento hizo decir a san Juan Crisóstomo:

> Ahí se lleva a cabo un inefable misterio. Porque manó sangre y agua. No sin motivo y razón brotaron estas fuentes, pues de ambas se constituye la Iglesia. Lo saben ya los iniciados que han sido regenerados con el agua y alimentados con la carne y la sangre. De ahí tomaron su principio nuestros misterios para que cuando te

---

17. Pío XII, *Haurietis Aquas*, n° 24.

acerques al cáliz tremendo, te llegues de tal manera como si hubieras de beber del costado mismo del Salvador[18].

Ya no digamos que Dios permanece alejado de nosotros, pues no puede acercarse más de lo que lo hace con los sacramentos. Ya no digamos que vivir en Dios es algo imposible puesto que Él mismo ha dado el primer paso, viene a nuestro encuentro hasta transfundirnos su propia vida en cada sacramento.

Este Corazón que ha amado hasta el final

El Evangelio de san Juan dice que la víspera de la ofrenda suprema de Jesús en su Pasión:

> Antes de la fiesta de Pascua, Jesús sabía que había llegado su hora de pasar de este mundo al Padre. Él que había amado a los suyos que estaban en el mundo, *los amó hasta el final* (Jn 13,1).

Este ir hasta el final no apunta solamente a la proximidad de su salida de este mundo temporal, hasta el final de su vida. Leída con mayor profundidad, esta expresión orienta la mirada hacia la plenitud de su amor entregado hasta el final del amor. En efecto, Jesús no podía amarnos más:

> Me descubrió, —cuenta Margarita María—, las maravillas inexplicables de su puro [amor], y hasta qué exceso le había conducido el amor a los hombres, de los cuales sólo recibía ingratitudes y desprecios[19].

Esbocemos ahora algunos rasgos de este amor «excesivo» del Corazón abrasado de nuestro Salvador.

---

18. San Juan Crisóstomo, *Homilía sobre san Juan*, comentario 85.
19. Santa Margarita María Alacoque. *Obras completas, op. cit.,* «Autobiografía» nº 55, p. 168.

Nos ha amado hasta morir de amor

¿Quién más que Dios hubiera podido inventar semejante escenario de amor para salvar a los hombres? En efecto, el que estaba libre de toda culpa tomó libremente el lugar de su agresor para mejor salvarlo desde el interior:

> Y pensemos que difícilmente habrá alguien que muera por un justo, tal vez por un hombre de bien se atrevería uno a morir. Así que la prueba de que Dios nos ama es que Cristo, siendo nosotros todavía pecadores, murió por nosotros (Rm 5,7-8).

Hay que estar loco para pensar la salvación de esta manera y actuar en consecuencia. Efectivamente, Dios está loco, pero loco de amor. No le pidamos que ame dentro de los límites de la razón, es incapaz de contentarse con ello: «La medida del amor es amar sin medida»[20]. Por lo tanto, no nos rebajemos a explicar este loco proyecto de Dios por una especie de *masoquismo* de Cristo; porque es en el amor sin mesura donde hay que buscar la razón. El escenario de la muerte de Cristo tampoco está guiado por un *dolorismo* insensible, sino por una caridad excesiva: «Nadie me quita la vida, yo la doy voluntariamente» (Jn 10, 18). Santa Brígida escribe en sus *Revelaciones,* que «estando en la Cruz el divino Salvador sufrió *por nuestro amor* dolores tan vivos, tan penetrantes, tan violentos y tan terribles que *su corazón se rompió* y se quebró»[21]. Así Jesús sucumbió a una muerte de amor de la que santa Teresita dirá que no consiste siempre en morir entre arrobamientos:

> Nuestro Señor murió en la Cruz entre angustias y sin embargo, la suya fue la más hermosa muerte de amor. […] Morir de amor no es

---

20. SAN BERNARDO, *Tratado del amor de Dios*, cap. I.
21. SANTA BRÍGIDA DE SUECIA, *Revelationes extravagantes*, c. 51.

morir entre arrobamientos. Os lo confieso francamente, me parece que eso es lo que yo estoy viviendo[22].

El Corazón herido del Hijo a imagen del Corazón herido del Padre

Si el Hijo no puede para nada ser acusado de *masoquismo,* el Padre tampoco puede ser sospechoso de *sadismo* ante la terrible Pasión de su Hijo. «¡Hijo mío, te envío al patíbulo! ¡Así me ahorraré ir yo y se calmará mi ira al verte sufrir tanto!». El modo de expresarlo es un poco burdo, pero esta lectura simplista está presente, más a menudo de lo que se piensa, en el inconsciente de creyentes e incrédulos. Intentemos decir algunas palabras que puedan acercarnos a lo que pudo «sentir» el Padre en la Pasión dolorosa de su Hijo.

El Corazón herido de su Hijo es el que nos arrastra a las profundidades de esta meditación. En efecto, a Felipe, que le pedía que les mostrara el rostro del Padre, Jesús le respondió: «El que me ha visto a mí ha visto al Padre. ¿Cómo dices tú muéstranos al Padre?» (Jn 14,9). Por lo tanto, si toda la vida del Hijo es un icono del Padre, esto se vuelve aún más evidente a través del Corazón abierto de Cristo en la Cruz, que deja entrever el Corazón «doloroso» del Padre. Paul Claudel escribió: «La lanza en el brazo de Longinos ha ido más allá del Corazón de Cristo, ha abierto a Dios, ha pasado hasta el centro de la Trinidad».

Hablar de *sufrimiento* en Dios exige prudencia y precisión. En efecto, Dios no puede sufrir, si no, no sería Dios. Pero esta «inmutabilidad», retomando términos técnicos de la teología, no significa que Dios Padre permanezca indiferente ante los dolores de su Hijo encarnado y crucificado. Hablar de sufrimiento del Padre es aceptar esta paradoja de un Dios de gloria y de alegría al que nada

---

22. Teresa de Lisieux, Obras completas, op. cit., Últimas conversaciones Cuaderno amarillo, 4.7.1.

alcanza, capaz sin embargo de una infinita compasión dolorosa hacia el hombre. Por lo tanto, no proyectemos en Dios nuestros límites humanos: «Yo soy Dios y no un hombre», recuerda el profeta Oseas (Os 11, 9). Si Dios sufre, es «en cierta manera», como dijo Orígenes[23]. El Altísimo es capaz de «integrar» el sufrimiento sin sufrir, sin ser aminorado como nosotros. Sólo una mirada contemplativa puede aprehender semejante misterio. Precisados estos matices, podemos acoger las fuertes palabras de Orígenes, que nos hacen penetrar en las profundidades del Corazón del Padre:

> El Dios cristiano no puede ser «impasible» en el sentido que lo conciben los filósofos. No puede serlo porque el Dios cristiano es amor. Y el amor —todos lo sabemos— es la cosa más vulnerable que existe en el mundo. Es vulnerable debido a la libertad en la que deja siempre al amado. «El amor no puede vivirse sin dolor»: esta máxima vale para Dios igual que para los hombres. Y Dios Padre sufre una pasión de amor[24].

Los «dolores interiores» de Cristo

El Corazón traspasado encierra otros secretos que Jesús parece querer desvelar más explícitamente hoy. Como algunos creyentes, también yo había reducido los dolores de Nuestro Señor únicamente a las angustias de la Pasión: Jesús habría sufrido solamente en aquellos momentos. El descubrimiento de los escritos de Margarita María me condujo, sobre este punto preciso, hacia otros horizontes que estaba lejos de imaginar. En la primera gran aparición de Cristo, el 27 de diciembre de 1673, Jesús le da a entender que sus sufrimientos interiores no se limitaron a los últimos días de su vida:

---

23. Orígenes. *Homélie sur Ézechiel,* 6, trad. Marcel Borret, Paris, éd. du Cerf, coll «Sources chétiennes», n° 352, 1989, p. 231.

24. Ibid.

Este divino Corazón se me presentó como en un trono de llamas. […] Estaba rodeado de una corona de espinas que simbolizaban las punzadas que nuestros pecados le inferían y una cruz encima que significaba que, *desde los primeros instantes de su Encarnación*, es decir, desde que este Sagrado Corazón fue formado, *allí fue plantada la Cruz*; desde aquellos primeros momentos fue colmado con todas las amarguras que debían causarle las humillaciones, pobreza, dolores y desprecios que la sagrada Humanidad debía sufrir durante todo el curso de su vida y en su sagrada Pasión[25].

Esta revelación de los sufrimientos interiores del Señor, desde la Encarnación, la ha confirmado Jesús aún con más fuerza en sus conversaciones con la beata Conchita. En una carta al P. José Alzola, provincial de los jesuitas, la mística mejicana se hace portavoz de Cristo:

Lo esencial en esta obra es dar a conocer *los dolores interiores* de mi Corazón, a los cuales no se presta atención y que constituyeron para Mí una Pasión más dolorosa que la que mi Cuerpo padeció en el Calvario, a causa de su intensidad y su duración y que aún continúa místicamente en la Eucaristía. Dile: hasta este día, el mundo ha conocido el amor de mi Corazón manifestado a Margarita María, pero estaba reservado a los tiempos actuales dar a conocer su sufrimiento del que yo había simplemente mostrado los símbolos de una manera exterior[26].

---

25. Santa Margarita María Alacoque, *Obras completas*, op. cit., «Cartas» nº 133 al P. Croiset, p. 1004.

26. Citado por el P. Michel Maria Philippon, *Conchita, Journal spirituel d'une mère de famille,* éd. de l'Emmanuel, p. 65. Estas palabras relatadas por Conchita no revelan una fiebre mística sentimental. Ella, que no ha seguido ninguna formación teológica, se une a las altas consideraciones del gran santo Tomás de Aquino que enseña la misma doctrina. Cuando él plantea la cuestión de saber si «el dolor que Cristo sufrió durante su Pasión fue el más grande», responde que la intensidad de los sufrimientos morales de Cristo, causados por los pecados del mundo, es incomparablemente

¿Por qué esta atención más urgente a los continuos sufrimientos interiores del Verbo encarnado? En primer lugar, porque es la verdad, además porque Dios mismo parece esperar de nosotros una mayor compasión hacia su Corazón herido, en la misma medida en que se multiplican los pecados en el mundo; finalmente, para obtener gracias de conversión para los numerosos pecadores que se alejan irresistiblemente de Dios.

Cristo glorioso ¿sufre hoy?

Las consideraciones hechas hasta el momento, a propósito del sufrimiento del Padre, aportan ya elementos de respuesta. Estas que siguen permitirán sin duda aclarar más esta cuestión tan difícil.

La Cruz no se ha «evaporado» en la resurrección, sino que ha sido «consagrada» en ella.

San Pablo afirma la victoria definitiva de Cristo sobre la muerte: «La muerte ha sido devorada por la victoria» (1 Co 15,54). Y añade además que «Cristo, una vez resucitado de entre los muertos, ya no vuelve a morir, la muerte ya no tiene dominio sobre él» (Rm 6,9). Precisemos el sentido de estas afirmaciones con el fin de evitar cualquier interpretación errónea de la victoria de la

---

más dolorosa que las torturas físicas del Gólgota. Esto a causa de su amor divino infinito que lo volvía en su humanidad infinitamente sensible al pecado del hombre y a toda forma de mal: «Cristo se dolió no sólo por la pérdida de su propia vida corporal, sino también por los pecados de todos los demás. Tal dolor de Cristo excedió todo el dolor de cualquier contrito. Sea porque procedía de una sabiduría y caridad mayores, en virtud de las cuales aumenta el dolor de contrición. Sea porque se dolió a la vez de los pecados de todos, según aquellas palabras de Is 53,4: Verdaderamente él soportó nuestros dolores». SANTO TOMÁS DE AQUINO, *Suma Teológica III*, q. 46. A. ad 4.

resurrección sobre la muerte. Ciertamente, Cristo nunca volverá a subir a la Cruz. En efecto, no volverá a derramar su sangre. Pero su muerte no se ha *evaporado* en la resurrección, sino que ha sido *consagrada*[27] en ella. La muerte ha sido integrada en la resurrección para mejor ser transformada por ella. No estamos hablando de una abstracción: esto toca directamente a nuestra vida y a la manera de comprender nuestra unión actual a Cristo. En efecto, si la Cruz hubiera sido superada en la resurrección, sin ser transfigurada por ésta, entonces no estaríamos realmente unidos con el Resucitado en nuestras pruebas. ¡Tengamos cuidado de no hacer de la resurrección un simple «revestimiento» sobre la muerte!

> Si Jesús, escribe el P. Durrwell, se encontrará glorificado al margen del misterio de su muerte, estaría sin relación con nuestro mundo, flotando como un ectoplasma por encima de la humanidad esencialmente marcada por la muerte. Él no sería el mediador de la salvación, ya que no podría asumir a los hombres en su muerte, que sólo transformaría la suya en un paso de este mundo a Dios[28].

Cristo resucitado «sufre» por los sufrimientos y los pecados de su pueblo

Aunque Cristo no volverá nunca más a subir al Gólgota, el Resucitado permanece sin embargo en estado de inmolación y de ofrenda, tal y como estaba en la Cruz, y para toda la eternidad. En ningún caso puede pues permanecer indiferente ante los

---

27. «Jesús resucita sin salir de la muerte. Si la resurrección no fuese más que la reanimación de un muerto, se situaría después de la muerte y la suprimiría. Pero lejos de ser negada, la muerte es consagrada; ella que es el fin, es también la eternidad. [...] la muerte es una dimensión de la gloria de Cristo», P. François-Xavier Durrwell, *La résurrection de Jésus mystère de salut*, éd. du Cerf/Traditions chretiennes, 1982, p. 117-118.

28. P. François-Xavier Durrwell, *L'Eucharistie, sacrament pascal*, éd. du Cerf, 1985, note 56, p. 58.

sufrimientos del mundo. ¿No dijo Pascal que «Jesús estará en agonía hasta el fin del mundo»[29]? Paradoja de las paradojas, el Resucitado continua «sufriendo» por los sufrimientos y los pecados de los hombres, tal y como las palabras de Cristo a santa Margarita María nos invitan a pensarlo:

> Descubriéndome su Corazón amoroso, desgarrado y traspasado por los golpes me dijo: «He aquí las heridas que recibo de mi pueblo escogido. Los otros se contentan con golpear mi Cuerpo, pero estos atacan mi Corazón que nunca ha dejado de amarlos»[30].

¿Cómo comprender que Cristo pueda «sufrir» por nuestros sufrimientos sin que ello afecte a la plenitud de su gloria y de su alegría?

El Resucitado está sufriendo y es glorioso a la vez

Cristo glorioso «sufre» infinitamente por nuestros sufrimientos y por nuestro pecado, pero no cae en depresión, el fondo de su ser no es alterado, su alegría, su gloria permanecen intactas. De esto trata la doctrina la impasibilidad de Dios. La experiencia de la santa de Paray puede ayudar a comprender esta paradoja:

> Después de estos tres días de vida de purgatorio, me encontré en una mansión de gloria y de luz, donde yo, miserable nada, me vi colmada de tantos favores, que una hora de este gozo es suficiente para compensar los tormentos de todos los mártires[31].

---

29. Blaise Pascal, *Le mystère de Jésus, OEuvres complètes*, éd. du Seuil, 1963, p. 620.

30. Santa Margarita María Alacoque, *Vie et OEuvres*, op. cit., «Mémoires des contemporaines» n° 279, tomo I, p. 375.

31. Santa Margarita María Alacoque, *Obras completas*, op. cit., «Sentimientos de retiro» V, ejercicios de 1684, p. 333

Margarita María, sumergida en el sufrimiento, se abandona totalmente en Dios y éste le permite gustar del gozo anticipado del cielo en el corazón mismo de sus penas.

Acometamos ahora una comparación más práctica. Supongamos que se vierte una dosis de cianuro en el vaso de un hombre: enseguida sentirá un gran dolor y morirá rápidamente. Supongamos también que se vierte esta misma dosis de cianuro en la copa de Dios: Él la beberá sin sentir nada. El corazón del hombre no es más grande que un vaso de agua: una simple dosis de cianuro basta para que muera. El Corazón de Dios es infinito como el océano y el veneno, que es el sufrimiento de los hombres, se diluye en el amor de Dios sin que quede el menor remolino en esa apacible masa de agua.

> El sufrimiento, dice Jacques Maritain, existe en Dios de manera infinitamente más verdadera que en nosotros, pero sin ninguna imperfección, porque en él, el sufrimiento es absolutamente uno con su amor[32].

Una última observación: ante el espectáculo terrible de la Pasión vivida por Marta Robin cada semana, se podría pensar que era el Cristo sangriento de la Pasión y no el Cristo glorioso el que sufría en ella. He aquí la luminosa respuesta que la estigmatizada de Châteauneuf-de-Galaure dio al filósofo Jean Guitton:

> Por supuesto, Jesús no sufre más desde que está en su gloria, pero él está *siempre presente en su ofrenda*. Y nosotros todavía podemos sufrir como él sufrió. [...] Parece que Jesús sufre *en ti*, fuera del tiempo, fuera del espacio, *pero Jesús está en su gloria*[33].

---

32. Jacques Maritain, *Approches sans entraves*, Paris, Fayard, 1973, p. 498
33. Jean Guitton, *Portrait de Marthe Robin*, éd. du Club France Loisirs, p. 196-197.

Funcionamos demasiado a menudo por oposición y esto explica muchas incomprensiones: donde hay Cruz, no puede haber un Cristo glorioso; donde reina el dolor no puede haber un Cristo sereno, alegre, impasible. Sentado a la derecha de su Padre, Jesucristo conjuga una inmensa compasión ante los sufrimientos de los hombres y un dolor a causa de sus pecados; pero en su ser glorioso no hay ninguna fluctuación; en su impasibilidad y su alegría divina ninguna alteración[34].

En su Pasión, Cristo me ama personalmente

En la actualidad, percibo con frecuencia en muchos creyentes que su conversión o la renovación de su vida interior a menudo está marcada por un momento especial: un momento en el que la persona se descubre amada personalmente por el Señor. Hasta dicho momento, la persona consideraba que Dios podía amar a todos los hombres, pero se sentía como perdida en esa masa anónima, como alejada de un Dios en último término distante. Pero, en una experiencia de Corazón a corazón, el alma accede a esta novedad conmovedora: de ahora en adelante se siente personal e infinitamente amada por Dios, como si fuera única en el mundo. En la audacia de su infancia espiritual, santa Teresita exclamaba:

> «Tú bien sabes que yo no veo al Sagrado Corazón como todo el mundo. Yo pienso que el Corazón de mi Esposo es sólo para mí, como

---

34. La teología habla de «la impasibilidad» de Dios, es decir, que en Dios no existe ningún cambio ni la sombra de una variación (Jc 1,17). Hay necesidad de recargar de sentido estos términos. Pues decir hoy que una persona es «impasible» significa espontáneamente que su corazón sería de mármol, sin ninguna emoción y finalmente sin amor. Dios es un corazón abrasado de amor infinito, siente pasión por los hombres, está atento a los menores detalles de la vida de sus hijos, pero su amor apasionado no está sujeto al cambio de las pasiones. La «moral» de Dios no pasa, como la nuestra, por altos y bajos: su corazón profundo sigue siendo el mismo en el amor y la alegría infinita.

el mío es sólo para él, y por eso le hablo en la soledad de esta deliciosa intimidad, a la espera de contemplarlo un día cara a cara»[35].

Es conmovedor saber que *yo* no soy un accidente para Dios, que él me ha amado desde toda la eternidad: «Nos ha elegido de antemano para ser sus hijos adoptivos por medio de Jesucristo» (Ef 1,5). Pero es todavía más *conmovedor* descubrir que el Hijo de Dios me ha amado y se ha entregado libremente por mí en su Pasión. Como si, en la agonía del Gólgota, toda esta pasión de amor ¡se hubiera desplegado únicamente por mí! El muy serio Catecismo universal fomenta esta toma de conciencia: «Jesús, durante su vida, su agonía y su Pasión nos ha conocido y amado *a todos y a cada uno* de nosotros y se ha entregado por cada uno de nosotros»[36].

Saber que Jesús nos ha amado y salvado personalmente, es una convicción capaz de suscitar o relanzar poderosamente nuestra devoción al Sagrado Corazón. En el mismo párrafo, el Catecismo añade:

---

35. Teresa de Lisieux *Obras completas, op.cit., Carta 122* a Celina.

36. Catecismo de la Iglesia Católica n° 478. No se trata de contraponer el aspecto personal a la dimensión comunitaria de la fe y de la salvación. Quisiéramos solamente que el creyente deje de considerar el amor plural de Dios por los hombres como un «amor de masas» frío y lejano. Por otra parte, cuanta más conciencia tenga el alma de ser amada personalmente por Cristo, más se desarrollará en ella la conciencia comunitaria de su fe. El 29 de octubre de 2008 decía Benedicto XVI en una catequesis: «Pablo comprendió que Jesús *había muerto y resucitado por todos* y por él mismo. Las dos cosas eran importantes; la universalidad: Jesús murió realmente por todos; y la subjetividad: murió también por mí. En la cruz, por tanto, se había manifestado el amor gratuito y misericordioso de Dios. Este amor san Pablo lo experimentó ante todo en sí mismo». En su *Autobiografía*, Margarita María refiere estas precisas palabras del Señor en el momento en el que le manifestó su amor: «Mi Divino Corazón está tan apasionado de amor *por todos los hombres y por ti en particular*», Santa Margarita María Alacoque. *Obras completas, op. cit.,* «Autobiografía» n° 53, p. 165.

Nos ha amado a todos con un corazón humano. Por esta razón, el Sagrado Corazón de Jesús, traspasado por nuestros pecados y para nuestra salvación, es considerado como el principal indicador y símbolo […] de aquel amor con que el divino Redentor ama continuamente al eterno Padre y a todos los hombres[37].

Ante este exceso de amor del Hijo de Dios por cada uno de nosotros, nos podemos preguntar: ¿cómo es posible que este hombre particular haya podido amarnos a todos y a cada uno de nosotros en su Pasión vivida hace dos mil años?

¿Cómo nos ha podido amar Cristo personalmente en su Pasión?

San Pablo, a pesar de no conocer a Cristo durante su vida terrenal, escribió: «Mi vida está afianzada en la fe del Hijo de Dios que me amó y se entregó por mí» (Ga 2,20). Cada uno de nosotros puede hacer suyas estas palabras, pero ¿cómo comprender lo conmovedoras que son? En efecto, este Jesús que vivió hace dos mil años, ¿cómo pudo amar en su Pasión personalmente y por adelantado a seres aún no nacidos y, de hecho, aún sin identidad? Ningún hombre puede conocer a todos los hombres que viven en la tierra… Para saber cómo puede esto ser posible es necesario plantearse previamente esta cuestión decisiva: «¿Quién es Jesús?». En efecto, si no es más que un hijo de hombre, le es perfectamente imposible alcanzar a todas y a cada una de las personas que han vivido antes o después de él. Pero, justamente, ¡este *Hijo del hombre* es también *el Hijo de Dios*! Al escuchar sin cesar esta afirmación, «Jesús es el hijo de Dios hecho hombre», corremos desgraciadamente el riesgo de habituarnos a ella, de permanecer indiferentes, casi olvidando todas las consecuencias inauditas encerradas en tal profesión de fe. Decir que Jesús de Nazaret es el Hijo de Dios en la

---

37. Catecismo de la Iglesia Católica nº 478. La cita está sacada de *Haurietis Aquas*, nº. 24.

carne significa que, desde su encarnación, este hombre «particular» se encuentra unido misteriosa pero realmente a toda criatura: «Llama a sus ovejas una por una» (Jn 10,3). Esto es lo que hará decir al Concilio Vaticano II: «El Hijo de Dios con su encarnación se ha unido, en cierto modo, con todo hombre»[38]. Decir que la segunda Persona de la Trinidad hecha carne ha sufrido la Pasión para la salvación del mundo deja entrever que el Corazón humano de Jesús, dilatado al infinito por su unión a su divinidad, ha podido conocer, amar y morir personalmente por cada uno[39].

> ¡Oh inapreciable orden de la caridad infinita! —escribe Pío XII—. En el pesebre, en la cruz, en la gloria eterna del Padre, Cristo ve ante sus ojos y tiene a sí unidos a todos los miembros de la Iglesia con mucha más claridad y mucho más amor que una madre conoce y ama al hijo que lleva en su regazo[40].

---

38. Concilio Vaticano II, *Gaudium et Spes,* 22.

39. Entrar en la conciencia totalmente única de Cristo pide avanzar con mucha prudencia y pudor. Para decir alguna cosa de este misterio se tendrá cuidado de mantener los ejes siguientes. Primero, Jesús tenía una conciencia perfectamente clara de su divinidad y de su designio de salvación: «Debido a su unión con la Sabiduría, divina en la persona del Verbo encarnado, el conocimiento humano de Cristo gozaba en plenitud de la ciencia de designios eternos que había venido a revelar» Catecismo de la Iglesia Católica, n° 474. Añadamos inmediatamente que «Tú lo sabes todo» de san Juan (Jn 16,30) no autoriza a concluir que Jesús, en su conciencia de hombre, tenía un conocimiento ilimitado: «Esta alma humana que el Hijo de Dios asumió está dotada de un verdadero conocimiento humano. Como tal, este no podía ser de por sí ilimitado: se desenvolvía en las condiciones históricas de su existencia en el espacio y en el tiempo. Por eso, el Hijo de Dios, al hacerse hombre, quiso progresar «en sabiduría, en estatura y en gracia» e igualmente adquirir aquello que en la condición humana se adquiere de manera experimental. Eso correspondía a la realidad de su anonadamiento voluntario en «la condición de esclavo», Catecismo de la Iglesia Católica n° 472. Sobre este tema ver también el trabajo de la Comisión Teológica Internacional: Documentación católica, 19 de octubre de 1986.

40. Pío XII, Encíclica, *Mystici Corporis,* n.ª 34.

Si es así, las palabras sin embargo admirables que Pascal presta al Cristo de Getsemaní, «Yo pensaba en ti en mi agonía, he derramado por ti mi sangre», se quedan incluso demasiado cortas[41]. En efecto, si la Pasión ha sido vivida por todos y cada uno, Cristo no repartió su sangre redentora en función de cada criatura: toda su Sangre derramada, todo el amor de su corazón traspasado fueron por mí como si yo fuese único, ¡pero también por ti y por todos!

Lo hemos comprendido, esta cuestión del cómo se resuelve si aceptamos preguntar primero la cuestión del *por qué*: «*¿Por qué* este hombre, Jesús, pudo amarnos a todos y a cada uno en su Pasión?*» Lo pudo hacer porque es Dios, Cabeza de la humanidad entera, Salvador de todos y cada uno. Nada es más conmovedor que descubrirse personalmente objeto de la predilección de Cristo en su Pasión. Dejémonos sorprender aún más, considerando algunos rasgos de este amor personal del Corazón traspasado, «apasionado», de Cristo por nosotros: somos amados apasionadamente por Él, constantemente, concretamente.

Amados apasionadamente

Hay testimonios que no se olvidan. En los comienzos de mi ministerio, un joven converso, de unos veinte años, vino a verme para prepararse para hacer su primera comunión. Era asiduo a la misa dominical mientras esperaba el gran día del abrazo eucarístico. Como sistemáticamente se colocaba en la nave lateral de la iglesia, le pregunté por qué no tomaba asiento en la nave central, donde podía ver mejor:

> Padre, me respondió, prefiero ponerme en este lado porque es el único lugar de la iglesia donde hay un crucifijo. Estoy fascinado por el crucifijo: ¡no puedo hacerme a la idea de que me pudo amar hasta

---

41. Blaise Pascal, *Pensées*, 553.

ese punto, hasta el punto de morir de amor por mí! ¡El crucifijo me ayuda a vivir mejor la misa!

Esta hermosa experiencia me recuerda la vivida por Margarita María en el transcurso de su dolorosa juventud. Después de la muerte, joven, de su padre, que dejó huérfanos a cinco hijos, las circunstancias la colocaron bajo la autoridad de la abuela paterna. Entonces sufrió una verdadera persecución. La joven Margarita María trabajaba todo el día y pasaba sus noches llorando al pie del crucifijo. En estas circunstancias, Jesús crucificado «me hizo ver, cuenta ella, sin que yo comprendiese nada, que quería convertirse en Maestro absoluto de mi corazón»[42]. Esta visión del *Ecce homo* llegó a ser para ella un verdadero bálsamo en sus penas interiores, «imprimía en mí tanta compasión y amor a los sufrimientos que todas mis penas me parecían pequeñas comparadas con el deseo que sentía de sufrirlas para conformarme con mi Jesús sufriente»[43]. Descubrir que el Corazón de Cristo nos ha amado apasionadamente en la Cruz no puede más que transformar nuestra vida humana y espiritual. Las conversiones se operan raramente por un exceso de «hay que», sino más frecuentemente por el descubrimiento del exceso del amor de Dios vivido en el exceso de los sufrimientos de su Pasión.

Amados constantemente

Saber que uno es tan amado resulta conmovedor, pero es aún más conmovedor saberse amado en todo instante. Esto inflamaba la contemplación de Carlos de Foucauld:

---

42. Santa Margarita María Alacoque, *Obras completas, op.cit.*, «Autobiografía» n° 8-9, p. 112.

43. Ibid., «Autobiografía«n° 8-9, p. 112.

Amándome y mirándome en todos los momentos de mi vida desde todos los momentos de la vuestra, le dijo a Jesús, me obligas a decirte que te amo en todos los momentos de mi existencia[44].

Como Cristo murió hace dos mil años, sentimos la tentación de encerrarlo en ese pasado. Pero el Crucificado es inseparable del Resucitado, la resurrección fija para siempre el estado de inmolación de nuestro Salvador en la cruz. Si hemos sido locamente amados en el Gólgota, lo somos también por el mismo Señor en el aquí y ahora de nuestras vidas. Madre Teresa recordaba a menudo esta realidad a sus religiosas diciéndoles: «Cuando contempláis el crucifijo, *comprended cuánto os ama Jesús en ese momento*». El poder de la resurrección es tal que «contrae» los límites del tiempo y del espacio, tanto que nos vuelve contemporáneos de Cristo en el Gólgota. De este misterio sorprendente da testimonio san Juan Pablo II al releer el don de su sacerdocio:

> Desde hace más de medio siglo, cada día, a partir de aquel 2 de noviembre de 1946 en que celebré mi primera misa en la cripta de San Leonardo de la catedral del Wawel en Cracovia, mis ojos se han fijado en la hostia y el cáliz en los que, en cierto modo, el tiempo y el espacio se han «concentrado» y en los que se ha representado de manera viviente el drama del Gólgota, desvelando su misteriosa *contemporaneidad*[45].

No es sólo que a través de la Eucaristía podemos llegar a unirnos a Cristo ofrendado hace dos mil años, sino que también es a toda la vida de Cristo a la que misteriosamente nos unimos. Se comprende mejor así por qué se recomienda al practicante de los Ejercicios Espirituales que no permanezca lejos de las escenas evangélicas, sino que penetre literalmente en ellas, imaginándoselas en su interior, como si se encontrara con el Señor y con

---

44. CARLOS DE FOUCAULD, *Contemplation,* éd. Beauchesne, 1970, p. 83.
45. SAN JUAN PABLO II, Carta encíclica *Ecclesia de Eucharistía*, n° 59.

los demás personajes. El que medita debe hacerse presente en el misterio tal como se desarrolla, y hacerlo como si éste se hubiese realizado sólo para él, según la expresión de san Pablo: «Me ha amado y se ha entregado por mí». «No sólo el alma debe mirarse como si ella misma hubiese sido la causa de tantos dolores y ultrajes que sufrió el Hijo del hombre, [...] sino que debe considerar que Cristo, mientras sufría, nos tenía ante su mirada, a nosotros y también a todos nuestros pecados en su detalle»[46]. Estos son los insospechados horizontes a los que nos arrastra el Corazón crucificado y glorificado de Nuestro Señor. En él, la Biblia deja de ser una obra «de arqueología» para convertirse en un Libro de vida, la Pasión de Cristo deja de ser un recuerdo definitivamente enterrado y se convierte en el memorial de nuestra salvación,

> ... la Sagrada Escritura, que manifiesta el Corazón de Cristo —escribe santo Tomás de Aquino—. Este Corazón estaba cerrado antes de la Pasión, pues la Escritura era oscura. Pero la Escritura fue abierta después de la Pasión[47].

Amados concretamente

El Sagrado Corazón de Jesús encierra un inmenso amor hacia el hombre. Podemos pensar que se une a nosotros únicamente en la dimensión espiritual de nuestra existencia, que no le interesa mucho nuestra vida humana material. Nos equivocaríamos: Dios, que creó al hombre «en su totalidad», se une al hombre «concreto». A través del grueso real de su vida lo quiere transfigurar:

---

46. *Directorium in Exercitia spiritualia S.P.N. Ignatii.* Rome, 1699, c.35, 3. Citado por el P. ÉDOUARD GLOTIN, *La Bible du Coeur de Jésus, op. cit.*, p. 629. En los Ejercicios espirituales está escrito precisamente que es necesario «pedir un conocimiento interior del Señor que por mí se ha hecho hombre para que yo lo ame y lo siga más», SAN IGNACIO DE LOYOLA, *Exercices spirituels,* éd. DDB/Bellarmin, nª 104.

47. SANTO TOMÁS DE AQUINO, *In Psalmo expositio*, 21, 11.

No se trata del hombre «abstracto», —escribe Juan Pablo II—, sino del real, del hombre «concreto», «histórico». Se trata de «cada» hombre, porque cada uno ha sido incluido en el misterio de la Redención y con cada uno se ha unido Cristo, para siempre, por medio de este misterio[48].

Ya que se nos ha unido en nuestra existencia concreta, ofrezcámonos a él a través de los acontecimientos muy reales de nuestros días, hasta en nuestros sufrimientos más íntimos. Esto es lo que enseñó Cristo a la mística mejicana Conchita:

Si siendo Dios, sufro, es que tomo sobre mí los dolores de las criaturas y que los ofrezco a mi Padre con los de mi Pasión. Insisto: todos los sufrimientos que pueden conocer las criaturas, los conocí yo antes que ellas, incluso los de los cuerpos cuyos dolores he querido aliviar con mi contacto, que es a la vez humano y divino[49].

Ante tales palabras, ¿cómo considerar al Corazón de Jesús alejado de nuestras vidas, cómo no imaginarlo «al lado» de nuestras pruebas, Él que las vive interiormente para así serenarlas y divinizarlas?

---

48. San Juan Pablo II, Encíclica *Redemptor hominis*, 1979, n° 13.
49. Citado por Juan Gutiérrez González, Conchita Cabrera de Armida, *Au coeur du mystère eucharistique,* éd. Téqui, p. 243.

SEGUNDA PARTE:
DEVOLVER AMOR POR AMOR
AL CORAZÓN DE CRISTO

Devolver amor por amor: toda la espiritualidad del Sagrado Corazón está contenida en esta expresión que se encuentra en varias ocasiones, textualmente, en los escritos de santa Margarita María. No es de extrañar, pues, que su muy amado Señor la invite expresamente a vivirla: «Yo me ocultaba todo lo que podía para aprender a amar a mi soberano Bien, que me urgía mucho a que *le devolviera amor por amor*»[1]. Esta frase no ha quedado en simples palabras, este «amor por amor», este Corazón a corazón entre Jesús y la salesa llega hasta a asemejarse a un «trasplante cardiaco»: devolver amor por amor exige un don mutuo de cada uno de los corazones. Dejemos que Margarita María nos relate este sorprendente intercambio de corazones.

Jesús comienza, en primer lugar, por manifestarle el amor apasionado de su Corazón:

> Él me dijo: «Mi divino Corazón está tan apasionado de amor por los hombres, y por ti en particular, que no pudiendo ya contener en sí mismo las llamas de su caridad ardiente, es necesario que las comunique por tu medio»[2].

El amor se hace entonces apremiante y solicita inmediatamente la reciprocidad:

> Me pidió después mi corazón y yo le supliqué que lo tomase. Le supliqué que lo tomara y así lo hizo y lo introdujo en su Corazón adorable, el que me lo mostró como un pequeño átomo que se consumía en aquel horno encendido. Lo sacó de allí como una llama ardiente en forma de corazón y lo volvió a poner en el sitio de donde

---

1. Santa Margarita María Alacoque, *Obras completas, op. cit.,* «Autobiografía «n° 30, p. 137. Parece que la expresión se remonta a san Agustín: 1 Jo 7, 7, Pl. 35, p. 2052.

2. Santa Margarita María Alacoque, *Obras completas, op. cit.,* «Autobiografía» nª 53, p. 165.

lo había tomado, diciéndome: «He aquí, mi muy amada, una preciosa prenda de mi amor»[3].

Para convencer a la santa de que este cambio de corazón no es fruto de su imaginación, Cristo imprime en ella una pequeña llaga de amor que no la abandonará jamás:

> Y como señal de que no es pura imaginación la gran gracia que te acabo de conceder […], te quedará para siempre un dolor en tu costado, aunque yo haya cerrado la llaga; y si tú no has tomado hasta el presente otro nombre que el de «mi esclava», yo te doy desde ahora el de «discípula muy querida» de mi Corazón[4].

Este *trasplante* es también una *transfusión* del amor mismo del Resucitado que, fluyendo del Corazón divino, irriga el alma según un movimiento circular de don y retorno a la fuente:

> Así es —dijo además Jesús a la santa de Paray—, que mi amor sigue un continuo flujo en el corazón que te he dado que, por otro flujo, devuelve los bienes a su fuente, gracia que será para ti continua[5].

Estos diálogos de amor ardiente entre Dios y el alma nos inspiran algunas reflexiones.

- En primer lugar, ¿cómo no quedar impresionados por tales palabras de amor por parte de Dios? ¿Cómo no conmoverse por lo esencial que sugieren a la religión cristiana, a saber, que es un culto de amor? Devolver amor por amor es la mejor manera de darse cuenta de nuestra experiencia de Cristo, y esto nos debe ayudar a desterrar toda representación errónea, tan corriente entre nuestros contemporáneos. El filósofo Bergson tiene razón cuando afirma que la mejor prueba de la existencia de Dios —del

---

3. Ibid.
4. Ibid., «Autobiografía» n° 54 p. 166.
5. Vie et Oeuvres de sainte Marguerite–Marie Alacoque, *op. cit.*, «Mémoires des contemporaines» n° 299, tomo I, p. 399.

verdadero Dios— reside en el testimonio de los místicos que han tenido esta experiencia.

Más allá de los no creyentes, la fe cristiana vivida como un intercambio de amor cura también a los «practicantes», acechados a veces por la frialdad del deber solo o del temor servil a Dios. La religiosa de Paray escribía a su hermano Crisóstomo:

> Te invito sobre todo a hacerlo así y a que le devuelvas amor por amor, y a no obrar con tanto temor, pues parece que tienes miedo de que Él te hable y trate con demasiada familiaridad. Pero has de saber que quiere más amor que temor. Por eso, abandónate a su amor y déjale hacer en ti[6].

Cuando Cristo revela su Corazón ardiente de amor así como su espera de ese amor correspondido, revela al hombre que Él mismo es, incontestablemente, del «linaje de Dios» (Hch 17,29), ¡nada menos! ¡Revelándose así, Dios revela al hombre lo que Él mismo es: un ser de amor! Lo que define más profundamente al hombre no es la *libido*, ni lo *económico*, sino el *amor*:

> El hombre no puede vivir sin amor, escribe magníficamente Juan Pablo II. Él permanece para sí mismo un ser incomprensible, su vida está privada de sentido si no se le revela el amor, si no se encuentra con el amor, si no lo experimenta y lo hace propio, si no participa en él vivamente. Por esto precisamente Cristo Redentor, como se ha dicho anteriormente, revela plenamente el hombre al mismo hombre[7].

Sí, *devolver amor por amor,* nos parece el mejor resumen de la espiritualidad del Sagrado Corazón. Ahora es importante descubrir y transitar por las grandes avenidas que la recorren.

---

6.   Santa Margarita María Alacoque, *Obras completas, op. cit.,* «Cartas» n° 114, p. 890.
7.   San Juan Pablo II, Encíclica *Redemptor Hominis,* 1979, n° 10.

- La espiritualidad del Sagrado Corazón es, en primer lugar, un camino de *confianza*, verdadera llave que abre nuestro interior a Jesús.

- Confiar nos permite recibir mejor. Dios es el que nos ha amado primero entregando a su Hijo en la Cruz; de su Corazón abierto han brotado ríos de agua viva. En esta agua que brota la Iglesia ha visto siempre los sacramentos. Trataremos pues de establecer una espiritualidad del Sagrado Corazón en la escuela de los *sacramentos*.

- Jesús se presenta «manso y humilde de Corazón»: ¿cómo no cultivar estas virtudes de la mansedumbre y de la humildad al servicio de nuestra *caridad* fraterna?

- Nos tomaremos un tiempo para volver a poner al día la importante dimensión de *reparación* que contiene la espiritualidad del Corazón de Jesús.

- Con la reparación, el otro pilar central de la espiritualidad del Corazón de Jesús es la *consagración*. Este divino Corazón que se entrega espera del alma que se entregue a cambio, que se consagre a él por el Corazón inmaculado de María.

- El Señor promete a Margarita María que «reinará». ¿Podemos decir algo de este reino de amor venidero de Cristo? ¿Cómo comprenderlo de la manera más adecuada?

Una espiritualidad llena de confianza

La confianza es la puerta de entrada a la espiritualidad del Sagrado Corazón. ¿Cuántas generaciones, jóvenes y menos jóvenes, han repetido durante décadas estas jaculatorias en su oración: «Sagrado Corazón de Jesús, venga a nosotros tu reino Sagrado Corazón de Jesús, creo en tu amor por mí. Sagrado Corazón de Jesús, en vos confío»? Por otra parte, cabe señalar que, en la última gran manifestación del Corazón de Jesús a santa Faustina, tres siglos después de las de Margarita María, Cristo le pide expresamente la pintura de una imagen con la leyenda «*Jesús, en Ti confío*». «Jesús me recordó, relata sor Faustina en su *Diario,* […] que estas tres palabras deben ser destacadas. Estas palabras son: "Jesús, en Ti confío."» Jesús se apresura a precisarle: «Ofrezco a los hombres un recipiente con el que han de venir a la Fuente de la Misericordia para recoger la gracia.» «Ese recipiente es su imagen con la inscripción: Jesús, en Ti confío.[1]»

EL PODER DE LA CONFIANZA

Confesamos con razón que sólo Dios es Todopoderoso. Pero, ¿no podemos hablar del poder todopoderoso de la confianza en el Corazón de Dios? «Este es el gran misterio de la fe» decimos en la misa. No olvidemos, sin embargo, que desgraciadamente la desconfianza es muy peligrosa e influyente sobre el poder del don de Dios: es capaz de retenerlo e incluso de sofocarlo

---

1.   Ibid., n° 327.

Veamos el núcleo del acto de fe: ¿Qué es creer en Dios? ¿Qué realiza la fe en el corazón de la persona, en su relación con Dios? La respuesta aportada a esta cuestión nos permitirá extraer al mismo tiempo un cierto magma de pensamiento, en el que nos bañamos y que está muy alejado de la verdadera concepción de la fe.

Para un cierto número de nuestros contemporáneos e incluso de los creyentes, la fe consiste esencialmente en tener ideas sobre Dios para cultivar ciertos valores. Estas ideas, estos valores pueden ser muy bellos e incluso de una gran elevación espiritual, pero, al final, ¡siguen siendo ideas! Estamos muy alejados de la definición de la fe que nos entregan la gran tradición de la Iglesia y los místicos. Todo está dicho en esta fórmula concisa, casi lapidaria, de san Juan de la Cruz: «La fe nos da al mismo Dios»[2]. Midamos bien la inmensidad de tal convicción. En efecto, nuestra mentalidad actual está impregnada de *nominalismo,* considerando que el conocimiento del hombre sólo rozaría la corteza, sin alcanzar nunca la profundidad del objeto, Así, en cuanto a Dios, la fe permitiría a lo sumo «coquetear» con su misterio, sin jamás poder verdaderamente entrar en relación íntima con el Ser mismo de Dios. Debemos alzarnos contra tal versión, completamente errónea, de las cosas. La verdad es mucho más emocionante. Cada vez que hacemos un acto de fe, por simple que sea, esta confianza nos introduce en el interior mismo de la Trinidad, y Dios penetra y permanece en el interior mismo de nuestro corazón: «Si alguno me ama, guardará mi palabra, y mi Padre lo amará y vendremos a él y haremos morada en él» (Jn 14,23). Si la fe da a Dios tan pronto como una criatura se vuelve resueltamente hacia su Señor, de alguna manera queda como «cargada» de Dios. Esto es lo que san Pedro pone en práctica, después de Pentecostés, en su encuentro con el cojo que estaba en la puerta del Templo, llamada

---

2. San Juan de la Cruz, *Obras completas,* «Cántico espiritual B» 12, 4, 2011, Monte Carmelo, p. 764.

la Hermosa, pidiendo limosna. El apóstol le dice: «No tengo plata ni oro, pero lo que tengo te lo doy: en Nombre de Jesucristo el Nazareno, echa a andar». Y en el mismo instante, Jesús, «el Nombre que está sobre todo nombre» (Flp 2,9), viene no sólo *afectivamente* al corazón de este enfermo, sino también *efectivamente* con su poder de curación y de resurrección: «De un salto, (el cojo) se enderezó y se puso a andar. Entró con ellos en el Templo, andando, saltando y alabando a Dios» (Hch 3, 6-8).

CONFIANZA HASTA LA AUDACIA

Acabamos de poner de relieve la capacidad divina contenida en la confianza. Dejémonos llevar aún más lejos por Jesús, que nos invita a una confianza loca en su Sagrado Corazón. Esta devoción a Jesús forjará poco a poco en nosotros una confianza inaudita, como la que mantienen, con audacia, los niños con su padre. Escuchemos esta pequeña historia, que nos nuestra cómo la confianza del niño hasta la audacia se diferencia radicalmente de la del niño que se ha vuelto demasiado «razonable».

Un padre tenía dos hijos, uno de cuatro años y el otro de siete, con quienes jugaba a menudo al avión, haciéndolos girar alrededor de él manteniéndolos agarrados por la muñeca y el tobillo. Un día, el padre les dijo: «Hace tiempo que no hemos jugado al avión. ¿Lo hacemos?» El más pequeño le respondió inmediatamente: «¡Sí, sí, papá! », pero el mayor fue cauteloso: «De acuerdo, pero no vayas más rápido de lo que te diga.»

Lo entendemos fácilmente: el más pequeño está aún en la infancia hasta la locura de la confianza; el mayor ha salido de ella y quiere manejar su abandono en los límites fijados por su espíritu razonable, demasiado razonable. Pero entonces surge una cuestión: ¿hay que volverse inconscientes para entrar en el abandono hasta la audacia? ¿Hay que retroceder, hasta caer en el infantilismo, para llegar a una confianza capaz de mover montañas? No, simplemente hay que hacerse o volver a ser *niños*. Aquí reside precisamente toda la dificultad.

Mucho antes que Santa Teresa de Lisieux, Margarita María recomendaba a sus novicias este camino de infancia y se aplicaba a sí misma esta regla de conducta:

> Quiero vivir como una niña, sin preocupaciones, en el Sagrado Corazón de mi buen Padre, dejándole hacer y disponer de mí según su beneplácito, sin otro cuidado, en lo que a mí se refiere, que abandonarme toda en su amorosa providencia[3].

«NUNCA SE TIENE DEMASIADA CONFIANZA EN UN DIOS TAN PODEROSO Y MISERICORDIOSO»

En esta frase de Teresita[4], están presentes los dos grandes motivos de nuestra confianza y, de hecho, los dos principales pilares de nuestra relación de amor con el divino Corazón de Jesús: confianza en su providencia y en su divina misericordia.

Confianza en la solicitud divina

En este mundo, creer en la existencia de Dios es ya una inmensa gracia. Pero tener confianza en su providencia es un paso incomparablemente mayor. En efecto, una cosa es saber que Dios nos *lleva*, y otra estar persuadido de que nos *lleva* según un proyecto de amor, único para cada uno de nosotros. ¿Cómo se crece, cómo se llega a esta perfecta confianza en la solicitud de Dios hacia nosotros?

---

3. Santa Margarita María Alacoque, *Obras completas*, op. cit., «Consejos particulares, desafíos e Instrucciones» nº 15, p. 365.

4. *Historia de un alma*, cap. XII p. 296.

- Lo acabamos de decir hace un momento: ¡Creyendo! Es necesario no sentirse aprisionado por las mandíbulas de un azar frío y caprichoso, y aceptar ponerse finalmente en las manos de un Padre que sabe más que cualquier otro lo que es bueno para su hijo.

Este abandono en la solicitud divina no tiene nada que ver con una pasividad desmovilizadora que, por otra parte, no es verdaderamente cristiana. Debemos colaborar con este abandono aceptando permanecer en nuestro lugar. Siguiendo la enseñanza de la Escritura —«Si el Señor no construye la casa, en vano se afanan los albañiles» (Sal 127,1)—, la Madre Yvonne-Aimée de Malestroit, alma fervorosa del Corazón de Jesús, enseñó acertadamente a sus religiosas: «A vosotras la cooperación. A él la acción principal, la dirección suprema»[5].

Como la sabiduría de Dios está por encima de la nuestra —«Pues cuanto se elevan los cielos sobre la tierra, del mismo modo se elevan mis proyectos sobre los vuestros, y mis pensamientos sobre los vuestros» (Is 55,9)—, es normal esperar que el plan providencial de Dios sobre nuestras vidas a veces llegue a confundir a nuestra razón «razonadora». La confianza amorosa será en último término la única actitud que permitirá al Señor encargarse de los pequeños y grandes detalles de nuestra vida. Conociendo bien el alma de su hija espiritual, la Madre Greyfié, abadesa del monasterio de la Visitación de Paray, dio este consejo sabio y sobrenatural a Margarita María: «Abandono para el amor, abandono por amor, abandono en el amor de Jesucristo»[6].

---

5. Madre Yvonne-Aimée de Malestroit, *Écrits spirituels*, éd. Oeil, p. 166. La Iglesia aún no se ha pronunciado oficialmente sobre los escritos y la santidad de Yvonne- Aimé de Malestroit o de sor Josefa Menéndez, de la que se tratará más adelante. No tenemos intención de anticipar el juicio de la Iglesia sobre ellas.

6. Vie et OEuvres de sainte Marguerite-Marie Alacoque, op. cit., «Mémoires des contemporaines» n° 200. tome I, p. 287.

La trampa en la que caen a menudo las almas principiantes es la de utilizar el abandono en la providencia como un paraguas para evitar cualquier decepción. Disponerse en verdad para la solicitud divina consiste en abandonarse en Dios de manera desinteresada. Es necesario para esto aceptar todo lo que nos toque vivir como venido de la mano de Dios, tanto las alegrías como la cruz[7]. En una instrucción a sus hermanas sobre el espíritu de la Visitación, Margarita María les decía:

> Tenéis que vivir abandonadas a la merced de la divina Providencia, recibiendo indiferentemente, como venido de Dios, el gozo y el sufrimiento, la paz y la turbación, la salud y la enfermedad. No pidáis nada y no rehuséis nada; pero estad prontas a hacer y sufrir todo lo que esta divina Providencia os envíe[8].

Estos propósitos se inscriben perfectamente en el espíritu de san Francisco de Sales, cofundador con santa Juana Francisca de Chantal de la orden de la Visitación. Para el obispo de Ginebra, hay que rendirse a la providencia que, a veces, actúa directa o

---

7. Aclaremos que el auténtico abandono no tiene nada que ver con el fatalismo. En efecto, hay circunstancias de la existencia que debemos aceptar, simplemente porque no podemos cortar algunas imágenes de la película de nuestra vida. Dicho esto, aceptando con satisfacción lo que nos sucede, estamos invitados a luchar contra las situaciones de injusticia. San Francisco de Sales, a quien Margarita María le debe mucho, da este ejemplo para ilustrar esto: «Si caigo enfermo con fiebre, veo en ese acontecimiento que el deseo de Dios es que permanezca indiferente ante la salud o la enfermad; pero la voluntad de Dios es que llame al médico y emplee los remedios que pueda», SAN FRANCISCO DE SALES, «Conversaciones espirituales», *Obras selectas,* Madrid, BAC, 2010, p. 545. Se le atribuye al santo de Ginebra esta oración de una gran exactitud: «Señor, ayúdame a discernir las cosas que puedo cambiar de las que no puedo cambiar. Dame el valor para cambiar las primeras y la fuerza para aceptar las segundas».

8. SANTA MARGARITA MARÍA ALACOQUE, *Obras completas, op. cit.,* «Consejos particulares, desafíos. instrucciones» n° 31, p. 393-394.

indirectamente a través de causas segundas, incluso aunque estas últimas no sean siempre bien intencionadas:

> Es necesario, decía, que se permanezca en la barca y que se permanezca voluntaria y amablemente: porque aunque a veces no hayamos sido puestos en ella por la mano de Dios, sino por la de los hombres, cuando ya estamos allí, Dios quiere que estemos allí y, por lo tanto, hay que estar voluntaria y dulcemente[9].

- Para acceder a una sólida confianza en la solicitud de Dios importa también implicarle en los más pequeños detalles de nuestra vida. Porque Dios no actúa con nosotros como un *mayorista*, ¡sino como un *minorista*[10]! Una confianza así no se logra a la fuerza. Dios es el que finamente nos quita nuestras seguridades, demasiado humanas, a través de los crisoles purificadores de los acontecimientos y así nos instala en una confianza que puede mover montañas. Cuando Margarita María era aún muy joven y estaba completamente desprovista de todo, tuvo que cuidar a su madre aquejada de una terrible llaga purulenta en la mejilla: «Yo no sabía curar llagas y ni siquiera podía verlas ni tocarlas, para esto no tenía más ungüento que el de la divina Providencia, y todos los días cortaba mucha carne podrida. Me sentía con tanto valor y confianza en la bondad de mi Soberano, que parecía hallarse siempre presente, que, al fin, en pocos días se curó contra toda humana esperanza. Incluso el médico me dijo que sin un milagro ella no iba a poder vivir»[11].

---

9.   Citado por el CANÓNIGO VIDAL, *Aux sources de la joie avec saint François de Sales*, Paris, éd. Nouvelle Librairie de France, 1981, p. 34.

10.   «El testimonio de la Escritura, enseña el Catecismo de la Iglesia Católica, es unánime: la solicitud de la divina providencia es concreta e inmediata. Tiene cuidado de todo, de las cosas más pequeñas hasta los grandes acontecimientos del mundo y de la historia», CATECISMO DE LA IGLESIA CATÓLICA nº 303.

11.   SANTA MARGARITA MARÍA ALACOQUE, *Obras completas, op. cit.,* «Autobiografía» nº 11, p. 116.

- Si por una parte el pecado es un obstáculo al plan de amor de Dios, hay que aclarar que no impedirá jamás a la Providencia alcanzar finalmente sus objetivos[12]. En el cumplimiento de su misión, Margarita María tuvo que hacer frente a dificultades insuperables y a condiciones terribles. Pero Jesús la tranquilizaba y animaba con estas palabras: «Déjalas hacer de ti cuanto quieran: ya sabré encontrar el medio para hacer cumplir mis designios incluso por caminos que parezcan opuestos o contrarios»[13].

En resumen, la Providencia no es solamente un artículo de fe en el que creer, es también y, sobre todo, para vivirla. Cuando la tomamos en serio, esta Providencia divina destila en el alma una profunda serenidad. Jesús asegura a nuestra salesa, atenazada por los miedos ante su misión extraordinaria:

> ¿Qué tienes que temer entre los brazos del Todopoderoso? ¿Podrá dejarte perecer entregándote a tus enemigos después de haberme constituido en Padre, Maestro y Director tuyo desde tu más tierna infancia, y haberte dado pruebas continuas de la amorosa ternura de mi divino Corazón, en el que también he establecido tu morada actual y eterna?[14]

Confianza en la misericordia divina

Sería un error pensar que es necesario no cometer ningún pecado para mantener una inmensa confianza en la misericordia

---

12. «La Iglesia católica sabe que todos los acontecimientos se desarrollan según la voluntad o la permisión de la divina Providencia y que Dios alcanza en la historia sus propios objetivos», Pío XII, *Discurso al X° Congreso internacional de ciencias históricas,* 7 de septiembre de 1955, n° 6.

13. Santa Margarita María Alacoque, *Obras completas, op. cit.,* «Autobiografía» n° 43, p. 152.

14. Ibid., «Autobiografía» n° 78, p. 197

divina[15]. Nuestro Señor enseña a Margarita María que todo es posible para Dios, que todo es posible al corazón confiado:

> Encontrándome un día en un abismo de asombro, viendo tantos defectos e infidelidades en mí que no eran capaces de causarle náusea, [Jesús] me dio esta respuesta: «Es porque deseo hacer de ti como una amalgama de mi amor y de mis misericordias [...] Te he elegido por esposa mía»[16].

Estas palabras, que proceden directamente del cielo, no pueden sino multiplicar nuestra confianza en la divina misericordia.

Nuestra desconfianza hiere más a Dios que nuestro pecado

El pecado, que hiere al amor divino, puede tener consecuencias nefastas en nuestra confianza en la misericordia de Dios, pues a menudo nos conduce a la desesperanza de nosotros mismos y al miedo de no ser ya amados por Dios. Este abatimiento se traduce en la siguiente reflexión, demasiado a menudo pronunciada u oída: «¡No me lo perdonaré jamás!» o «¡No me lo perdonará jamás!». Además, este grito de sufrimiento contiene a veces una parte de orgullo. Sutilmente, nuestro amor propio nos impulsa a no tolerar vernos por tierra, miserables, sorprendidos en flagrante delito de falta de control sobre nosotros mismos o fracasados en la observancia escrupulosa de la ley.

---

15. «Alguien podría creer que si tengo una confianza tan grande en Dios es porque no he pecado. Madre mía, di claramente que, aunque hubiera cometido todos los crímenes posibles, seguiría teniendo la misma confianza; sé que toda esa multitud de ofensas sería como una gota de agua arrojada en una hoguera encendida», TERESA DE LISIEUX *Obras completas, op. cit.,* Últimas conversaciones, Cuadernos amarillo, 11.7.6.

16. SANTA MARGARITA MARÍA ALACOQUE, *Obras completas, op. cit.,* «Autobiografía» n° 21, p. 129.

Esta autocompasión se conjuga a menudo con un miedo más o menos consciente a no ser amados por Dios a causa de las maldades cometidas. Pensemos en el reflejo primero de Adán después de su falta. Dios, en su amor, continúa buscando al hombre, pero este último, por miedo, se esconde de su Creador: «Te he oído andar por el jardín y he tenido miedo, porque estoy desnudo y me he escondido» (Gn 3,10). Podemos decir maravillas del amor de Dios, pero la experiencia nos enseña que, a menudo, dudamos de su fidelidad y de su bondad.

Todos los apóstoles del Sagrado Corazón, que han penetrado en las profundidades del amor, nos revelan que más que nuestros pecados, la pérdida de confianza en Dios después del pecado es la que provoca el dolor del Señor. En efecto, el pecado, por terrible que sea, no puede agotar jamás la misericordia, pues «aunque nuestra conciencia nos condene, Dios, que lo sabe todo, está por encima de nuestra conciencia» (1Jn 3,20). A una novicia apenada por verse tan imperfecta, Margarita María le escribe:

> Tenga gran confianza en Dios y no desconfíe nunca de su misericordia, que sobrepasa infinitamente todas nuestras miserias. Arrójese a menudo en sus brazos o en su divino Corazón[17].

---

17. Ibid., «Consejos particulares, desafío, instrucciones» n° 22, p.379. En la misma línea Jesús mandó escribir a santa Faustina en su *Diario:* «No existe miseria que pueda medirse con Mi misericordia, ni la miseria la agota, ya que desde el momento en que se da [mi misericordia] aumenta. El alma que confía en Mi misericordia es la más feliz porque Yo Mismo tengo cuidado de ella.» Santa Faustina, *Diario.* n° 1273. A la inversa, nuestra desconfianza afecta al Corazón de Dios de una manera que no imaginamos, tanto es su deseo de dar misericordia: «Cuán dolosamente Me hiere la desconfianza en Mi bondad. Los pecados de desconfianza son los que Me hieren más penosamente», ibid., n° 1076.

Prestar una atención particular al «después del pecado»

Si el distanciamiento de Dios, como consecuencia de una falta, le hiere más que el propio pecado, no aprovechemos (resulta evidente) dicho distanciamiento para multiplicar los pecados. Debemos prestar atención al pecado en cuanto que atenta contra el amor mismo de Dios, debemos hacer todo lo posible por luchar contra nuestras malas tendencias. Margarita María nos confía el extremo sufrimiento que siente cuando Dios le hizo

> ... ver la horrible figura de un alma en pecado mortal y la gravedad del pecado que, por ir contra una bondad infinitamente amable, le es extremadamente injuriosa[18].

Si por una parte debemos evitar toda forma de quietismo, debemos comprender también que, si el pecado daña la vida de Dios en nosotros, la cerrazón a su misericordia es la que verdaderamente la sofoca. Esta actitud puede conducir a lo irremediable, al «pecado contra el Espíritu» que no puede ser perdonado[19]. Ya que es así, prestemos una atención muy particular al «después del pecado»: Cuando me hundo en una rutina, ¿me quedo en ella, cultivando la tristeza de mí caída y rehusando volverme hacia la bondad de Dios?, o tan pronto como caigo, ¿tengo el reflejo de ofrecerme alegremente al perdón de Jesús para no privarle de la alegría de ser misericordioso conmigo (cf. Lc 15.7)? Margarita María, el famoso 21 de junio de 1686, día en el que fue aceptado el

---

18. Santa Margarita María Alacoque, *Obras completas*, op. cit., «Autobiografía» nº 108, p. 234.

19. Cf. Mt 12,31: «Por eso os digo que a los hombres se les perdonará todo pecado y blasfemia, pero la blasfemia contra el Espíritu Santo no les será perdonada». ¿Por qué la blasfemia contra el Espíritu Santo es imperdonable? [...] Según esta exégesis la «blasfemia» no consiste en el hecho de ofender con palabras al Espíritu Santo; consiste, por el contrario, en el rechazo de aceptar la salvación que Dios ofrece al hombre por medio del Espíritu Santo, que actúa en virtud del sacrificio de la Cruz». Juan Pablo II Carta Encíclica *Dominun et Vivificantem*, 1986, nº 46.

culto al Sagrado Corazón en el monasterio de Paray, escribe esta nota dedicada a una religiosa:

> Me parece que el gran deseo que tiene nuestro Señor de que su Sagrado Corazón sea honrado es para renovar en las almas los efectos de su Redención. […] Los pecados [de los hombres] se han multiplicado de tal modo que es necesaria toda la extensión de su poder para alcanzarles misericordia y las gracias de salvación y santificación, que desea derramar sobre ellos en abundancia[20].

¡Qué gracia sería sentir, incluso en un instante, el deseo que Dios tiene de hacernos misericordia! Según las palabras muy acertadas del cardenal Poupard, la misericordia «es como un toque del amor eterno sobre las heridas más dolorosas de la existencia terrena del hombre»[21]. Tener esta experiencia es algo tan gratificante y curativo que es muy probable que, si nuestros contemporáneos la gustasen, habría muchas menos crispaciones de cuerpo y de espíritu, y sin duda menos necesidad de medicamentos… ¡contribuyendo a reducir el importante déficit de la Seguridad social!

La humildad de dejarse salvar en su pecado

Ahora, después haber preparado el terreno, estamos listos para describir con más exactitud el «reflejo espiritual» que hay que desarrollar en caso de caída o de pecado. La primera actitud es la de tener siempre presente en el corazón el desbordamiento de amor de la misericordia divina. Margarita María escribe en un retiro:

> El primer día me presentó su Sagrado Corazón como un horno encendido en donde sentí que me arrojaban y en el que en el acto

---

20. Santa Margarita María Alacoque, *Obras completas, op. cit.*, «Cartas» n° 48 a sor María Magdalena des Escures, p. 691-692.

21. Cardenal Paul Poupard, *Dictionnaire des religions*, éd. PUF, Paris, artículo «miséricorde», p. 1328-1331.

quedé penetrada y abrasada en tan vivos ardores que me parecía iba a ser reducida a cenizas[22].

En caso de culpa, no temamos recurrir a esta bondad divina, fuente para siempre inagotable:

> Me parecía —escribe la santa de Paray a la Madre de Saumaise— una gotita de agua en ese océano del Sagrado Corazón, que es un abismo de toda clase de bienes, una fuente inagotable de todo tipo de delicias y cuanto más se sacan de él, mayor es su abundancia[23].

Añadamos también que la misericordia es capaz, en un instante, de cambiar el pecado en santidad. Mostrándole su divino Corazón, Jesús le dijo a Margarita María:

> Este es el divino purgatorio de mi amor, donde te purificará durante el tiempo de esta vida purgativa, después hará que encuentres en él una mansión de luz y finalmente de unión y transformación[24].

¿Cómo, ante tales palabras venidas del Cielo, dudar aún de abandonarse sin reservas, con una confianza total, a la divina misericordia?

Somos invitados aquí a cultivar «la humildad» de dejarnos salvar. Pues la misericordia reclama una sencillez poco común, una humildad que nos impulsa a aceptarnos pecadores hasta el último segundo de nuestra vida —«mi pecado está siempre ante mí» (Sal 50,5)—, y que nos permite entregarnos sin cesar a Otro para así ser salvados —«Devuélveme el gozo de tu salvación»—, añade el mismo salmo (Sal 50, 14).

---

22. Santa Margarita María Alacoque, *Vida y Obras completas*, «Sentimientos de sus Ejercicios, n° 5, Retiro de 1684, p. 422.

23. Santa Margarita María Alacoque, *Obras completas*, op. cit., «Cartas» n° 98 a la Madre de Sumaise, p. 798-799.

24. Santa Margarita María Alacoque, *Vida y Obras completa*, «Sentimientos de sus Ejercicios», n° 5, Ejercicios de 1684, p. 422-423.

- Margarita María recomienda vivamente a sus novicias esta sencillez de la infancia espiritual: «Trate con Nuestro Señor con entera confianza y sencillez; no se entretenga en reflexionar en sus faltas; esto no sirve a menudo más que para contentar al amor propio. [...] Mire a Dios y no a sí misma»[25].

Lo que está en juego es «aprovechar» nuestros pecados como un trampolín para lanzarnos mejor en el Corazón misericordioso de Jesús. A un alma tentada de desesperación ante su indignidad, Santa Margarita María le dice estas palabras:

Es preciso que os aprovechéis de este conocimiento para manteneros humilde y para reconocer la gran misericordia de Nuestros Señor que, oponiendo sus méritos a vuestros deméritos, os quiere salvar de vuestros pecados y de lo que por ellos merecíais. Decid en todas vuestras penas, «Cantaré eternamente las misericordias del Señor, pues es bueno eternamente»[26].

Si sólo Dios puede perdonar los pecados (cf. Mc 2,7), nos interesa dejarnos conquistar por este Salvador. Dios, por supuesto, nos pide colaborar en la reparación del mal cometido —volveremos a ello más adelante—, pero el perdón como tal es un acto divino puramente gratuito. La actitud más adecuada será la de entregarnos con una infinita confianza a su gracia que, sólo ella, puede devolvernos al estado de gracia. Dios, escribe la vidente del Sagrado Corazón, «no pide más que vuestra confianza en su bondad para haceros experimentar la dulzura y la fuerza de su socorro en vuestras necesidades, pero siempre a la medida de su confianza»[27].

---

25. Santa Margarita María Alacoque, *Obras completas, op. cit.,* «Consejos particulares, Desafíos, Instrucciones» n° 45, p 412-413.

26. Santa Margarita María Alacoque, *Vida y Obras completa,* «Consejos particulares, Desafíos, Instrucciones» n° 29, p. 390.

27. Santa Margarita María Alacoque, *Obras completas,* op. cit., «Cartas» n° 31, p. 651

Dejemos a san Claudio de la Colombière, íntimamente unido a Margarita María en la propagación del culto al Sagrado Corazón, la tarea de recapitular lo que hemos intentado desarrollar. En una carta a una religiosa escribe:

> Cuán bueno sois [Dios] con los pecadores y cómo vuestra misericordia es superior a toda malicia, tanto que nada es capaz de agotarla, que ninguna caída por vergonzosa y criminal que sea debe hacer desesperar del perdón a un pecador. Os he ofendido gravemente, ¡oh mi amable Redentor!, pero sería aún peor si os hiciera el horrible ultraje de pensar que no sois lo bastante bueno para perdonarme. […] Aunque recayera cien veces, y mis crímenes fueran cien veces más horribles de lo que son, siempre esperaré en Vos[28].

---

28. JUAN MANUEL IGARTUA, *San Claudio La Colombière, Escritos espirituales.* Ediciones Mensajero, 1979, p.327

Beber del agua viva que brota del Corazón de Cristo

Devolver «amor por amor» al Corazón de Jesús supone encontrarse con él donde allí donde nos espera: los sacramentos son esos lugares, fuentes por excelencia. ¿Por qué evocar la práctica de los sacramentos cuando apenas comenzamos a desarrollar la espiritualidad del Sagrado Corazón? Por dos razones esenciales. Ante todo, porque el don de Dios va siempre antes de la respuesta del hombre. Si podemos amar a Dios es porque Él se ha dado primero a nosotros en el amor: «Nosotros amamos porque él nos amó primero» (1 Jn 4,19). Añadamos un segundo motivo. Desde la primera parte de esta obra hemos observado que el evangelista Juan y, siguiendo sus pasos, los Padres de la Iglesia, han discernido muy pronto, a través del agua que brotó del Corazón de Cristo traspasado, el signo de los sacramentos de la Iglesia. Los siete sacramentos están pues en el fundamento de la espiritualidad del Sagrado Corazón. ¿Cómo se podría amar verdaderamente a este divino Corazón sin beber primero de los ríos de amor que brotan de su Corazón traspasado[1]?

¡RÍOS DE AGUA VIVA BROTARON DE SU CORAZÓN!

Dejémonos llevar por la contemplación del Corazón abierto del Crucificado, origen del Sacramento que es la Iglesia, fuente de los siete sacramentos.

---

1. Este capítulo y sus reflexiones deben mucho a la obra del P. Édouard Glotin y de Jean Didier Moneyron, *Les sept fleuves de feu*, éd. de l'Emmanuel, 2010.

Del Corazón de Cristo nace la Iglesia

Antes de los siete sacramentos está el sacramento de la Iglesia; ¡porque hay Iglesia hay siete sacramentos! Nuestra mentalidad consumista nos lleva a considerar la Iglesia como un simple comercio sin mayor importancia, que ofrece a sus clientes sus tesoros divinos que son los sacramentos. Esto es olvidar que la Iglesia es ella misma el primer «sacramento» que Cristo ha querido y amado, como un esposo a su esposa:

> Maridos: amad a vuestras mujeres como Cristo amó a la Iglesia y se entregó a sí mismo por ella para santificarla, purificándola mediante el baño del agua por la palabra, para mostrar ante sí mismo a la Iglesia resplandeciente, sin mancha, arruga o cosa parecida, sino para que sea santa e inmaculada (Ef 5, 25-27).

La Iglesia no es pues un sacramento que se haya añadido a los otros siete, la Iglesia es el gran Sacramento de salvación que lleva esos siete medios de salvación: «Ella es en Cristo como un *sacramento*, o sea signo e instrumento de la unión íntima con Dios y de la unidad de todo el género humano», enseña el Concilio[2].

Esta Iglesia es grande según la medida de su lugar de nacimiento. La Iglesia no es un *start-up* creada únicamente por el hombre, sino que ha nacido de la más grande manifestación del amor de Dios a los hombres: del Corazón herido de Cristo crucificado.

«Pues del costado de Cristo muerto en la cruz nació el sacramento admirable de la Iglesia entera», precisa de nuevo el Concilio[3]. Del Corazón mismo del Redentor nace la Iglesia, su esposa, «su corazón», dirían los enamorados. En este lenguaje no hay ningún sentimentalismo, sino que es la traducción del misterio mismo de la Iglesia tal como desde la eternidad lo ha previsto Cristo,

---

2. CONCILIO VATICANO II, *Lumen Gentium*, n° 1.
3. CONCILIO VATICANO II, *Sacrosanctum Concilium*, n° 5.

su esposo. Teresita, doctora de la Iglesia, no vacila en considerar a la Iglesia como un corazón:

> «Comprendí que la Iglesia tenía un corazón y que ese corazón estaba ardiendo de Amor. Comprendí que sólo el Amor hacía actuar a los miembros de la Iglesia; que, si el Amor llegaba a apagarse, los apóstoles ya no anunciarían el Evangelio y los mártires se negarían a derramar su sangre... Comprendí que el *Amor* encerraba en sí todas las vocaciones. [...] En el corazón de la Iglesia, mi Madre, yo seré el Amor»[4].

Se puede definir así el vínculo que asocia a Cristo, la Iglesia y los sacramentos: del divino Corazón de Cristo, el *Sacramento del Padre,* nace la *Iglesia sacramento,* que tiene por misión ofrecer al mundo los *siete sacramentos,* que contienen los tesoros del amor del Corazón del Salvador.

Del Corazón de Cristo brotan los sacramentos de la Iglesia

El agua del costado de Cristo, signo de los sacramentos

El último día de la gran fiesta de las Tiendas, Jesús, de pie ante la multitud, dijo solemnemente y con fuerte voz: «Si alguno tiene sed, que venga a mí y beba» (Jn 7,37). El Evangelio de san Juan ilumina enseguida el sentido de esta proclamación misteriosa con una profecía:

> De sus entrañas manarán ríos de agua viva»[5]. ¿Cómo no reconocer en estos «ríos» los siete sacramentos de la Iglesia por los cuales nos es dado el Espíritu profusamente? «Eso lo decía refiriéndose al

---

4. Teresa de Lisieux, *Obras completas, op.cit., Ms B 3vº.*
5. Jn 7,38. «Promesa que debe vincularse a la fiesta de las Tiendas [...] a la lectura de las profecías anunciando la fuente que debía regenerar Sion (Za 14,8; Ez 47,1)»: Biblia de Jerusalén (1984) nota b, p. 1542.

Espíritu que iban a recibir los que creyeran en él», confirma Juan (Jn 7,39).

Los primeros cristianos y los Padres de la Iglesia naciente no se engañaron cuando discernieron los signos de los sacramentos a través del agua y de la sangre que manaban del Corazón de Cristo:

Esta agua y esta sangre, enseña san Juan Crisóstomo, eran el símbolo del bautismo y de los misterios [eucarísticos]. Así pues la Iglesia ha nacido de estos dos sacramentos: de este baño del renacimiento y de la renovación en el Espíritu, es decir, del bautismo y de los misterios. Pues estos signos del bautismo y de los misterios proceden del costado[6].

Observemos que, muchos siglos después de esta enseñanza magistral, el prefacio actual de la fiesta del Sagrado Corazón parece confirmar esta interpretación mística: «De Cristo Nuestro Señor [...] de la herida de su costado brotarán, con el agua y la sangre, los sacramentos de la Iglesia».

En una aparición a santa Faustina, el 22 de febrero de 1931, encontramos los mismos acentos:

Al anochecer, estando ya en mi celda, vi a Jesús vestido con una túnica blanca, con una mano levantada para bendecir y con la otra tocaba su túnica sobre el pecho. De la abertura de la túnica en el pecho salían dos grandes rayos, uno rojo y otro pálido.

Esta manifestación será representada en el famoso cuadro de Cristo misericordioso, conocido desde entonces en el mundo entero. Esta es la significación dada por Jesucristo a estos dos misteriosos rayos de color que emanan de su divino Corazón:

Estos dos rayos significan la sangre y el agua; el rayo pálido significa el agua que justifica a las almas; el rayo rojo simboliza la sangre

---

6. San Juan Crisóstomo, *Catequesis bautismales*, 3, 13-19.

que es vida de las almas. […] Ambos rayos brotaron de las entrañas más profundas de Mi misericordia cuando Mi Corazón, agonizante en la cruz, fue abierto por la lanza[7].

Los sacramentos nacidos de la compasión del Corazón de Jesús

Jesús no ha dado a su Iglesia un tratado teológico y litúrgico preciso de los siete sacramentos. Pero esto no quiere decir que los sacramentos sean una invención de la Iglesia. No, fueron instituidos por el mismo Cristo[8]. Estos siete «gestos» de la Iglesia tienen su raíz en los gestos mismos de su Maestro que, en la compasión insondable de su Corazón, ha querido curar la miseria de los hombres y responder a su sed de infinito: «Al ver a tanta gente, sintió compasión de ellos, porque estaban fatigados y abatidos, como ovejas que no tienen pastor» (Mt 9,36). Jesús «sintió compasión». Esta compasión de Jesús no tiene nada de conmiseración superficial. El término griego *splagchna* es la traducción del hebreo *rahamim,* literalmente *las entrañas maternales.* Los sacramentos no son productos artificialmente fabricados por técnicos de un laboratorio. No, son una emanación directa del amor y de la misericordia que brota del Corazón de Dios. La espiritualidad del Sagrado Corazón no tiene nada de una vaga devoción sentimental,

---

7. SANTA FAUSTINA, *Diario*, n° 299. Por su parte, el Doctor común, Santo Tomás de Aquino, escribe: «Del costado de Cristo brotó agua para lavar y sangre para redimir. Por eso, a la sangre le corresponde el sacramento de la Eucaristía, y al agua el sacramento del bautismo. El bautismo, sin embargo, recibe su fuerza purificadora de la sangre de Cristo». SANTO TOMÁS DE AQUINO, *Suma Teológica*, III, 66, 3. ad. 3.

8. Nuestro Salvador ha dado el Espíritu Santo a su Iglesia para que, escuchándolo, determine progresivamente la forma y el nombre de los sacramentos: «Aunque la lista de los siete sacramentos fue proclamada de forma solemne por el concilio de Trento en 1547, se encontraba una noción bastante elaborada en el siglo VI de lo que es un sacramento», por ejemplo, en el Pseudo-Dionisio. P. ÉDOUARD GLOTIN y JEAN DIDIER MONEYRON, *op.cit.,* p. 35.

sino que conduce al centro mismo de la salvación y de la vida sacramental. Como escribió muy acertadamente el P. Glotin, «…por lo que ahora tenemos derecho a considerar al Corazón de Jesús como la fuente escondida de la vida sacramental de la Iglesia. […] el Corazón de Jesús es el gran sacramento-fuente»[9].

LA ESPIRITUALIDAD DEL CORAZÓN DE JESÚS EN LA ESCUELA DE LOS SACRAMENTOS

Todos los sacramentos tienen en común que ofrecen la gracia, dicho de otra manera, que ofrecen la vida misma de Cristo muerto y resucitado. Pero, si todos tienen esta misma finalidad, cada uno está revestido de la gracia propia para la situación particular de la persona que lo recibe. Por ejemplo, una cosa es el sacramento del bautismo que incorpora a un niño a la Iglesia y otra es el sacramento de los enfermos que configura al sufriente con Cristo perfectamente abandonado en su Padre. Quisiéramos mostrar cómo las particularidades propias de cada sacramento constituyen, de alguna manera, un mosaico de las diferentes facetas de la espiritualidad del Sagrado Corazón. Entre los siete sacramentos profundizaremos en particular en el del perdón y en el de la Eucaristía.

Comencemos por la puerta de entrada de los sacramentos, el bautismo. Cuando el sacerdote vierte el agua sobre el futuro bautizado dice: «Yo te bautizo en el Nombre del Padre y del Hijo y del Espíritu Santo». El niño o el adulto bautizado es «literalmente» consagrado a la Santísima Trinidad. A él le corresponderá luego ratificar este don de Dios con una vida conforme a este amor. Este proceso es una verdadera *consagración* que nos anima a renovar sin cesar las promesas de nuestro bautismo. Dicha consagración debería ser el corazón de toda pastoral y de toda vida cristiana.

---

9. Ibid., p. 82 y 85.

Más adelante volveremos sobre esta dimensión de consagración, tan central para la espiritualidad del Corazón de Jesús.

El joven bautizado está llamado luego al sacramento de la confirmación que viene a perfeccionar y realizar la gracia bautismal[10]. El Catecismo precisa que la gracia propia de este sacramento consiste, entre otras, en conceder una

> ... fortaleza especial del Espíritu Santo para difundir y defender la fe mediante las palabras y las obras como verdaderos testigos de Cristo, para confesar valientemente el nombre de Cristo y para no sentir jamás vergüenza de la cruz[11].

El discípulo que ha tenido experiencia auténtica del Corazón de Jesús no guardará para él semejante tesoro, sino que lo comunicará: «Nosotros no podemos dejar de hablar de lo que hemos visto y oído», confiesan los apóstoles después de la poderosa efusión del Espíritu (Hch 4, 20). La difusión del culto al Sagrado Corazón no es una opción facultativa para apóstoles celosos, sino que pertenece a la esencia misma de nuestra espiritualidad.

El Catecismo universal enseña que el sacramento del matrimonio

> ...significa la unión de Cristo con la Iglesia. Da a los esposos la gracia de amarse con el amor con que Cristo amó a su Iglesia; la gracia del sacramento perfecciona así el amor humano de los esposos, reafirma su unidad indisoluble y los santifica en el camino de la vida eterna[12].

La unión del hombre y de la mujer en el Señor aporta una luz muy particular sobre uno de los puntos fundamentales del culto al Sagrado Corazón. Sus devotos no son invitados a practicar una

---

10. Catecismo de la Iglesia Católica, n° 1285.

11. Ibid., n° 1303.

12. Ibid., n° 1661.

devoción anticuada o un moralismo frío, sino que son introducidos en una *religión del amor,* un amor *encarnado.* ¿No ha prometido Jesús bendecir, de manera muy particular, a los matrimonios y familias donde Él sea honrado? Jesús nos ha enseñado que,

> como Él es la fuente de todas las bendiciones, las derramará abundantemente en todos los lugares donde sea honrada la imagen de ese Sagrado Corazón. [...] Prometió además que, por este medio, reuniría a las familias divididas y protegería a las que estuvieran en alguna necesidad[13].

El santo Cura de Ars definía así el sacramento del orden: «El sacerdocio es el amor del Corazón de Jesús»[14]. El sacerdote no vive para sí, vive para los demás, ofreciendo el amor del Corazón de Jesús, el único que da la alegría. Siendo signo del Corazón de Jesús, proponiendo el amor divino que de él emana, el sacerdote es verdaderamente «servidor de la alegría»[15] de los creyentes y del mundo. Digámoslo bien fuerte: el culto al Corazón de Jesús es una *espiritualidad de la alegría.* Las religiosas contemporáneas de Margarita María dan testimonio de su alegría profunda, aún cuando tuvo que enfrentarse a muchas contradicciones.

- Hablando del sacramento de los enfermos, el Concilio Vaticano II precisa que «toda la Iglesia entera encomienda a los enfermos al Señor sufriente y glorificado para que los alivie y los salve. Incluso los anima a unirse libremente a la pasión y muerte de Cristo; y contribuir, así, al bien del Pueblo de Dios»[16]. Ciertamente, la

---

13. Santa Margarita María Alacoque, *Obras completas,* op. cit., «Cartas» n° 131 al P. Croiset, p. 961.

14. Bernard Nodet, *Jean-Marie Vianney, Sa pensé, son coeur.* Éd. Xavier Pappus, p. 100.

15. Es el hermoso título de una obra de Joseph Ratzinger sobre la espiritualidad sacerdotal: *Serviteurs de votre joie,* éd. Fayard, 1990.

16. Concilio Vaticano II, *Lumen Gentium,* n° 11, tomado por el Catecismo de la Iglesia Católica, n° 1499.

unción actúa como un bálsamo calmando los sufrimientos del enfermo, pero, por otra parte, le configura al Cristo sufriente en su Pasión, le permite ofrecerse como víctima inocente por la salvación del mundo. Esta dimensión de «víctima», bien comprendida, es uno de los componentes de la *reparación,* noción central de una espiritualidad del Corazón de Jesús, tal y como veremos más adelante.

Hemos repasado aquí los cinco primeros sacramentos. Como ya habíamos anunciado, proponemos ahora ahondar más en los otros dos, el perdón y la Eucaristía, tan importantes para una vida cristiana en la órbita del Sagrado Corazón.

LA ESPIRITUALIDAD DEL CORAZÓN DE JESÚS EN LA ESCUELA DEL SACRAMENTO DEL PERDÓN

A lo largo del capítulo anterior y de la primera parte de nuestra obra, no hemos cesado de contemplar la divina misericordia. Tengamos en cuenta estas consideraciones que nos harán más fácil el sacramento del perdón. Interesándonos por algunos elementos de la misericordia, aquí deseamos reflexionar sobre la dimensión de *satisfacción,* noción central del sacramento del perdón y de una espiritualidad del Sagrado Corazón.

La confesión, un abrazo del Corazón de Jesús

Si hay un sacramento «poco y mal amado» es el de la confesión. ¡Qué pena! Pues es precisamente el lugar ideal para descubrirnos tiernamente amados, también hasta en nuestras caídas. «Hija mía, me dijo, me complazco tanto en ver tu corazón que quiero ponerme yo mismo en el tuyo y servirte de corazón»[17]. Añadamos que si la confesión es el lugar donde el penitente experimenta la consolación, también es la ocasión para consolar grandemente al Corazón de Dios. En efecto, a veces nos podemos preguntar si todavía hay pecadores, puesto que los confesionarios están desiertos mientras que las filas para comulgar siguen estando bien provistas. Cuando nos confesamos con piedad, consolamos a Dios, permitiéndole liberar los torrentes de amor y de misericordia que están retenidos en su Corazón. Encuentra tan poca tierra de acogida que se apresura a darse a los pecadores que consienten en dejarse amar. ¡El amor es tan poco amado!... ¡Urge hacer amar este sacramento tan desdeñado!

Es difícil hablar del Sagrado Corazón sin evocar la figura de su adversario: el demonio. Este ser impío experimenta un odio visceral en toda su persona al amor, «es» incluso el mismísimo odio a la divina misericordia. Recordemos las palabras de santa Faustina:

> Satanás me confesó que soy objeto de su odio. Me dijo: «Mil almas me causan menos daño que tú cuando hablas de la gran misericordia del Todopoderoso. Los mayores pecadores recuperan la confianza y vuelven a Dios, y yo, continuó el espíritu maligno, lo pierdo todo, pero es que, además, tú me persigues con esa insondable misericordia del Todopoderoso». He tomado conciencia, añade Faustina, de lo mucho que Satanás odia la misericordia divina. No quiere reconocer que Dios es bueno»[18].

Alrededor de los confesionarios, Satanás merodea y hace todo lo posible por impedir que los pecadores se acerquen. Para lograrlo tiene un arma secreta, la desesperanza. La salesa de Paray cuenta:

---

17. Santa Margarita María Alacoque, *Obras completas, op. cit.,* «Escritos por orden de la Madre de Saumaise», n° 40, p. 287.

18. Santa Faustina, Diario, n° 1165.

Sufrí durante este tiempo ásperos asaltos del demonio, que me atacaba especialmente con la desesperanza, haciéndome ver que una criatura tan malvada como yo no debía pretender tener parte alguna en el Paraíso, puesto que ya no la tenía en el amor de mi Dios, del que me vería privada por una eternidad[19].

Cuando un alma es tentada a huir de la confesión, so pretexto de que Dios no podrá nunca perdonarle lo que pudo hacer, si se siente indigna de ser amada por el Dios de amor, que busque de inmediato la mano del Malvado y que la lance fuera y vaya a acurrucarse en el Corazón de su Señor. En ese brasero ardiente de misericordia el demonio no puede estar, allí estamos fuera de su alcance.

Este divino Corazón de Jesús es un brasero de amor. Cuando uno se confiesa se sumerge en ese fuego de amor: la basura es transformada en oro puro, el pecado en santidad. Después de su confesión anual, Margarita María escribe:

> Me parecía verme y sentirme despojada de mi vestidura y revestida al mismo tiempo con otra blanca, con estas palabras: «He aquí el manto de la inocencia, con el cual revisto tu alma, a fin de que no vivas más que de la vida del Hombre-Dios, es decir, que vivas como si no vivieses, dejándome vivir en ti»[20].

Las palabras de perdón que pronuncia el sacerdote en Nombre de Dios en la confesión no son un simple placebo, ni tampoco una consolación a buen precio. Dichas palabras lavan realmente el alma y la revisten con la túnica de la gracia[21].

---

19. SANTA MARGARITA MARÍA ALACOQUE, Obras completas, op. cit., «Autobiografía»nº 88, p. 209.

20. Ibid., «Autobiografía»nº 65, p. 178.

21. Marta Robin explicaba al P. Finet que el Espíritu Santo le mostraba a veces las almas de las personas que recibía: «Dios me muestra las almas que están en pecado, de una manera más o menos precisa. A veces, incluso, me ha mostrado pecados antiguos no confesados o mal confesados de una

¿Con qué disposiciones debemos recibir el sacramento de la reconciliación? En primer lugar, hay que presentarse con un corazón contrito, por supuesto, pero desterrando todo temor hacia el sacerdote o hacia Dios. Nuestra santa explica:

> Me preparaba para hacer mi confesión anual con gran ansiedad por descubrir mis pecados y mi divino Maestro [me dijo]: «¿Por qué te atormentas? Haz lo que está en tu poder, yo supliré lo demás que te falte»[22].

Además de esta confianza de niño, Jesús pide otra actitud interior para que la confesión sea fructuosa: una perfecta trasparencia. «Pues nada pido tanto en este Sacramento como un corazón contrito y humillado que con voluntad sincera no me desagrade más, se acuse sin doblez», dijo Jesús a Margarita María[23]. Reunidas estas condiciones, el Corazón de Jesús ofrecerá al pecador un profundo reposo interior, incluso si no siente ninguna alegría sensible. Margarita María escribe:

> [El Sagrado Corazón] era mi reposo, mi retiro y mi fortaleza en mis debilidades, cuando me encontraba agobiada por la pena y el dolor [...] Cuando me veía en este extremo me dijo: «Ven a descansar para sufrir con más ánimos.» Y me sentía abismada en aquel horno de amor[24].

---

forma muy clara». «¿Cómo se le aparece un alma en gracia?», le preguntó entonces el P. Finet. La estigmatizada le respondió: «No tengo palabras para explicarlo. Es algo tan bello, un alma en estado de gracia, un alma que sube hacia Dios, por ejemplo... Un alma santa es tan hermosa que se creería ver al mismo Dios», P. Bernard Peyrous, Vie de Marthe Robin, éd. de l'Emnaule/Foyer de Charité, 2006, p. 200-201.

22. Santa Margarita María Alacoque, Obras completas, op. cit., «Autobiografía» n° 63, p. 176-177.

23. Ibid.

24. Ibid., «Escritos por orden de la Madre de Saumaise», n° 27, p. 277-278.

La «satisfacción» en la confesión

Como recordaba Juan Pablo II en su encíclica sobre la reconciliación, el sacramento del perdón está constituido por cuatro elementos: la contrición, la confesión, la satisfacción y la absolución[25]. Nos gustaría detenernos en el tercero de ellos, en la satisfacción. La expresión casi ha desaparecido del vocabulario cristiano corriente, tanto es así que muchos ignoran incluso su sentido, teniendo en mente solo el «*Satisfaction*» de los Rolling Stones. Importa pues restaura el sentido cristiano y teológico de esta palabra.

La satisfacción es llamada comúnmente penitencia: «Como penitencia, reza tres Ave Marías», según la fórmula a menudo empleada por el confesor. ¿Por qué la Iglesia invita a cumplir una «penitencia-satisfacción» después de la confesión? Para comprenderlo es necesaria una mirada al pecado y sus consecuencias. La teología enseña que el pecado comporta una doble pena: una pena *eterna* —el pecado afecta a la alianza con el Dios «eterno»— y una pena *temporal* —la falta deja sus huellas en el «tiempo»—.

- La pena eterna. El pecado, según su gravedad, hiere o aniquila la relación de amor del alma con Dios, malogrando la vida de la gracia en ella: «Porque este hijo mío había muerto y ha vuelto a la vida», dice el padre del hijo pródigo (Lc 15,24). Sólo Dios, que es todopoderoso, puede reparar tal herida.

- La pena temporal. Las consecuencias temporales del pecado son de dos órdenes. En primer lugar, nuestro pecado puede haber causado daño al prójimo. Por lo tanto, es una cuestión de justicia intentar reparar, en la medida de lo posible, los daños causados al otro por nuestra propia falta[26]. Pero las consecuencias temporales del pecado no se detienen ahí. La falta crea en el pecador una

---

25. SAN JUAN PABLO II, Exhortación apostólica post-sinodal sobre el sacramento del perdón *Reconciliatio et Paenitentia,* 1984, nº 31.

26. «Muchos pecados causan daño al prójimo. Es preciso hacer lo posible para repararlo (por ejemplo, restituir las cosas robadas, restablecer la reputación

fragilidad que le obliga, con mayor o menor fuerza, a recomenzar[27]. Es necesario todo un trabajo de reparación y de reeducación del corazón del penitente, ayudado por la gracia de Dios: aquí es donde interviene la penitencia o satisfacción.

La absolución del sacerdote, pronunciada en Nombre de Dios, condona *la pena eterna,* es decir, restituye el alma en la alianza con Dios. Pero no puede restablecer, sin la colaboración de la persona, esas consecuencias del pecado que llamamos las *penas temporales:* «El perdón del pecado y la restauración de la comunión con Dios entrañan la remisión de las penas eternas del pecado. Pero las penas temporales del pecado permanecen»[28], dice el Catecismo. Una comparación puede ayudar a comprender esto mejor: después de una fractura en la pierna, el cirujano pondrá un clavo que unirá los dos trozos del hueso roto [remisión de la *pena eterna*]. Mas esta operación no podrá hacer por nosotros el trabajo de reeducación de los músculos, de los tendones que han sido dañados [las *penas temporales*].

Sólo Dios puede perdonar nuestros pecados, pero porque nos considera, a cada uno de nosotros, como personas libres y responsables, no quiere reparar por nosotros lo que es nuestro propio trabajo de reeducación[29]. La penitencia propuesta por el sacerdote al final de la confesión no es pues un «pequeño castigo» infligido

---

del que ha sido calumniado, compensar las heridas», Catecismo de la Iglesia Católica, n° 1459.

27. Todo pecado, incluso el venial, entraña apego desordenado a las criaturas que es necesario purificar, sea aquí abajo, sea después de la muerte, en el estado que se llama Purgatorio», Catecismo de la Iglesia Católica, n° 1472.

28. «El perdón del pecado y la restauración de la comunión con Dios entrañan la remisión de las penas eternas del pecado. Pero las penas temporales del pecado permanecen», Ibid., n° 1473.

29. «Estas dos penas no deben ser concebidas como una especie de venganza, infligida por Dios desde el exterior, sino como algo que brota de la naturaleza misma del pecado», Ibid., n° 1472.

por Dios. Al contrario, es una inmensa misericordia que Cristo nos ofrece al asociarnos a su obra de redención, permitiéndonos *satisfacer* el honor mancillado de Dios, *expiar* el pecado cometido y *reparar* la alianza rota:

> Tales penitencias ayudan a configurarnos con Cristo que, el Único, expió nuestros pecados una vez por todas. Nos permiten llegar a ser coherederos de Cristo resucitado, «ya que sufrimos con él», dice el Catecismo universal[30].

Esta penitencia-satisfacción adoptará varias formas según la materia de los pecados cometidos y en función de la orientación espiritual del penitente[31]. Pero a menudo, sin duda para no abrumar a los pecadores a los que ya les ha costado acercarse a este sacramento, los sacerdotes no proponen más que una oración o que mediten un fragmento de la Palabra de Dios. Tendríamos ciertamente que tener la audacia de repensar la penitencia, de atrevernos a proponer una satisfacción que involucre a toda la persona, cuerpo incluido. La reflexión al respecto del cardenal Godfried Danneels, antiguo arzobispo de Malinas-Bruselas, es interesante:

> El único medio de incorporar el sacramento de la reconciliación en la trama de la vida es darle valor a la satisfacción, asegurándonos de que es algo plenamente vivido: en lugar de hacer decir sólo oraciones, que son palabras, pedir gestos que van a contracorriente y que restauran las relaciones[32].

---

30. Ibid., n° 1460.
31. «Puede consistir en la oración, en ofrendas, en obras de misericordia, servicios al prójimo, privaciones voluntarias, sacrificios y sobre todo, la aceptación paciente de la cruz que debemos llevar», Ibid., n° 1460.
32. Cardenal Godfreid Danneels, *La réconciliation sacramentelle: trop facile et trop difficile*. La Documentación católica, 4 de mayo de 1997, n° 2150. Sin duda conocemos aquella asombrosa penitencia que san Felipe Neri impuso a una persona a fin de curarla definitivamente de sus pecados de maledicencia: «Hija mía, vaya a desplumar un pollo en lo alto de

Hay que comprender que, con este aspecto desconocido del sacramento del perdón que es la satisfacción, tratamos cara a cara con una de las dimensiones fundamentales de la espiritualidad del Corazón de Jesús: la reparación. Satisfacer el honor de Dios —su justicia, si se prefiere— que ha sido ultrajado por nuestro pecado, es sencillamente reparar. Si el honor de Dios puede ser reparado así por el hombre, reconozcamos el inmenso honor que Dios le hace al permitirle cumplir tal satisfacción.

LA ESPIRITUALIDAD DEL CORAZÓN DE JESÚS EN LA ESCUELA DEL SACRAMENTO DE LA EUCARISTÍA

A primera vista, el vínculo entre el Sagrado Corazón y la Eucaristía no parece evidente. Pero si nos sumergirnos en los acontecimientos de Paray-le-Monial —contexto y palabras de Jesús—, comprendemos mejor esta relación particularmente íntima que existe entre el Corazón de Cristo y el sacramento del altar.

- Constatamos en primer lugar que, en las tres grandes manifestaciones a Margarita María, el Sagrado Corazón se le aparece en presencia de la Eucaristía. A propósito de la primera revelación, el 27 de septiembre de 1673, Margarita María cuenta: «Una vez, estando ante el Santísimo Sacramento, […] Jesús me hizo reposar

---

la colina del Capitolio». La mujer se quedó muy asombrada. «Hazlo y vuelve a verme», añadió el santo. Cuando la persona volvió después de cumplir su penitencia, Felipe Neri le dijo que fuera de nuevo a recuperar una por una todas las plumas del pollo. «Imposible», le contestó la señora desesperada. Entonces, nuestro santo clavó el calvo: «Vea lo fácil que es extender maledicencias, cometer el pecado, ¡pero es imposible reparar las consecuencias!» (Cf. *Le livre des Merveilles,* capítulo sobre Felipe Neri. Consejo de Presidencia del Gran Jubileo del Año 2000, Mame/Plon, 1999, p. 590). Muy hermosa lección, pero como sacerdote, si hoy tuviera la idea de poner esta misma penitencia, no podría: ¡los pollos se venden ya muertos y sin plumas!

durante largo tiempo sobre su pecho, donde me descubrió las maravillas de su amor y los secretos inexplicables de su Sagrado Corazón, que hasta entonces me había tenido siempre ocultos»[33]. Esto no es una coincidencia: hay de parte de Jesús una voluntad explícita de acercar su Sagrado Corazón al sacramento de la Eucaristía.

- Las palabras de Cristo a Margarita María vienen a reforzar esta convicción. Jesús apremia a «la heredera de su Sagrado Corazón» a venir sin cesar ante el sacramento del altar para revelarle los secretos de amor encerrados en su divino costado. Este mandato es tan fuerte que, cuando ella se resiste, Jesús la deja en un estado de pena inexpresable: «Has de saber, le dijo Jesús, que si te retiras de mi presencia te lo haré sentir y a todas las que sean causa de ello. Les ocultaré mi presencia y no me hallarán cuando me busquen»[34]. Esta atracción por la Eucaristía se manifiesta muy pronto en la vida de Margarita María. Cuando se desencadenan las persecuciones de sus parientes contra su madre y contra ella en Vesrovres, «desde entonces, escribe, todos mis afectos se dirigieron a buscar mi completa dicha y consolación en el Santísimo Sacramento del altar»[35]. Siendo ya religiosa, y más aún bajo la presión amorosa de su Maestro, se desarrolla una verdadera imantación de Margarita María por la Eucaristía. Ella misma lo confiesa: «Bien sabes que sin el Santísimo Sacramento [...] no podría vivir ni soportar mi largo destierro»[36].

En la figura de Margarita María, Dios no nos ha dado solamente una «secretaria» encargada de transmitir al mundo algunos diálogos divinos, sino que nos la ha propuesto como un modelo para toda persona deseosa de practicar la espiritualidad del Sagrado

---

33. Santa Margarita María Alacoque, *Obras completas,* op. cit., «Autobiografía» nº 53, p. 164-165.

34. Ibid., «Escritos por orden de la Madre de Saumaise», nº 28, p. 279.

35. Ibid., «Autobiografía» nº 8 , p. 111

36. Ibid., «Autobiografía» nº 86, p. 207.

Corazón. Siguiendo la estela de nuestra santa, un culto auténtico y ferviente del Corazón de Jesús se estructura necesariamente en torno al culto de la Eucaristía celebrada y adorada.

LA EUCARISTÍA ES EL CORAZÓN DE JESÚS

Miremos ahora, como en los otros sacramentos, cómo la Eucaristía orienta y aclara nuestra devoción al Corazón de Jesús. Para ello, volvamos a la distribución clásica: la Eucaristía será considerada sucesivamente como *sacrificio,* como *comunión* y finalmente como *presencia.*

La Eucaristía, sacrificio del Corazón de Jesús

Digan lo que digan nuestros hermanos protestantes, la Eucaristía es realmente un sacrificio, el único sacrificio de Cristo hecho presente por el poder de su resurrección. Los sacrificios realizados por el pueblo de Israel eran totalmente impotentes para realizar la unión íntima de los hombres con Dios; ¿cómo podría la sangre de un animal llevarnos hasta el mundo de Dios? Para elevar al hombre hasta Dios hacía falta una ofrenda humana que fuera completamente divina, hacía falta un Dios hecho hombre que se sacrificase a mayor gloria de Dios y por la salvación del mundo. En una ofrenda libre, llevada a cabo con un amor infinito, Cristo realiza en su persona este único sacrificio: «Se hizo por nosotros sacerdote, altar y víctima», dice el quinto prefacio de Pascua.

Desde el Gólgota y por el poder de la Resurrección, Cristo sumo sacerdote se ofrece eternamente a su Padre por amor a la humanidad. Si así lo hizo el Maestro —ofreciéndose en el amor— será igual para el discípulo: esto es lo que Cristo espera de santa Margarita María. En el retiro de 1684, cuenta la santa,

...primeramente desposó mi alma, [...] cambiando mi corazón en una llama de fuego devorador de su puro amor, [...] dándome a entender que, como me había destinado a rendir continuo homenaje a su estado de hostia y de víctima en el Santísimo Sacramento, yo también, en calidad de hostia y de víctima debía inmolarle continuamente mi ser con amor de adoración, de anonadamiento y de conformidad con la vida de muerte que él tiene en la Sagrada Hostia[37].

Añadamos que esta *ofrenda de sí mismo* no es un acto de piedad que uno podría limitar al único momento de la misa del domingo. Somos llamados a «que os ofrezcáis a vosotros mismos como un sacrificio vivo, santo y agradable a Dios» (cf. Rm 12,1) durante toda nuestra vida y así, a rendir culto al Sagrado Corazón. El fundador de la orden de la Visitación, san Francisco de Sales, dirigiéndose a Margarita María en una locución interior le dijo:

Una verdadera hija de la Visitación debe ser una hostia viva, a imitación de Jesucristo, inmolada a todos los designios de Dios, sacrificada por sus superioras o por las aflicciones que le llegan, sin tenerse en cuenta a sí misma[38].

---

37. Ibid., «Sentimientos de retiro» n° 5, p.334. Como enseña el Concilio Vaticano II, esta vocación de hacerse ofrenda a través de la ofrenda eucarística de Cristo concierne a todo bautizado: «Ellos [los fieles] participen conscientes, piadosa y activamente en la acción sagrada, sean instruidos con la palabra de Dios, se fortalezcan en la mesa del Cuerpo del Señor, den gracias a Dios, aprendan a ofrecerse a sí mismos al ofrecer la hostia inmaculada no sólo por manos del sacerdote, sino juntamente con él, se perfeccionen día a día por Cristo mediador en la unión con Dios y entre sí, para que, finalmente, Dios sea todo en todos, CONCILIO VATICANO II Constitución sobre la santa liturgia *Sacrosanctum Concilium*, n° 48.

38. SANTA MARGARITA MARÍA ALACOQUE, *Obras completas*, op. cit., «Fragmentos» n° 1, p. 306.

La Eucaristía, comunión en el Corazón de Jesús

Nuestra participación en la misa se verá renovada el día en que descubramos el deseo apremiante e infinito que Cristo tiene de comunicarse con nosotros, deseo que por otra parte suscita el nuestro. Gracias a esta hambre de amor de Dios, nuestra hambre será decuplicada. «La oración es el encuentro de la sed de Dios y de la nuestra. Dios tiene sed de que nosotros tengamos sed de él», esto que dice san Agustín a propósito de la oración se aplica tanto más a la Eucaristía.

El deseo de amor, ¡he aquí una disposición del alma decisiva para Dios! Los límites, las miserias de una persona apenas pesan a los ojos de Dios si vislumbra en el alma del comulgante este poderoso deseo de unión. Margarita María estaba conmocionada por la idea de poder comulgar al Dios santo:

> La víspera de la Comunión me sentía abismada en un silencio tan profundo que no podía hablar sino violentándome, a causa de la grandeza de la acción que debía realizar y, cuando ya la había hecho, no quería ni beber, ni comer, ni ver, ni hablar, ¡tan grandes eran la consolación y la paz que sentía! Me ocultaba todo lo que podía para aprender a amar a mi soberano Bien, que me urgía mucho a que le devolviera amor por amor[39].

Algunos dirán que exagera, los mismos que son capaces de extasiarse ante la escena de una película que presenta a dos amantes ¡locos de amor el uno por el otro! ¿No tendrían los santos el derecho de estar también locos de amor por el Esposo de su alma? Pidamos constantemente la gracia de no acostumbrarnos a la Eucaristía, este don de Dios es «anormal», supera el entendimiento[40].

---

39. Ibid., *«Autobiografía» nº 30, p. 137*

40. A Julien Green, le asombraba la falta de asombro de los católicos practicantes: «Las personas oyen la misa tranquilamente, sin lágrimas, sin conmoción interior. Si se pudiesen asombrar, serían salvadas, pero hacen de su religión

Al deseo de amar es necesario añadir otro rasgo de la devoción al Sagrado Corazón de Jesús. A través de la Eucaristía, Dios no da solamente un poco de lo que tiene, sino que da todo lo que es. ¿Cómo no darle gracias por un don tan grande? Amemos esta palabra, «Eucaristía» —devolver gracias, nos sugiere el griego—: toda nuestra semana debería ser vivida en acción de gracias por todas las gracias recibidas en la misa del domingo. En la escuela de la Eucaristía, la *acción de gracias* y la *alabanza* totalmente gratuitas pertenecen a la esencia misma de la espiritualidad del Sagrado Corazón.

La Eucaristía: presencia del Corazón de Jesús

El Corazón de Cristo tiene sed del amor de sus criaturas. Ha creado la Eucaristía para poder permanecer y descansar en ellas.

> Hija mía, dijo Jesús a la santa de Paray, he visto tus gemidos y los deseos de tu corazón me son tan agradables que, si no hubiera instituido mi divino Sacramento de amor, lo instituiría por amor a ti para tener el placer de alojarme en tu alma y tener mi reposo de amor en tu corazón[41].

En la medida misma de este amor loco de Dios se pueden imaginar también los sufrimientos que lo atraviesan cuando, por el contrario, su amor no es amado, cuando la Eucaristía, sacramento

---

una de sus costumbres, es decir algo vil y natural. La costumbre es lo perjudica al mundo». J. GREEN, «*Pamphlet contre les catholiques de France*», aparecido bajo el seudónimo de Teófilo Delaporte, *Cahiers du Rhône*, 15 (54), Neuchâtel 1944. Por su parte, san Juan María Vianney decía:» La causa del relajamiento del sacerdote es que no pone atención a la misa. ¡Ay, Dios mío!, que un sacerdote se queje cuando celebra la misa como una cosa ordinaria» Bernard Nodet, *Jean-Marie Vianney Curé d d'Ars. Sa pensé, son coeur*, Paris, éd. Xavier Mappus, p. 108

41. SANTA MARGARITA MARÍA ALACOQUE, *Obras completas*, op. cit., «Autobiografía» n° 97, p.219.

del amor, es ignorada y despreciada. Esto nos conduce a hablar de la *comunión reparadora*, elemento importante en la devoción al Corazón de Jesús.

¿En qué consiste esta comunión reparadora? Para mejor comprenderlo, pongámonos de nuevo a la escucha de Cristo en sus diálogos con Margarita María. En una carta importante al P. Croiset, ella le dice:

> Después de esto se me presentó el Corazón divino como en un trono de llamas, más ardiente que el sol y transparente como un cristal, con su adorable llaga. Estaba rodeado de una corona de espinas [...] y una cruz encima que significaba que, desde los primeros instantes de su Encarnación, por decirlo así, la cruz fue plantada en su sagrado Corazón, que desde aquellos primeros momentos fue colmado con todas las amarguras que debían causarle las humillaciones, pobreza, dolores y desprecios que su sagrada Humanidad debía sufrir durante el curso de su vida mortal [...] y los *ultrajes* de tantos corazones que no responden al amor ardiente del de Jesucristo en el *Santísimo Sacramento*[42].

Nuestro Señor habla claramente de *ultrajes* que le son infligidos a través de la Eucaristía[43]. Estos atentados a la gloria de Cristo en el sacramento del altar son desgraciadamente múltiples. ¡El pecador tiene mucha imaginación para cometer el mal! En primer lugar, ¿cómo no relacionar la queja de Nuestro Señor a Margarita María con las primeras misas negras de París, en el curso de la

---

42. Ibid., «Cartas» n° 133 al Padre Croiset, p. 1004,1010.

43. «Primeramente enseña el santo Concilio, y abierta y sencillamente confiesa, que en el augusto sacramento de la Eucaristía, después de la consagración del pan y del vino, se contiene *verdadera, real* y *sustancialmente* nuestro Señor Jesucristo, verdadero Dios y hombre, bajo la apariencia de esas cosas sensibles». *Denzinger,* 1636.

segunda mitad del siglo XVII[44]? Pensemos también en esas formas de ofensa que, si bien son menos graves, no podemos olvidar, y que consisten en el desprecio del misterio que se celebra[45] o en la modificación de la liturgia establecida por la Iglesia a la que los fieles tienen derecho[46]. ¿Cómo no mencionar por otra parte el olvido de la dimensión sacrificial de la Eucaristía[47]? La pérdida del sentido de lo sagrado y de la importancia del arrodillarse en la

---

44. Sobre este tema tenebroso remitimos al artículo del P. Benoît Domergue, «El lamento del Corazón herido de Jesús y las primeras misas negras en París», *La clair regard. La Bible du Coeur de Jésus*, tomo 4: *la prière*, éd. de l'Emmanuel, 2014, p. 141-172.

45. «Si el sacerdote cree verdaderamente en la Eucaristía, decía el P. Guy Gilbert, la gente lo verá, se adherirán y se reunirán. Últimamente he visto a un sacerdote que se rascaba los pies durante la consagración: ¡qué quieres que te diga...! Y cuántas veces he visto a obispos que celebraban como funcionarios. Basta que en tu vida encuentres un sacerdote, un sacerdote que celebre con amor creyendo en ello absolutamente y lo has comprendido todo», Entrevista aparecida en *Famille chrétienne* el 3 de marzo de 1998.

46. «Por otra parte, todos los fieles cristianos gozan del derecho de celebrar una liturgia verdadera, y especialmente la celebración de la santa Misa, que sea tal como la Iglesia ha querido y establecido» Congregación para el culto divino y la disciplina de los sacramentos, Instrucción *Redemptionis Sacramentum*, n° 12. Ver también SAN JUAN PABLO II, Carta encíclica *Ecclesia de Eucharistia*, n° 52. El número 184 precisa: «Cualquier católico, sea sacerdote, sea diácono, sea fiel laico, tiene derecho a exponer una queja por un abuso litúrgico ante el Obispo diocesano o el Ordinario competente que se le equipara en derecho, o ante la Sede Apostólica, en virtud del primado del Romano Pontífice. Conviene, sin embargo, que, en cuanto sea posible, la reclamación o queja sea expuesta primero al Obispo diocesano. Pero esto se haga siempre con veracidad y caridad».

47. Juan Pablo II, en la introducción de su carta encíclica *Ecclesia de Eucharistia*, alegrándose de los «grandes beneficios» resultantes de la reforma litúrgica del Concilio, observa que «no faltan las sombras»: entre otras «se nota a veces una comprensión muy limitada del Misterio eucarístico. Privado de su valor sacrificial, se vive como si no tuviera otro significado y valor que el de un encuentro convival fraterno». SAN JUAN PABLO II, Carta encíclica *Ecclesia de Eucharistia*, n° 10.

liturgia tampoco es un mero detalle, sino que revela y contribuye a una cierta banalización de la participación en la Eucaristía[48].

Una vez cometido el mal, debemos plantearnos la siguiente cuestión: ¿cómo podemos reparar las ofensas eucarísticas? En cierto modo no podemos, ya que sólo Cristo puede reparar una falta que afecta a la divinidad: «Porque sólo hay un Dios y también un solo mediador entre Dios y los hombres, Cristo Jesús, hombre también» (1Tm 2,5). Dicho esto, Dios, en su inmensa bondad, quiere asociar a los hombres a su obra de redención. La comunión reparadora consistirá pues en darse en la ofrenda eucarística de Cristo a su Padre en reparación por las comuniones superficiales o sacrílegas:

> Quiero, dijo Jesús a la salesa de Paray, que [...] te postres a mis pies para desagraviar mi amor y, a este fin, ofrecerás a mi eterno Padre el sacrificio sangriento de la cruz, así como todo tu ser para rendir homenaje al mío y reparar los ultrajes que recibo en ese Corazón[49].

Entonces, ¿cómo reparar en concreto? Margarita María fue favorecida con gracias personales los primeros viernes de mes. Lógicamente ella invita a todos los que le escriben a la misma práctica de la comunión frecuente reparadora el primer viernes de cada mes. Con una fórmula solemne, Jesús le dijo a su secretaria:

> Te prometo en la excesiva misericordia de mi Corazón, que su amor omnipotente concederá a todos los que comulguen nueve primeros viernes de mes seguidos, la gracia de la penitencia final, no

---

48. «Una fe o una liturgia que no conociese el acto de arrodillarse estaría enferma en un punto central. Allí donde este gesto se haya perdido, hay que volver a aprenderlo, para permanecer con nuestra oración en comunión con los apóstoles y mártires, en comunión con todo el cosmos y en unidad con Jesucristo mismo», CARDENAL JOSEPH RATZINGER, *El espíritu de la liturgia*, Ediciones Cristiandad, 2001, p 187.

49. SANTA MARGARITA MARÍA ALACOQUE, *Obras completas, op. cit.*, «Escritos por orden de la Madre de Saumaise», nº 29, p. 279-280.

morirán en mi desgracia y sin haber recibido sus sacramentos, [mi divino Corazón] será su asilo seguro en el último momento[50].

Para este ejercicio espiritual, cada uno podrá adoptar las formas de oración que más le gusten, siendo lo importante honrar de manera muy particular al divino Corazón de Jesús, ofreciéndole y ofreciéndose con él al Padre eterno en el sacramento del altar. «Y los que se aficionan a honrar al Sagrado Corazón le dedican, a este fin, todos los primeros viernes de mes para tributarle algún particular homenaje, cada cual según su devoción»[51].

EL CULTO RENDIDO AL SAGRADO CORAZÓN POR LA ADORACIÓN EUCARÍSTICA

Ya hemos comentado que delante del Santísimo Sacramento, expuesto o no, fue donde tuvieron lugar las más importantes apariciones del Sagrado Corazón a Margarita María. En la segunda gran manifestación, un primer viernes de mes:

> Una vez, entre otras, que *estaba expuesto el Santísimo Sacramento* [...], Jesucristo, mi dulce Maestro, se presentó ante mí todo radiante de gloria con sus cinco llagas que brillaban como cinco soles, y de esta sagrada humanidad salían llamas por todas partes, pero sobre todo de su *adorable pecho*, que parecía un horno[52].

Existe pues un vínculo muy fuerte entre la adoración eucarística y el culto al Sagrado Corazón. En un escrito sobre el culto a la Eucaristía fuera de la misa, Juan Pablo II pone claramente de

---

50. Ibid., «Cartas a la Madre de Saumaise», n° 86, p. 788-789.
51. Ibid., «Cartas a la Madre de Soudeilles», n° 52, p.703.
52. Ibid., «Autobiografía» n° 55, p. 166. Durante la gran revelación del culto al Sagrado Corazón de junio de 1675, nuestra santa precisa de nuevo: «Estando una vez ante el Santísimo Sacramento, un día de su octava, [...] Jesús, me descubrió su Divino Corazón: he aquí este Corazón que tanto ha amado a los hombres...», ibid., «Autobiografía» n° 92, p. 214.

relieve esta cuestión: «Es hermoso estar con Él y, reclinados sobre su pecho como el discípulo predilecto, palpar el amor infinito de su Corazón»[53].

Una mala interpretación del Concilio Vaticano II ha intentado convencernos de que el culto a la Eucaristía se limitaba a la celebración de la misa. La adoración eucarística fuera de la misa, en la exposición del Santísimo Sacramento o en las procesiones, era considerada como algo antiguo de lo que había que deshacerse para recuperar finalmente la grandeza de la Cena del Señor. Muy afortunadamente, las enseñanzas de los papas Juan Pablo II y Benedicto XVI, así como un verdadero anhelo de adoración suscitado por el Espíritu en el alma de numerosos cristianos jóvenes y no tan jóvenes, ha contribuido al redescubrimiento de este inmenso tesoro. A continuación, nos detendremos un momento a escuchar los dos principales reproches que son dirigidos contra la adoración eucarística. Esto nos permitirá evocar después la famosa «hora santa», otro elemento importante en el culto al Sagrado Corazón.

«¡La Eucaristía estaría hecha únicamente para ser comida!»

La oposición entre la misa y la adoración

Cuando Cristo instituyó la Eucaristía no dijo «Tomad y adorad», sino «Tomad y comed, tomad y bebed.» La finalidad de la Eucaristía es la de ser comida, ser comulgada para que Dios y el hombre formen una sola carne[54]. Este es el primer reproche dirigido a la adoración.

---

53. San Juan Pablo II, Carta Encíclica *Ecclesia de Eucharistia*, n° 25.

54. El P. André Manaranche lo recuerda con exactitud a los jóvenes «hambrientos» de adoración: «Mira, pues si no dedicas tiempo a mirar, no sabrás que comes. Ponlo en tus ojos y en tu corazón. Pero no te olvides de que el pan está hecho para ser comido, para bajar dentro de ti e introducir

De acuerdo, la Eucaristía es la «fuente y la cumbre de toda vida cristiana»[55], pero el culto eucarístico no puede ser reducido sólo a la celebración eucarística. La Eucaristía celebrada se desborda en la Eucaristía adorada.

La adoración de Cristo en este sacramento de amor, escribe Juan Pablo II, debe encontrar expresión *en diversas formas de devoción eucarística*: plegarias personales ante el Santísimo, horas de adoración [...]. La Iglesia y el mundo tienen una gran necesidad del culto eucarístico. Jesús nos espera en este sacramento del amor. No escatimemos tiempo para ir a encontrarlo en la adoración [...]. No cese nunca nuestra adoración[56].

No solamente se ha reducido abusivamente la Eucaristía a la misa, sino que se ha olvidado también que la adoración es parte constitutiva de la misa. ¿Cómo podría un fiel que descuidara esta dimensión central de la misa que es la adoración comprender la adoración fuera de la misa? «La celebración eucarística, [...] es en sí misma el acto más grande de adoración de la Iglesia», recuerda Benedicto XVI[57], haciéndose eco de las palabras de san Agustín que ya escribía en su tiempo: «Nadie coma de esta carne sin antes adorarla... No solamente no pecamos al adorarla, sino que pecaríamos si no la adoráramos»[58]. Al perder el sentido de la adoración, propio de la Eucaristía celebrada, se ha desvalorizado en buena lógica la adoración eucarística y, finalmente, se ha empobrecido singularmente el misterio mismo de la misa.

---

en tu alma la vida trinitaria», P. ANDRÉ MANARANCHE, *Grâce à Dieu*, éd. Le Sarment-Fayard, Paris, 1993, p. 201

55. CONCILIO VATICANO II, *Lumen Gentium*, n° 11.

56. SAN JUAN PABLO II, Carta sobre el misterio y el culto de la santa Eucaristía *Dominicae Cenae*, 24 de febrero de 1980, n° 3.

57. BENEDICTO XVI, Exhortación apostólica postsinodal *Sacramentum caritatis*, 7 de marzo de 2007, n° 66.

58. SAN AGUSTÍN, *Enarrationes in Psalmos* 98, 9 *CCL* XXXIX 1385.

Ya es hora de reconciliar adoración y celebración[59]. Tenemos que considerar estas dos expresiones eucarísticas[60] no en términos de oposición, sino de inclusión. Si la misa es indudablemente la fuente, la adoración tiene por objeto llevarnos a ella sin cesar para saborear mejor todos sus beneficios. Gracias a una comparación muy simple, un amigo sacerdote me ha ayudado a captar mejor la conexión entre estas dos formas de expresión litúrgica. Me decía que la misa es como una «película» que se desarrolla rápidamente, hasta el punto de que el sentido de algunas de sus imágenes se nos escapa. La adoración eucarística sería como una «parada de la imagen» que permite contemplar a Cristo realmente presente en la Eucaristía, saborear su amor infinito, disponerse a su poder activo y sanador: «El acto de adoración fuera de la santa Misa, escribe Benedicto XVI, prolonga e intensifica lo acontecido en la misma celebración litúrgica»[61].

«La adoración eucarística sería una invención tardía de la Iglesia»

La adoración eucarística no existía en los orígenes de la Iglesia. Hasta la Edad Media no tomó la forma en la que la conocemos actualmente. Según algunos «arqueólogos» de la liturgia,

---

59. «La adoración eucarística no es sino la continuación obvia de la celebración eucarística, la cual es en sí misma el acto más grande de adoración de la Iglesia» BENEDICTO XVI, Exhortación apostólica postsinodal *Sacramentum Caritatis,* 7 de marzo de 2007, n° 66.

60. «La contemplación prolonga la comunión y permite encontrar permanentemente a Cristo, verdadero Dios y verdadero hombre, dejarse mirar por Él, experimentar su presencia. Cuando lo contemplamos presente en el Santísimo Sacramento del altar, Cristo se hace cercano a nosotros y más íntimo a nosotros que nosotros mismos». SAN JUAN PABLO II, Carta al obispo de Lieja con motivo del 750° aniversario del Corpus, *Osservatore Romano,* éd. française, n° 3, 18 de junio de 1996.

61. BENEDICTO XVI, Exhortación apostólica postsinodal *Sacramentum Caritatis,* 7 de marzo de 2007, n° 66.

este establecimiento tardío de la adoración eucarística sería el signo de una expresión litúrgica añadida y no conforme a la gran Tradición[62].

Tal conclusión revela un desconocimiento profundo de lo que es la gran Tradición de la Iglesia. Con el tiempo, ciertamente se han podido añadir elementos inútiles a la liturgia, ¡pero la auténtica Tradición católica es viva e histórica! El Espíritu Santo, animando la vida del pueblo de Dios bajo la guía del Magisterio, tiene por misión, no añadir cosas a la Revelación, sino desplegar sus tesoros escondidos. La adoración eucarística pertenece a estas joyas escondidas de la Revelación, que han sido progresivamente puestas de relieve a través de los siglos. Esta realidad litúrgica no es un añadido superfluo o una expresión deteriorada de la Tradición de la Iglesia, es la consecuencia directa y coherente de la fe del pueblo de Dios en la presencia real de Cristo en la Eucaristía:

> El sagrario (tabernáculo) estaba primeramente destinado a guardar dignamente la Eucaristía para que pudiera ser llevada a los enfermos y a los ausentes fuera de la misa. Por la profundización de la fe en la presencia real de Cristo en su Eucaristía, la Iglesia tomó conciencia del sentido de la adoración silenciosa al Señor presente bajo las especies eucarísticas[63].

---

62. «Han olvidado que la adoración es una profundización de la comunión. No se trata de una devoción individualista, sino de la continuación o de la preparación del momento comunitario: igualmente es necesario proseguir esta práctica, tan querida por el pueblo, de la procesión del *Corpus*. También en ella, los arqueólogos de la liturgia encuentran algo que criticar, recuerdan que este tipo de procesiones no existían en la Iglesia romana en los primeros siglos. Pero yo repito aquí lo que ya he dicho: se debe reconocer al *sensus fidei* del pueblo católico la posibilidad de profundizar, de iluminar, siglo a siglo, todas las realizaciones del patrimonio que le ha sido confiado», CARDENAL JOSEPH RATZINGER, Informe sobre la fe, BAC popular, 1985, p 145-146.

63. CATECISMO DE LA IGLESIA CATÓLICA, n° 1379.

Dejemos de considerar la adoración eucarística como una devoción atrasada; es justo lo contrario, es un signo de renovación inaugurado por el Concilio Vaticano II.

> La adoración a Cristo en este sacramento de amor, dice Juan Pablo II, [...] la animación y robustecimiento del culto eucarístico *son una prueba de esa auténtica renovación* que el Concilio se ha propuesto como finalidad y de la que es el punto central[64].

La renovación actual de la adoración eucarística podría ser, en efecto, la primicia de una aún más plena expansión que llegará más tarde y a todas partes. Será juntos como el culto eucarístico y el culto al Sagrado Corazón se extenderán por todo el mundo.

La idolatría también parece extenderse a gran velocidad. La adoración es una poderosa vacuna contra este veneno del alma:

> Adorar al Dios de Jesucristo, que se hizo pan partido por amor, es el remedio más válido y radical contra las idolatrías de ayer y de hoy. Arrodillarse ante la Eucaristía es una profesión de libertad: quien se inclina ante Jesús no puede y no debe postrarse ante ningún poder terrenal, por más fuerte que sea. Los cristianos sólo nos arrodillamos ante Dios, ante el Santísimo Sacramento, pues sabemos y creemos que en él está presente el único Dios verdadero»[65].

La adoración curará poco a poco a los hombres de su búsqueda de falsos dioses y los conducirá al verdadero Dios, «al amor hecho Corazón»[66].

---

64. San Juan Pablo II, carta *Dominicae Cenae*, 24 de febrero de 1980, n° 3.

65. Benedicto XVI, *Homilía* en la fiesta del Corpus, 22 de mayo de 2008.

66. «Si el Verbo se ha hecho carne, el amor se ha hecho corazón. [...] Guillaume d' Auvernia, un autor medieval muerto en 1249, ya lo había percibido cuando veía en la encarnación –en latín: in-car-nation– una «*in-corda-tio*», P. Éduard Glotin y Jean Didier Moneyron, *Les sept fleuves de feu, op.cit.,* p. 80.

La hora santa

Además de la *comunión reparadora* de los primeros viernes de mes —«Comulgarás todos los primeros viernes de cada mes»— Jesús pide a Margarita María velar una hora —*la hora santa*— en la noche del jueves al viernes:

> Todas las noches de jueves a viernes te haré partícipe de la tristeza mortal que quise sentir en el Huerto de los Olivos. Esta tristeza te reducirá, sin que lo puedas comprender, a una especie de agonía más dura de soportar que la muerte. Para acompañarme en la humilde oración que presenté entonces a mi Padre en medio de todas mis angustias, te levantarás entre once y doce de la noche para postrarte conmigo, durante una hora, el rostro contra el suelo, tanto para calmar la cólera divina, pidiendo misericordia por los pecadores, como para dulcificar de algún modo la amargura que sentí con el abandono de mis apóstoles, que me obligó a reprocharles que no habían podido velar una hora conmigo y durante esta hora harás lo que yo te enseñe[67].

Si escuchamos a nuestro Señor, veremos que no se trata sólo de dedicarle una simple oración durante esa hora santa. Se trata precisamente de vivir una hora en comunión íntima con Cristo en su agonía en Getsemaní:

> Es aquí, dirá más tarde Cristo a nuestra santa, donde he sufrido más que en el resto de mi Pasión, viéndome en un abandono total del cielo y de la tierra, cargado con los pecados de todos los hombres. Fui introducido ante la presencia de la santidad de Dios que, sin mirar mi inocencia, me golpeó en su furor, haciéndome beber el cáliz que contiene toda la hiel y la amargura de su justa indignación, y como si Él hubiera olvidado el Nombre de Padre, para sacrificarme

---

67. Santa Margarita María Alacoque, *Obras completas,* op. cit., «Autobiografía» n° 57, p. 169-170.

155

a su justa cólera. No hay criatura que pueda comprender la magnitud de los tormentos que sufrí entonces[68].

Durante esta hora santa nos aplicaremos a consolar a Jesús, penetrando los sentimientos de su Corazón en la hora de su agonía: aliviaremos la falta de apoyo de sus discípulos dormidos; le ayudaremos un poco a llevar el peso de la justicia del Padre que pesa sobre sus hombros de Salvador; intercederemos en favor de los pecadores indiferentes ante el sacrificio del amor de su Dios. Pero me diréis: ¿Qué consolaciones podemos aportar a Cristo que reina dichoso en los cielos? El Papa Pío XI, haciendo suyas unas palabras de san Agustín, da la respuesta: «Dame un corazón que ame y comprenderá lo que digo. En ningún otro lugar estas palabras encuentran una aplicación más justa»[69]. Para penetrar en los sentimientos interiores de Cristo en los que se mezclan dolor y amor, no tenemos que infligirnos sufrimientos o inventarnos artificialmente emociones dolorosas. Se trata sencillamente de acoger, en esta hora santa, el don del Corazón de Jesús, en nuestra pobreza y nuestra sequedad, y le mostraremos así que su sacrificio no ha sido en vano. Esta adoración de unión y de consolación, practicada la noche del jueves al viernes, o el jueves por la noche, es para Cristo enormemente reparadora:

> La Iglesia es enteramente reparadora y enteramente adoradora. La Iglesia, adorando a Dios, repara al hombre. La Iglesia, adorando a Dios, mueve a Dios a actuar para reparar al hombre[70].

A algunos les gustará tener a mano una guía práctica que les ayude a rezar durante la hora santa, esa oración de reparación, de

---

68. *Vie et OEuvres de sainte Marguerite-Marie Alacoque*, op.cit., «Mémoires des Contemporaines» nº 297, tomo I, p. 395-398.

69. Pío XI Encíclica *Miserentissimus Redemptor*, nº 10, 8 de mayo de 1928.

70. P. ALBERT CHAPELLE, *Vie Chrétienne*, 46 (1974), p. 338-254.

«expiación» como dice la fórmula clásica. En internet encontrarán herramientas muy sencillas que responden a sus anhelos.

¿Y por qué no peregrinar a Paray-le-Monial? En el santuario, en la oficina de acogida, en la capilla de las apariciones, hay hojas con oraciones a nuestra disposición. En el anexo de este libro, se encuentra también la llamada «oración expiatoria» de la Iglesia, propuesta por el Papa Pío XI para la fiesta del Corazón de Jesús.

Amar como el Corazón de Cristo

Saciados en la fuente del amor de Dios por los sacramentos de la Iglesia, somos más capaces de amar a nuestros hermanos. En efecto, la caridad hacia el prójimo es más que la prolongación moral del amor de Dios, es su expresión misma: «Quien ama a Dios, ama también a su hermano» (1Jn 4,21). El vínculo entre estos dos mandamientos es tan fuerte que nuestro amor a Dios se mide por nuestro amor fraterno: «Quien no ama a su hermano, a quien ve, no puede amar a Dios, a quien no ve» (1Jn 4,20).

Seguramente conoceremos las palabras que san Jerónimo escribe a propósito del evangelista san Juan. El apóstol amado, al final de su vida, no dejaba de decir a sus discípulos: «Hijos míos, amaos los unos a los otros.» Y como se le pidiera que variara un poco su discurso, Juan respondió: «Es el mandamiento del Señor. No hay otro y es suficiente.»

Se encuentra la misma insistencia en las palabras de Cristo a santa Margarita María. Estando en oración, le pide a Jesús que le dé a conocer el medio de contentar el deseo que tiene de amarlo:

> Nuestro Señor me dio a conocer que le era muy agradable el cuidado que se tomaba para *restablecer la caridad* en una comunidad [...]. Me dijo interiormente que sería con mucho trabajo, pero que no se debía escatimar para conseguirlo; en cuanto a los medios, las personas de autoridad no tenían que hacer más que seguir los que Él les daría, puesto que jamás las abandonaría en esta empresa[1].

---

1. Santa Margarita María Alacoque, *Obras completas,* op. cit., «Fragmentos» n° 3, p. 318-319.

Un culto auténtico al Sagrado Corazón no podrá nunca olvidarse del amor al prójimo:

> Siendo esto así, fácilmente se deduce, escribe Pío XII en *Haurietis aquas,* que el culto al Sacratísimo Corazón de Jesús no es sustancialmente sino el mismo culto al amor con que Dios nos amó por medio de Jesucristo, al mismo tiempo que el ejercicio de nuestro amor a Dios y a los demás hombres. [...] Además, considera la perfección de nuestro amor a Dios y a los hombres como la meta que ha de alcanzarse por el cumplimiento cada vez más generoso del mandamiento «nuevo» que el Divino Maestro legó como sacra herencia a sus Apóstoles, cuando les dijo: «Un nuevo mandamiento os doy: Que os améis los unos a los otros, como yo os he amado»[2].

Siempre en la escuela de santa Margarita María y ella en la escuela del Corazón de Jesús, tratemos ahora de escrutar la profundidad, pero también las exigencias muy concretas del amor al prójimo. El acento particular de la espiritualidad de la salesa reside en su *conformidad* con Jesús. Ahora bien, la única vez que en el Evangelio Jesús habla explícitamente de su Corazón, lo asocia a dos virtudes fundamentales —humildad y dulzura— para caracterizar su manera de amar y, en consecuencia, la manera en que somos llamados a amar: «Aprended de mí que soy manso y humilde de Corazón» (Mt 11, 29). Si queremos amar a nuestros hermanos conformándonos a Nuestro Señor, ¿cómo no dar preeminencia a estas virtudes fundamentales de la humildad y la mansedumbre que él mismo valora de tal modo? Es difícil no añadir también el *desprendimiento*, tan presente en la experiencia y bajo la pluma de Margarita María.

---

2.   Pío XII *Haurietis Aquas,* 1956, n° 29.

AMAR CON LA MANSEDUMBRE DEL CORAZÓN DE JESÚS

En nuestro mundo marcado por la brutalidad, asociar amor y mansedumbre puede parecer algo desfasado. Jesús, que es el amor mismo, es irresistiblemente atraído por toda alma mansa. Teofilacto (+1108) escribió sobre el discípulo amado:

> Juan era el más inocente, el más simple, el más manso de todos, por eso es amado. Sé así y el Señor te dejará reposar en su pecho [...], pues es el corazón más que la teología el que comprende las palabras misteriosas del Señor que están veladas en la Escritura»[3].

Esto animaba a Margarita María a decir a sus hermanas:

> Sean mansas si quieren complacer al Sagrado Corazón de Nuestro Señor Jesucristo, que no se deleita más que con los mansos y humildes de corazón[4].

Si un alma mansa ejerce una irresistible atracción sobre el Corazón de Dios es porque esta virtud es de alguna manera el meollo de la caridad: «La dulzura con el prójimo os hará condescendiente con los demás y caritativas [...]. Y así conquistará el Sagrado Corazón de Nuestro Señor Jesucristo»[5]. A la inversa, la dureza nos aleja de Jesús. A propósito de una persona endurecida, la santa de Paray escribía:

> Me parece que la dureza de su corazón hacia esa otra persona hará de tal modo insensible para ella al Sagrado Corazón de Nuestro Señor Jesucristo que no solamente le negará las gracias que había determinado concederle para unirla a Sí y perfeccionarla, sino que le

---

3. Théophylacte, *Sur Jean* 13,23, PG 124, p.162. Citado por Martin Pradère, *Jésus doux et humble de Coeur*, op. cit., p. 77.

4. Santa Margarita María Alacoque, *Obras completas, op. cit.,* «Consejos particulares, Desafíos, Instrucciones» n° 16, p. 368.

5. Ibid., «Consejos particulares, Desafíos, Instrucciones» n° 31, p. 394.

quitará también las más eficaces para su eterna salvación y la abandonará a sí misma[6].

La mansedumbre de santa Margarita María

Para estimularnos más en la práctica de la mansedumbre, nada mejor que ir a la escuela de los santos. He aquí algunos rasgos de esta virtud que fue practicada de manera heroica por santa Margarita María.

Exigente con ella misma, dulce con los demás

Puede parecernos sorprendente la personalidad de nuestra santa: severa y exigente con ella misma, de una dulzura infinita con sus hermanas:

> Con respecto al prójimo, explican las contemporáneas, su caridad era universal, teniendo para todos un corazón dulce, tierno y compasivo. Cuanta más severidad tenía con ella misma, más dulzura tenía con el prójimo, excusándolo con una manera de persuadir que habría querido, como decía a menudo, sufrir todo para aliviar cualquier dolor que tuviera; y en cualquier mortificación que tuviera, nunca se le oyó una palabra de lamento o de murmuración contra nadie[7].

¿Cómo logró Margarita María casar así los contrarios? La mansedumbre es en realidad la virtud de los fuertes. Y esto es así, a pesar de esa visión edulcorada de la mansedumbre que nos hace creer que sólo la conseguiremos reblandeciéndonos. Sería un grave error considerar a la dulce Margarita María como una «pelele» sin consistencia interior. En la circular enviada en agosto de 1692

---

6. Ibid., «Cartas» n° 104, a la Madre de Saumaise, p. 851.
7. *Vie et OEuvres de sainte Marguerite-Marie* Alacoque, op.cit., «Memoires des Contemporaines» n° 86, tomo I, p. 198.

por el monasterio de Paray a las demás casas de la orden, a propósito de la vida y virtudes de la salesa, se subraya que

...su dulzura e igualdad de humor eran tanto más admirables cuanto que tenía menos disposición natural hacia ellas; pero por la continua vigilancia sobre sí misma, su mortificación y su unión continua con Dios, dio muestras de ellas en todos los acontecimientos.

Estas virtudes afables, ¿requerirían, pues, una cierta violencia? Sí, y el itinerario de nuestra santa lo prueba. Esto nos consuela y anima a nosotros que a veces nos comportamos vehementemente: una conversión a la mansedumbre es posible para todos:

Esta virtuosa hermana pasó, sin embargo, por todas [las contradicciones de las que hemos hablado] con tanta constancia que jamás hizo un acto contrario, aunque fuera de un natural pronto y sensible[8].

Responder a las vejaciones con mansedumbre

Asombradas por los encuentros sobrenaturales de los que Margarita María fue objeto, sus superioras no escatimaron en vejaciones para hacer volver al orden a esta religiosa demasiado singular. La Madre Greyfié reconocerá que tuvo, respecto a nuestra santa, actitudes que casi eran injusticias, pero Margarita María

...todo lo convertía en beneficio de la humildad, de la mansedumbre y de la paciencia y nunca hizo la menor defensa de su inocencia. Siempre era ella la que se equivocaba, la que lo hacía todo mal o era la causa de que Dios permitiera que los demás lo hicieran[9].

---

8. *Vie et OEuvres de sainte Marguerite-Marie Alacoque*, op.cit., «Mémoires des Contemporaines» n° 248, tomo I, p.433.
9. Ibid., «Écrits de la Mère Greyfié, tomo 1, p. 433.

Hemos precisado más arriba que la misericordia, por sublime que sea, nunca puede pactar con la injusticia. Margarita María no se hace cómplice de las injustas vejaciones de las que fue víctima, sino que se coloca en un nivel más elevado de caridad, quiere ver la mano purificadora de Dios detrás de toda mortificación, quiere ejercer la mansedumbre en todas las circunstancias.

Vivir con mansedumbre las contradicciones

Conservar la mansedumbre cuando se presentan las pruebas o las contradicciones es difícil. Esta virtud sobrenatural se había convertido en tan natural en la santa de Paray que, incluso en sus frecuentes enfermedades, hacía prueba de una paciencia y de una aceptación que conmovía a su entorno. Sor Isabel de la Garde cuenta que, en sus grandes sufrimientos, Margarita María no dejaba escapar ninguna palabra que no fuera: «Oh, Dios mío, ¡mi amor!» Por otra parte, se mostraba particularmente afable con las religiosas que se mofaban de su experiencia espiritual. La misma Sor Isabel de la Garde refiere:

> A todas estas cosas sólo respondía con paciencia, humildad y mansedumbre y, en las oraciones que pedía a sus amigas que rezaran por las personas que hablaban mal de ella, de lo que estaba muy bien informada, decía que eran manzanas de amor que su Muy Amado le enviaba[10].

Cómo crecer en mansedumbre

Aunque estemos muy lejos de alcanzar este nivel de virtud, sin embargo, el ejemplo de Margarita María nos puede guiar. Gracias

---

10. *Vie et OEuvres de sainte Marguerite-Marie Alacoque*, publicadas por Mons. Gauthey, op. cit., tomo I, p. 544-546. Cf. Jean Ladame, op.cit. p. 168.

a ella, a la luz de su vida y de su enseñanza, podemos crecer en la práctica de la mansedumbre.

«Conectarse» a la mansedumbre de Cristo

Cuando se le pregunta al P. Andrés Sève por qué a muchos cristianos les cuesta amar a su prójimo, les cuesta manifestarle una bondad profunda, responde con esta reflexión llena de acierto:

> Tengo esta explicación. En mi camino no he frecuentado a cristianos persuadidos inquebrantablemente de que Dios los ama con ternura. La mayor parte no llegan a vivir esta verdad. Por lo tanto, ellos mismos no tienen esa ternura ni con Dios ni con sus hermanos. Las dos cosas van juntas: cuanto más se siente uno amado por Dios, más ganas tiene de ser bueno[11].

A los ojos de los que conciben la caridad como una simple *imitación* de la caridad de Cristo, que practican esta virtud de manera muy exterior al amor mismo de Dios, estas palabras parecen un poco etéreas. Pero cuando la caridad es vivida verdaderamente como una *participación* interior en la de Dios[12], la reflexión del P. Sève revela toda su pertinencia. Lo mismo que el brazo vertical de la cruz sostiene el brazo horizontal, nuestro amor al prójimo sólo dará fruto a condición de estar literalmente «conectado «con el amor vertical que viene de Dios.

Margarita María, estaba particularmente habitada por esta lógica «teologal» del amor, de la ternura hacia el prójimo. Si ella era tierna con los demás, era porque previamente Dios se mostraba manso y dulce en exceso con ella:

---

11. P. ANDRÉ SÈVE, *Avec Jésus, qu' est-ce que tu vis?,* éd. Le Centurion, 1978, p.11-112.

12. Así define santo Tomás la caridad fraterna: «La caridad por la que amamos a nuestro prójimo es una *participación* en el amor divino», *Suma teológica* IIa IIae q 23 a 2, ad 1.

El Sagrado Corazón me hizo comprender que, a la manera de los amantes más apasionados, sólo me haría gustar, durante este tiempo, lo más dulce que tenía en la suavidad de las caricias de su amor. En efecto, fueron tan exclusivas que, con frecuencia, me sacaban fuera de mí y me hacían incapaz de actuar[13].

Profundamente marcada por esta ternura de Dios, no dejaba de enseñar a sus hermanas que se volvieran hacia Dios para ser más dulces y humildes:

Ame constantemente al Sagrado Corazón de Jesucristo; pídale consejo en todas las dificultades, ayuda en todas sus necesidades, en todo lo que haga y sufra. Confórmese lo más que le sea posible con su humildad y su dulzura para con el prójimo, sobre todo con aquellos por quienes sienta más antipatía. Muéstrese con ellos más afable y condescendiente que con los demás. Ame a los que la humillen y contraríen, pues son más provechosos para su perfección que los que la halagan[14].

En ella se puede hablar de un verdadero «método» —en Dios y a partir de Dios— para practicar la mansedumbre en toda circunstancia, sobre todo cuando se presenten contradicciones que tienen justamente la capacidad de hacer perder esta virtud: «No tenía más que volverse hacia Dios, una simple mirada al Corazón de Jesucristo la calmaba y le convencía de que estaba equivocada»[15], relatan *Las contemporáneas*.

En el acompañamiento espiritual, son numerosas las personas que expresan una gran falta de paciencia con el esposo o con la esposa, con un hijo o con un colega de trabajo. Y por supuesto,

---

13. Santa Margarita María Alacoque, *Obras completas*, op. cit., «Autobiografía» n° 38, p. 147.

14. Ibid., «Consejos particulares, desafíos, instrucciones» n° 22, p.379.

15. *Vie et OEuvres de sainte Marguerite-Marie Alacoque*, op.cit., «Memoires des Contemporaines» n° 248, tomo I, p. 333.

cuando todo se ha desbordado, cuando la mansedumbre ha dejado paso a la cólera, esas mismas personas se culpan terriblemente y pierden toda caridad hacia ellas mismas[16]. Sin embargo, luchan con todas sus fuerzas contra este defecto, pero se desesperan, pues piensan que no van a lograr nada. Llenas de buena voluntad, quieren convertirse, amar, ser pacientes y mansas… pero permanecen en el nivel humano, a la altura de su propia virtud. ¿No es justamente ése el problema? Tendrían que, justo al contrario, aceptar su incapacidad para lograr la mansedumbre por sí mismas y dirigirse inmediatamente a Jesús, dulce y humilde de Corazón, para que venga a amar en ellas y por ellas. La piedad popular, ¿no nos hace decir: «Jesús, manso y humilde de Corazón, haz mi corazón semejante al tuyo»? *Digamos* y volvamos a decir esta plegaria, pero sobre todo *practiquemos* esta invocación en forma de petición de ayuda. Hemos titulado a propósito este epígrafe «Crecer en mansedumbre», jugando con las dos significaciones de la expresión. En efecto, no se crece en la virtud de la mansedumbre… ¡más que en la mansedumbre! Este aprendizaje, particularmente lento, requiere una abundante y tierna paciencia con uno mismo: es preciso hacer escalas en esta disciplina antes de pretender cantar uno solo, pero ¡lo importante es querer aprender a cantar!

---

16. El muy humilde san Francisco de Sales hace este análisis muy fino: «Pues, aunque la razón pide que si cometemos faltas nos sintamos tristes y contrariados, conviene no ser presa de una desazón despiadada y colérica. Por lo cual caen en grave error los que, estando encolerizados, se lamentan de haberse encolerizado, se entristecen de haberse entristecido, sienten despecho por haberse despechado […]. Además, estos movimientos de cólera, malhumor y desazón contra sí mismo son causa de orgullo y tienen su origen en el amor propio que nos turba e inquieta al vernos tan imperfectos», *Introducción a la vida devota*», tercera parte, Cap. IX, BAC, 2010, p. 124.

Ver benefactores «en los que nos irritan»

Para creer en el amor fraternal, para desarrollar la virtud de la mansedumbre, es particularmente bienvenido un doble reflejo de fe. Acabamos de ver el primero, que consiste en llamar al dulce Jesús para que nos vuelva mansos en las pruebas de lo cotidiano. Pero la adquisición de esta virtud necesita otra mirada de fe, sin la cual no despegaremos: ver a los que nos irritan —o a nuestros agresores— como benefactores. No nos limitemos al aspecto corrosivo de estos tratamientos de choque. Se trata, en efecto, de ver la mano de Dios detrás de la mano de quien nos daña, de ver el cuidado de Dios detrás del golpe infligido por nuestro agresor. Reconozcamos sencillamente que no sabemos amar, que luchamos por ser buenos y mansos. Nuestros agresores se presentan como los instrumentos de los que Dios se sirve para purificarnos de nuestras cerrazones y de nuestras mezquindades en el orden de la caridad. Concretamente: tan pronto como surja una contradicción o un daño, no neguemos el mal que sentimos, no neguemos el mal cometido por otro; pero en esta aceptación de la realidad, volemos prontos hacia Dios, bendigámoslo, ya que es él quien viene a purificar nuestro corazón y a suavizar nuestra agresividad; dejémonos hacer y mantengamos en la medida de lo posible la paz interior[17]; finalmente, persistamos en esta disposición interior para que, como dice Jesús, nuestra bondad venga del «fondo de nuestro corazón» (cf. Mt, 18,35). Una religiosa, Sor de la Mareschale, relata la reacción de Margarita María cuando le decía que se hablaba con falsedad de ella o que se habían emitido algunas críticas contra ella: «Dios sea bendito. Dios me ha hecho

---

17. Atención, acoger «todo en el abandono no es forzosamente «aceptarlo» todo. Podemos estar profundamente instalados en el abandono y combatir una injusticia y luchar contra un mal que nos alcanza. Las dos actitudes no se oponen, La oración atribuida a Marco Aurelio y retomada por Alcohólicos anónimos lo expresa muy bien: «Señor, concédenos serenidad para aceptar las cosas que no podemos cambiar, valor para cambiar las que sí podemos, y sabiduría para discernir la diferencia».

esta gracia: en esta ocasión, le ruego la agradezca por mí diciéndole un *Laudate*»[18].

Cultivar la dulzura con las personas poco atrayentes

Amar a los que nos aman es fácil, ser caritativo con los que se comportan así con nosotros es relativamente fácil, pero otra cosa es ser caritativos con las personas que nos desagradan. Sin embargo, serlo en estos casos es la ocasión privilegiada para ejercer la caridad desinteresada. Margarita María buscaba voluntariamente la compañía de las hermanas que le eran espontáneamente menos simpáticas para prestarles servicios. La Madre Greyfié confiesa que nunca se dio cuenta de hasta qué punto

... ella nunca se quejaba, ni que su corazón tuviera la más mínima frialdad o resentimiento contra el prójimo. Al contrario, yo admiraba su disposición, siempre dispuesta a conversar y ser empleada, tanto con las personas que la hacían sufrir como con las que le mostraban más amistad[19].

Cuando la salesa trabaje para extender más activamente la devoción al Sagrado Corazón, enseñará con toda sencillez lo que practicaba:

Si quiere, mi muy querida hermana, hacerse discípula e hija del Sagrado Corazón de Jesús, debe conformarse a sus santas máximas y hacerse dulce y humilde como él. Dulce para tolerar las pequeñas molestias, flaquezas y caprichos del prójimo, sin enojarse por las pequeñas contradicciones que le ocasione; antes, por el contrario,

---

18. Citado por Jean Ladame, *op.cit.,* p. 170.

19. *Vie et OEuvres de sainte Marguerite-Marie Alacoque, op.cit.,* «Mémoires des Contemporaines» n° 137, tomo I, p. 265.

prestándole de buen grado los servicios que pueda. Ese es el mejor medio para conseguir la amistad del Sagrado Corazón[20].

AMAR CON LA HUMILDAD DEL CORAZÓN DE JESÚS

Un vínculo intrínseco asocia mansedumbre y humildad: en efecto una auténtica mansedumbre es humilde y, recíprocamente, la humildad se muestra siempre mansa. Dicho esto, la una y la otra no se identifican hasta confundirse, cada una posee sus acentos particulares. Por otra parte, Jesús siente la necesidad de distinguirlas cuando habla de su Corazón, de su manera de amar: «Soy manso y humilde de corazón» (Mt 11,29).

Hemos descubierto que la mansedumbre es el fundamento de nuestro amor al prójimo. Ahora vamos a mostrar cómo la virtud de la humildad es vital para ejercer la caridad en la escuela del Corazón de Jesús.

Humildad y caridad

Dos razones principales explican la importancia de la humildad para el amor: por una parte, la humildad permite a la gracia divina llenarnos de caridad y, por otra, esta virtud es indispensable para sanar nuestro orgullo que hiere el amor fraternal.

La humildad atrae la caridad divina

La gracia divina se adelanta siempre a nuestra respuesta: sin ella, no podemos realizar el menor bien, el menor acto de caridad. *Primera*, la gracia es también la *última*, pues, cuando hemos

---

20. Santa Margarita María Alacoque, *Obras completas, op. cit.*, «Consejos particulares, Desafíos, Instrucciones» nº 50, p.419.

pecado, sólo ella puede levantarnos de nuestras caídas. Se comprende entonces muy bien que la gracia divina difícilmente podrá actuar si no encuentra un corazón de niño, plenamente convencido de que sin la gracia, «no podéis hacer nada» (cf. Jn 15,5). Cuanto más vacías de ellas mismas están las almas que el Espíritu encuentra, cuanto más grandes son las aberturas de humildad, más profusamente entra en ellas: «Dios resiste a los soberbios y da su gracia a los humildes» (1P 5,5).

La humildad cura el orgullo

Los enemigos de la humildad son el orgullo, la vanagloria y los celos. El orgullo, pecado capital, falsea y rompe la relación con el otro.

- Falsea ante todo nuestras relaciones mutuas. En efecto, a nuestro orgullo le apena afrontar el espectáculo de nuestra indigencia y de nuestra pobreza. Para esconder esta poco reluciente miseria, nos mueve a inventar un personaje que en verdad no somos, hasta que la relación con el otro ya no es verdad, todo está falseado.

- Más aún, el orgullo rompe las relaciones humanas. El corazón engreído tiene tal miedo a no ser amado y adulado que se ensoberbece desmesuradamente de cara al prójimo, hasta aplastarlo con el fin de mantener siempre el primer lugar. Tal postura interior no puede más que quebrar profundamente las relaciones. San Juan Clímaco dice que el orgulloso «no tiene necesidad del demonio, pues se ha convertido para sí mismo en un demonio y un enemigo»[21].

Tal análisis nos convence sin dificultad de que la humildad no es una virtud superflua: es vital para las relaciones interpersonales y se revela también como una virtud altamente «política», permitiendo la armonía y la paz entre los pueblos. Algunos

---

21. SAN JUAN CLÍMACO, *L'Échelle*, XXII, 25.

—son pocos— parece que han nacido con esta humildad, otros —la gran mayoría— deberán adquirirla costosamente. A esta virtud se accede por tres grandes puertas: la *conversión,* la *revelación* y la *humillación.*

Ser humilde a través de la «conversión»

Como toda virtud, la humildad no se obtiene a pesar de nosotros: se trata de un trabajo conjunto entre Dios y el alma. Comencemos por pedir esta virtud con todas nuestras fuerzas a Dios Todopoderoso, que nunca se niega a darla. Además, es necesario practicarla, cultivarla, lo que no se hace sin una ascesis dolorosa. En efecto, en el orden de la humildad, conoceremos éxitos, a veces, y sufrimientos y caídas, a menudo. Pero esto no es grave, siempre que no lo hagamos voluntariamente. Y además, éstas son debilidades que, cuando son enseguida «entregadas» al amor divino, van justamente a volvernos humildes recordándonos constantemente que necesitamos ser salvados por Dios. Margarita María cuenta cómo Jesús puso en acción esta pedagogía tan particular en la vida de joven religiosa:

> Pero, ¡ay de mí que no soy fiel y caigo con frecuencia!: me parecía que a veces Él gozaba con esto, tanto para confundir mi orgullo, como para establecerme en esa desconfianza propia, viendo que sin Él no podía obrar más que lo malo y tener continuas caídas sin poder levantarme. Entonces, el soberano Bien de mi alma venía en mi ayuda y, como buen Padre, me tendía sus brazos amorosos diciéndome: «Sabes bien que nada puedes sin Mí». Con esto me derretía en afectos de gratitud hacia su amorosa bondad[22].

---

22. Santa Margarita María Alacoque, *Obras completas, op. cit.,* «Autobiografía» n° 71, p. 185.

Ser humilde a través de la «revelación»

El combate para conseguir la humildad es importante, pero finalmente no producirá más que unos pocos frutos. Al cabo de muchos años sólo habremos conseguido dar probablemente un salto de pulga. ¿Nos desanimaremos por eso? ¡No! Las raíces del orgullo están tan profundamente enraizadas en nosotros que sólo lograremos arrancar las de la superficie. Sólo Dios puede extirpar nuestras raíces de autosuficiencia: «Hijos, dijo Jesús a sus discípulos, ¡qué difícil es entrar en el Reino de Dios! [...] Para los hombres, imposible, pero no para Dios: pues todo es posible para Dios» (Mc 10,25). Lo que busca Jesús son almas que manifiesten una voluntad real de humildad, incluso si su combate por alcanzarla parece fútil. Atraído por esta buena voluntad, Dios va entonces a tomar las cosas en su mano. Se va a acercar al alma que busca y va a revelarle su grandeza y, por contraste, va a poner de relieve la pequeñez de su interlocutor: revelando su luz, Dios pone de relieve las zonas de sombras del alma. Esta operación de verdad es dolorosa para la persona, pues le parece que Dios se aleja de ella, la repele y que, confrontada por la revelación repentina de sus tinieblas interiores, retrocede en la práctica del bien. Pero no es así, es todo lo contrario. ¡Los cristianos tienen necesidad de afrontar los desafíos de estos periodos de purificación, tentados como están de desconfiar de Dios y de ellos mismos! Digámoslo de nuevo: en esos momentos Dios no se ha alejado, sino que está con nosotros. Si en ese momento crucial el alma consiente en no mirarse a sí misma para abandonarse mejor en la misericordia de Dios, entonces saldrá humilde de la prueba, feliz de descubrirse tiernamente amada por su Padre:

> Aplíquese pues estas palabras: «Si no os hacéis como un niño pequeño, enseña Margarita María a una novicia, no entraréis en el Reino de los Cielos». Y creo que para usted hacerse pequeña consiste

en la humildad de corazón y la sencillez de espíritu. Me parece que por estas dos virtudes llegará la perfección que Dios pide de usted[23].

Ser humilde a través de la «humillación».

Seguro que hemos oído alguna vez esta reflexión de Bernardita de Lourdes: «Hacen falta muchas humillaciones para alcanzar un poco de humildad». La frase no es especialmente atractiva, pero Bernardita tiene razón. Hay que entenderla en su totalidad y escuchar con verdad lo que dice Bernardita, que por otra parte no hace más que inscribirse en la gran tradición espiritual[24]: la humillación no es un fin en sí mismo, sino que persigue un bien superior, la humildad. Precisemos, además, que la humillación no produce por sí misma la humildad. Lo importante es la manera de vivir esa humillación. Bajo el peso de una contradicción, puedo, en efecto, reaccionar con cólera: en ese caso, la humillación sólo producirá cólera. Puedo sufrir una humillación con rebeldía y deseos de venganza: la humillación en cuestión sólo producirá violencia. Para que una humillación produzca en nosotros humildad, primeramente, hay que tener una mirada de fe en la mano invisible de Dios que se esconde detrás de la humillación. Es necesario no oponer resistencia a la acción purificadora del Espíritu, así como mucho amor y perdón hacia el que nos humilla. Precisemos finalmente que no hay ninguna necesidad de inventarse humillaciones, la vida se encarga muy bien de servírnoslas, graciosa y cotidianamente en una bandeja, ¡comencemos por comer el contenido de ese plato! La sabiduría de Margarita María lo constata:

---

23. Ibid., «Consejos particulares, Desafíos, Instrucciones» nº 9, p. 355.
24. Algunos siglos antes, san Bernardo escribía lo mismo: «La humillación conduce a la humildad, como la paciencia a la paz y el estudio a la ciencia», *Carta* 87.

No evite las ocasiones de humildad, ni las que puedan rebajarla y envilecerla tanto a los ojos de las criaturas como a sus propios ojos. Porque Jesucristo la ama, le proporcionará frecuentemente las ocasiones[25].

Estas humillaciones, a «cultivar», a tratar con una atención muy particular, serán causadas principalmente por nuestros propios pecados y por otros fracasos, pero también por las palabras y las acciones de otros.

Humillaciones causadas por nuestros errores

Un alma que no ha probado aún la amarga prueba de su miseria todavía no ha entrado en los caminos del Espíritu. Sí, el descubrimiento de nuestra indigencia —que se manifiesta por una falta, un pecado recurrente o un fracaso estrepitoso— es una terrible prueba para el orgullo. Pero, por eso mismo, es una ocasión propicia para sumergirse en la bendita humildad. ¡No desperdiciemos nuestros fracasos! Me parece cada vez más que la humildad profunda consiste no en despreciarnos, sino en dejar de mirarnos a nosotros mismos para así vernos continuamente en los ojos de Dios.

Humillaciones causadas por otros

Se puede humillar a otro de muchas maneras: por maldad gratuita, por celos e incluso por deseo de hacerle un bien. A propósito de las inevitables vejaciones en comunidad o en sociedad, Margarita María da sabios consejos a sus novicias.

El Sagrado Corazón, dice, la rechazará si se deja llevar de la vanidad estimándose a sí misma, por el deseo de aparentar y ser considerada. Pero, por el contrario, tendrá particular cuidado y amor por

---

25. Santa Margarita María Alacoque, *Obras completas, op. cit.,* «Consejos particulares, Desafíos, Instrucciones» n° 46, p. 414.

usted si se mantiene humilde, dentro de sí misma, siendo mansa y constante en sufrir las abyecciones y humillaciones que le serán quizá tanto más sensibles cuanto más pequeñas y poco notables son en apariencia[26].

Para que estas humillaciones nos conduzcan a ser más humildes, y por lo tanto más caritativos, nuestra maestra de novicias nos invita a no buscar justificarnos, sino a desarrollar una mirada de fe:

> Cuando la acusen, piense que Jesucristo no se excusó y que, a ejemplo suyo, usted no se debe excusar, aun cuando no fuera culpable de aquello de que se la acusa. Además, ¿cuántas otras faltas ha cometido, de las que no la han acusado[27]?

AMAR CON DESPRENDIMIENTO

Acabamos de verlo, Cristo enseña que la humildad y la dulzura son primordiales para un cristiano que aspira a amar a la manera de Dios. Además de estas dos virtudes, hay otra que también es muy fundamental para el ejercicio de una caridad auténticamente cristiana: el desprendimiento. Visto el lugar que Cristo da al desprendimiento en la formación de santa Margarita María, y considerando la importancia que ella misma le da ante las novicias, no podemos ocultar lo que puede ser considerado como una columna vertebral de la caridad hacia el prójimo.

---

26. Ibid., «Consejos particulares, Desafíos, Instrucciones» n° 23, p. 381.
27. Ibid., n° 45, p. 41.

Desprendimiento y caridad

Para desprenderse, ¿hay que dejar de amar?

Antes incluso de reflexionar sobre el desprendimiento —y el desapego— es importante hacer un análisis sucinto de él. Esto permitirá evitar muchas incomprensiones, porque esta expresión tiene para muchos una connotación negativa: el desprendimiento es percibido como una obligación penosa, a veces incluso como contraria al amor. Pero el desprendimiento o el desapego no consiste en no amar al esposo o a la esposa, ni en ser indiferente con los hijos o con los padres. ¿Cómo podría ser así, si Jesús nos invita a amar al otro con todo nuestro corazón? Es este mismo Jesús el que también dice: «El que ame a su padre o a su madre más que a mí, no es digno de mí» (Mt 10,37). El desprenderse es pues indispensable para amar al prójimo y para dejarse atrapar por el amor de Dios. No hay ninguna *oposición* entre amor a Dios y amor al prójimo, sino una *jerarquización*: Jesús nos invita a amar de todo corazón al prójimo, pero «en» Dios, que es el origen y el fin de todo impulso de amor. «Y como su único propósito, al hacerse religiosa, enseña de nuevo Margarita María, fue entregarse toda a Jesucristo, es preciso que Él sea todo en todas las cosas»[28].

---

28. Ibid., «Consejos particulares, Desafíos, Instrucciones» n° 29. p. 392-393. Santa Teresita conjuga con un maravilloso equilibrio amor a las criaturas y amor a Dios. En primer lugar, ella no «echa» a los miembros de su familia para ser toda de Dios: «Teófano Vénard quería mucho a su familia, y yo también quiero mucho a mi «pequeña» familia. No entiendo a los santos que no aman a su familia». (*Últimas conversaciones, Cuaderno amarillo,* 21/26.5.1). Desde otro punto de vista, confiesa humildemente que ha tenido necesidad, como todo el mundo, de aceptar irrenunciables y profundos desprendimientos en sus afectos, incluso en los más legítimos: «Sentía que Dios quería alejarme no sólo de las seducciones del mundo, sino también de todo vano apego a la criatura que turba el corazón, incluso si ella es inocente, porque es imposible no caer en excesos». (*Proceso Apostólico* 1915-1917, Teresianum, Roma, 1976, p. 173).

Origen de los apegos desordenados

Sólo Dios es Absoluto, capaz de colmar la sed de infinito que habita en el corazón del hombre creado a imagen de Dios: «Nos has hecho, Señor, para ti y nuestro corazón está inquieto hasta que descanse en ti», dice san Agustín[29]. Ahora bien, desde el pecado original, el hombre, separado de su divina Fuente, se ha vuelto hacia lo creado, esperando obtener de los bienes y de las criaturas ese absoluto divino, único que puede saciar su hambre: «Cambiaron la verdad de Dios por la mentira y adoraron y sirvieron a la criatura en vez de al Creador» (Rm, 1,25). ¡Qué caída! Lo finito no puede dar lo infinito. En los *Consejos particulares* de Margarita María, se encuentran estas palabras:

> Si Él [el Corazón de Jesús] os hace encontrar amargura e inconstancia en las criaturas es porque os ama y no quiere que os apeguéis a lo perecedero, sino a Él, que es el único que puede contentar vuestro corazón, y lo contentará efectivamente y lo llenará a medida que lo vaciéis de las criaturas[30].

Necesidad del desprendimiento para amar verdaderamente

Acabamos de ver cómo aparecen los apegos desordenados. Tratemos ahora de entender cómo estos malos apegos paralizan un amor justo a Dios y a las criaturas.

- Cuando la criatura se convierte en un fin en sí misma, interrumpimos de alguna manera nuestro vuelo hacia Dios, lo que a su vez le impide a Él darse a nosotros como quisiera[31]. «El adorable

---

29. Cf San Agustín, *Confesiones* I, I, PL, 32 661.

30. Ibid.,«Consejos particulares, Desafíos, Instrucciones» n° 7, p. 353.

31. Según san Juan de la Cruz, el amor asimila al amante con el objeto amado y lo coloca incluso bajo su yugo., volviendo estéril la unión con Dios. «Y así, el que ama criatura, tan bajo se queda como aquella criatura, y, en alguna manera, más abajo; porque el amor no solo iguala, más aún, sujeta al

Corazón de Jesús quiere corazones desprendidos de todo», dice la santa de Paray[32]. Y precisa en otro lugar: «Tenéis un esposo celoso que quiere poseer absolutamente vuestro corazón [...]. Si no expulsáis de él a la criatura, Él se irá; si no la dejáis por su amor, Él os dejará, os retirará el suyo. No hay punto medio»[33]. Siendo el Corazón de Cristo la fuente de nuestro amor al prójimo, estos apegos desordenados a las criaturas paralizan inevitablemente el don de Dios.

- Si nuestro amor, dañado por el pecado, nos impulsa a poseer al otro, debemos aprender a modificar esta manera de funcionar, a combatir esta tendencia de buscarnos a través de los otros: «Vuestro corazón se derrama demasiado en la criatura y se funda más en ella que en el Creador. El amor de las criaturas es un veneno en vuestro corazón que mata el amor de Jesucristo. A medida que busque la estima de las criaturas e insinuarse en su amistad se nos introducen en sus atractivos, perderá la del Sagrado Corazón»[34].

Estas consideraciones ciertamente permitirán a más de un lector entrever las dimensiones eminentemente positivas del desprendimiento. Desprenderse de lo creado y de las criaturas no consiste en sacrificarse por placer, y mucho menos en volverse frío y distante en el amor. Se trata de liberar las fuerzas del amor-don que han sido atadas por el amor posesivo con el fin de poder amar de manera más desinteresada. El horizonte del *desprendimiento*

---

amante a lo que ama. Y de aquí es que, por el mismo caso que el alma ama algo, se hace incapaz de la pura unión de Dios y su transformación; porque mucho menos es capaz la bajeza de la criatura de la alteza del Criador que las tinieblas lo son de la luz», *Subida al monte Carmelo,* Editorial Monte Carmelo, libro I cap. 4, p.170-171.

32. Santa Margarita María Alacoque, *Obras completas, op. cit.,* «Consejos particulares, Desafíos, Instrucciones» n° 29, p.392.

33. Citado por Jean Ladame, *op.cit.,* p. 297

34. Santa Margarita María Alacoque, *Obras completas, op. cit.,* «Consejos particulares, Desafíos, Instrucciones» n° 47, p.415.

no se cierra pues sobre sí mismo: cuando está bien vivido, es en vista a un mayor *apego* en el amor.

Desprendimiento «activo»

Como en toda virtud, el desprendimiento se adquiere progresivamente y según dos modalidades: pasividad y actividad.

Comencemos por el desprendimiento activo: el alma deberá trabajar voluntariamente en corregirse. El acompañamiento espiritual que Margarita María prodiga a sus jóvenes novicias es extremadamente concreto, encarnado. A una joven religiosa que le confía que se encuentra prisionera de un afecto más o menos posesivo hacia otra hermana, la maestra de novicias le proporciona los siguientes consejos:

> He aquí los medios que hay que emplear: en lugar de ese afán que siente por ella, trate de conseguir gran indiferencia en todo lo que la concierne, no hablando más que por necesidad, procurando no ponerse cerca de ella en las conversaciones, no agasajándola con palabras afectuosas ni con testimonios de complacencia. Dígale simplemente que Nuestro Señor os ha hecho conocer que el apego que le tenía era un obstáculo para su perfección. Y cuando haya cometido alguna falta voluntaria en lo que le digo, vaya a acusarse[35].

La luz arrojada sobre este apego desordenado fue posible porque la hermana en cuestión supo reconocer y confesar su dificultad con mucha sencillez. Una buena dosis de humildad es a menudo la base del trabajo de desprendimiento. El príncipe de las tinieblas tiene, en efecto, horror de ver las obras oscuras expuestas a la luz, pues sabe que ¡en ese momento está perdiendo un cliente! Margarita María no deja de poner en guardia a su novicia contra este demonio del silencio:

---

35. Ibid., «Consejos particulares, Desafíos, Instrucciones» n° 12, p. 362.

Fíjese en que es el demonio el que intenta quitaros la sencillez necesaria para descubrirse a a sí misma, para impediros de esa manera romper ese vínculo por el que os tiene atados y para impedir que os unáis al Sagrado Corazón de Nuestro Señor, el cual se retirará de vuestra alma si os apegáis a alguien más que no sea Él[36].

Incluso si, por gracia o por temperamento, no somos tentados por este tipo de amistad posesiva, todos tenemos que aprender cuál es la distancia correcta en las relaciones. Y sin duda tendremos que regresar a ello muchas veces antes de llegar a esa libertad de amar. La enseñanza de la salesa del siglo XVII se revela de una asombrosa actualidad, al estar nuestras sociedades de hoy tan confundidas y sumidas en la confusión de géneros.

Desprendimiento «pasivo»

Nunca debemos relajar la ascesis activa. Pero si estamos más atentos a lo que vivimos, nos asombraremos de las ocasiones favorables que la Providencia nos ofrece para despegarnos más de lo creado y de las criaturas. Esto nos pone ante una purificación más «pasiva», de la que a continuación damos unos ejemplos concretos.

Algunas situaciones de desprendimiento

Los desprendimientos a realizar pueden estar provocados simplemente por decepciones en las relaciones: distancias, celos. Para purificar los apegos desordenados, Dios se sirve la mayor parte de las veces de mediaciones segundas:

¡Ah!, mi querida hermana, si pudiéramos comprender el ardiente amor que tiene por nosotros […]. Este amor hará que abrace fácilmente todas las ocasiones de mortificación y de humildad, como

---

36. Ibid.

medios que le presenta para unirse a Él, santificándose. No conserve nunca resentimiento alguno hacia las personas de quienes se sirve para procurárselo[37].

Para este trabajo de desapego, Dios se va a servir hasta de «personas de bien», persuadidas de hacernos bien al mortificarnos. Para no ser pillada por sorpresa, para que no caiga en el abatimiento, Jesús indica claramente a Margarita María que, detrás de las personas consagradas que la hieren, es Dios mismo quien la cura y la levanta.

> Te honro mucho, mi querida hija, al servirme de instrumentos tan nobles para crucificarte. Mi Padre eterno me entregó en manos crueles de verdugos despiadados para crucificarme y yo, para crucificarte, me sirvo de personas dedicadas y consagradas a mi servicio, a cuyo poder te he entregado y por cuya salvación quiero que me ofrezcas todo lo que te harán sufrir[38].

Conducta a seguir cuando Dios nos pone a prueba

En todos los casos, lo mejor es que nos dispongamos a dejarnos purificar con *pasividad*. No es fácil oír hablar de pasividad cuando la educación cristiana nos ha hablado sólo de «acción», de compromiso y de servicio. Aún es menos fácil dejarse hacer por lo invisible cuando nuestra personalidad siempre ha sido impulsada a moldearse por sí misma.

Cuando la purificación se presente, lo importante es abandonarse y, por supuesto, no oponer resistencia a la acción divina. La experiencia nos hará comprender interiormente que no nos conviene discutir cuando el divino cirujano está operando, aunque sus cortes de escalpelo sean dolorosos:

---

37. Ibid., «Consejos particulares Desafíos, Instrucciones» n° 7, p.3 53-354.
38. Ibid., «Autobiografía» n° 86, p. 207-208.

Dejar obrar al Amado, enseña la santa de Paray a Sor de la Bage, para dejarle cortar, quemar y matar en nosotras todo lo que le desagrada, siguiéndolo a ciegas sin entretenernos en mirar ni reflexionar sobre nosotras mismas para ver qué hacemos […]. Por querer hacer demasiado, le estáis impidiendo avanzar en la obra de vuestra perfección[39].

Beneficios de los desprendimientos

Sentir repugnancia ante estos dolorosos desprendimientos es completamente normal al principio. Pero, desde el momento en que comencemos a comprender la pedagogía divina de liberación que en ellos se esconde, dichas renuncias se harán necesarias: entonces nos costarán menos, llegaremos incluso a desearlas.

Atentos a las emociones espirituales que nos causan, observaremos que estos apegos desordenados a nosotros mismos, a lo creado y a las criaturas, provocan agitación interior y nos privan de una cierta tranquilidad de alma: «El Sagrado Corazón no permitirá que encontréis verdadero descanso más que en el perfecto desasimiento de la misma criatura»[40]. Cuando el alma acepta este trabajo de desprendimiento o desasimiento, gusta muy rápidamente una paz inmensa: la persona reencuentra su orientación profunda, colocando a Dios en el centro y amando a las criaturas en su justo lugar, sin buscar poseerlas más o menos frenéticamente:

Solamente en el perfecto desasimiento de sí misma y de todo lo que no es Dios, encontrará la verdadera paz y la perfecta felicidad, pues no teniendo nada, lo tendrá todo en el Sagrado Corazón de Nuestro Señor, que por ese medio la quiere salvar. No dé, pues, importancia más que a lo que le ayude a desasirse y despojarse[41].

---

39. Ibid., «Cartas» n° 88 a Sor de la Bage, p.796.
40. Ibid., «Consejos particulares, Desafíos, Instrucciones» n° 1, p. 350.
41. Ibid., n° 19, p. 372.

EL SAGRADO CORAZÓN Y LA VIDA CONSAGRADA

Este capítulo trata sobre el amor en la escuela del Sagrado Corazón. Ahora bien, en los escritos de Margarita María, Jesús manifiesta a menudo grandes expectativas respecto de los consagrados. Por lo tanto, queremos recordar, al final de este capítulo sobre la caridad, este vínculo tan poderoso que une el Corazón de Jesús a la vida consagrada.

Hace algunos años predicaba un retiro cuyo público estaba constituido por seglares y religiosos. Al tratar de la belleza, pero también de las exigencias de la vida espiritual, hice alusión a la vida consagrada. Precisé que, en ese estado de vida, la disponibilidad al Espíritu Santo debería estar muy enraizada, pero que, desgraciadamente, no siempre era así[42]. Al finalizar la jornada, recibí de una superiora un correo reprochándome haber criticado la vida religiosa a los ojos de un auditorio seglar. Leyendo aquel correo, me quedé muy confundido por haber herido a alguien, cuando esa no era mi intención. Por la noche, pedí al Espíritu Santo que me indicase en qué había faltado a la caridad. Al día siguiente, al despertarme, cuando no pensaba en absoluto en la petición que había formulado la víspera, vinieron a mi alma unas palabras de Cristo a Margarita María, oídas o leídas algunos años antes. Fue como si Jesús mismo respondiera a mi petición del día anterior diciéndome:

> Cuando me aparecí en Paray-le-Monial, ¿no expresé un gran sufrimiento procedente de las almas consagradas? Si yo lo he hecho,

---

42. Ya en su tiempo, el santo cura de Ars decía: «¡Qué hermoso estar acompañado por el Espíritu Santo! ¡Y pensar que hay tantos que no quiere seguirlo!», BERNARD NODET, *Jean-Marie Vianney curé d'Ars. Sa pensée, son coeur, op. cit.*, p. 55.

tú tienes el derecho de recordárselo a la gente y sobre todo a mis consagrados.

Por la mañana me encontré a aquella superiora y le dije con una cierta inocencia: «Estaba tan apenado por haberla herido que he pedido a Jesús que me diera las palabras que debía decirle. Y esto es lo que he recibido…» Entonces le conté lo que había percibido en la oración de la mañana. Además, añadí que yo mismo me sentía concernido por el reproche de Jesús a las almas consagradas, pues, como sacerdote, ¿no era yo también una persona consagrada? La superiora, un poco avergonzada, pasó rápidamente a otro tema.

Esta anécdota es una invitación a releer lo que Jesús le dijo a la santa de Paray. Estamos en el mes de junio de 1675, en el curso de lo que se llama la gran revelación del culto al Sagrado Corazón. Jesús le descubre a la salesa su divino Corazón y le dice las siguientes y conocidas palabras:

He aquí este Corazón que tanto ha amado a los hombres […] y en respuesta no recibo de la mayor parte más que ingratitudes […] pero lo que me es aún más sensible es que los que así me tratan son corazones que *me están consagrados*[43].

¿Cómo comprender estas quejas de Jesús? ¿Por qué parece que Jesús sufre más por las almas consagradas que por las otras? Este diálogo asombroso entre Jesús y Margarita María puede darnos un esbozo de respuesta:

El primer día del año, nuestra hermana Margarita María estaba rezando por tres personas que habían fallecido, dos eran religiosas y la otra seglar. Nuestro Señor le presentó a las tres diciendo: «¿A quién quieres que libere como regalo de año nuevo?» Margarita María, inclinándose profundamente, le rogó a Nuestro Señor que hiciera él

43. Santa Margarita María Alacoque, *Obras completas*, op. cit., «Autobiografía» n° 92, p. 214

mismo la elección, según lo que contribuyera a su mayor gloria y a su divino gozo. Entonces, liberó el alma de la persona seglar, diciendo que le costaba menos ver sufrir a las personas religiosas porque les daba a estas más medios para expiar sus pecados durante esta vida, por la fiel observancia de sus reglas[44].

Dios se muestra pues más exigente con las almas escogidas, pues, por su estado de vida, poseen más medios de purificación y de santificación que los seglares que viven en medio del mundo. Añadamos esto: cuando se ama, se espera más del ser amado y, en caso de indelicadeza o de traición por su parte, sufrimos más. La queja de Dios a su pueblo que ha sido infiel —«Pueblo mío, ¿qué te he hecho? ¿En qué te he molestado? Respóndeme» (Mi 6,3)— permite vislumbrar el gran sufrimiento de Jesús causado por el aburguesamiento y los pecados cometidos por las almas elegidas, a las que llama a una más grande intimidad de amor. Todo esto es muy difícil de entender para los espíritus atrapados en el igualitarismo que actualmente hace estragos, hasta en el seno de la misma Iglesia. Lo que espera Dios es proporcional a los dones otorgados a las personas consagradas: «A quien se le ha dado mucho, mucho se le exigirá, y al que le encomendaron mucho, mucho le pedirán» (Lc 12,48). Estas consideraciones ayudan a entender mejor por qué los sufrimientos purificadores en el más allá serán proporcionados a las llamadas de amor defraudadas del Maestro. Una religiosa muerta desde hacía tiempo, que sufría mucho en el purgatorio, se manifestó a Margarita María para pedirle que intercediera por ella. El alma de la religiosa difunta le explicó que sus sufrimientos purgativos eran debidos a las numerosas negligencias durante su vida terrena:

Me desgarran el corazón con peines de hierro candente —que es mi mayor dolor— por los pensamientos de murmuración y de

---

44. *Vie et OEuvres de sainte Marguerite-Marie Alacoque, op.cit.*, «Écrits de la mère Greyfié», tomo I, p. 440.

desaprobación en que me detuve contra mis superiores y mi lengua está comida por los gusanos en castigo por las palabras que he dicho contra la caridad. Y por mi falta de silencio tengo la boca toda ulcerada. ¡Ah, cuánto desearía que todas las almas consagradas a Dios pudieran verme en tan terrible tormento! ¡Si yo pudiera hacerles sentir la magnitud de mis dolores y de los que están preparados a los que viven con negligencia su vocación, sin duda que caminarían con otro fervor en la exacta observancia y cuidarían de no caer en las faltas que tanto me hacen sufrir[45]!

Pero, me dirán, la misericordia de Dios es tan grande que puede, en cualquier momento, volver a llamar a un consagrado que se había vuelto mediocre o infiel. Sí, estamos convencidos de que puede hacerlo. Pero la gracia pasa y, a veces, no volverá con la misma fuerza si se la ha despreciado abiertamente:

Piense que esta misma gracia, enseña Margarita María, que ahora os solicita tan vivamente y a la que se resiste tantas veces, se cansará, se amortiguará poco a poco y se retirará de usted, dejando su alma como tierra seca y estéril […], pues viene y pasa y no vuelve más. Después la buscamos y la pedimos sin poderla obtener, porque entonces se burla de nosotros, como antes nos burlamos nosotros de ella. Esto es lo que les ocurre a las almas tibias a las que el Señor acaba por vomitar de su Sagrado Corazón: las abandona a sí mismas[46].

He remarcado más de una vez lo bueno que es divulgar estos diálogos misteriosos entre las almas del purgatorio y Margarita María: pueden provocar un verdadero efecto que incite a los sacerdotes a salir de una vida más o menos mediocre, para su mayor felicidad y su rejuvenecimiento interior. Para ello es preciso acoger estas palabras como deben ser comprendidas, no como

45. Santa Margarita María Alacoque, *Obras completas, op. cit.,* «Escritos por orden de la Madre de Saumaise» n° 50, p. 297.

46. Ibid.,«Consejos particulares, Desafíos, Instrucciones» n° 22, p.378.

condenaciones, sino como la expresión de la inmensa consideración y de la extraordinaria paciencia de amor del Corazón de Jesús hacia ellos.

Tratemos ahora de vislumbrar en qué direcciones trabajar para nuestra conversión. Los intercambios íntimos entre Jesús y Margarita María a propósito de la vida consagrada se refieren principalmente a tres grandes temas: desprendimiento, obediencia y caridad fraterna.

Los desprendimientos

Los desprendimientos que debe vivir un alma consagrada son los mismos que los de un laico en el corazón del mundo, pero sus votos religiosos los hacen más atractivos y radicales. Un día de la Asunción, la Madre de Dios muestra a la salesa que está muy contenta con las religiosas de la Visitación, pues son las esposas de su hijo. Pero, por otra parte, la Virgen María está triste por el apego al mundo de algunas: «Ella me hizo ver, cuenta Margarita María, que para un alma religiosa es muy importante desprenderse de todo y de ella misma, para que su conversación esté en el cielo»[47].

Esta otra comunicación entre un alma del purgatorio y la santa del Sagrado Corazón dirá mucho a todo sacerdote que ejerce su apostolado en pleno mundo:

> Otra vez, cuando estaba delante del Santísimo Sacramento el día de su festividad, de pronto, se presentó delante de mí una persona hecha toda fuego […]. El deplorable estado en el que me dio a conocer que se hallaba en el purgatorio me hizo derramar abundantes lágrimas. Me dijo que era aquel religioso benedictino con el que me había confesado una vez.

---

47. Vie et OEuvres de sainte Marguerite-Marie Alacoque, op.cit., «Memoires des contemporaines», n° 112,

El sacerdote difunto explicó entonces a nuestra santa la causa de sus sufrimientos purificadores:

> Me dijo que la causa de sus grandes sufrimientos era que había preferido su propio interés a la gloria divina, por demasiado apego a su reputación; lo segundo, por falta de caridad con sus hermanos, y lo tercero, por el exceso de afecto natural que había tenido a las criaturas y los demasiados testimonios que había dado de ello en las conversaciones espirituales, lo cual desagradaba mucho al Señor[48].

Para Dios, la obsesión por nuestra reputación, que se manifiesta bien por un cierto arribismo, bien por un laxismo en el anuncio de la verdad, no es un detalle anodino. Y lo mismo ocurre con la falta de castidad en el acompañamiento y la proximidad con las almas. A través de la confesión de este sacerdote difunto, que cada sacerdote o religioso apostólico se deje interrogar sobre su manera de ser sacerdote ante a las almas.

La obediencia

Para muchos, el voto de obediencia es más difícil de comprender que el de celibato en castidad. El espíritu de independencia y el orgullo de la inteligencia son tales hoy en día que la obediencia religiosa efectivamente es percibida como deshumanizante[49]. El ministerio de predicación de retiros a religiosos y religiosas me permite medir hasta qué punto esta virtud se ha vuelto realmente difícil de practicar.

---

48. Santa Margarita María Alacoque, *Obras completas, op. cit.*, «Autobiografía» n° 98, p. 219-220.

49. «Pero no podemos olvidar que cuando la libertad se hace arbitraria y la autonomía de la persona se entiende como independencia respecto al Creador y respecto a los demás, entonces nos encontramos ante formas de idolatría que no sólo no aumentan la libertad, sino que esclavizan», *Congregación para los Institutos de vida consagrada y las sociedades de vida apostólica, El Servicio de la autoridad y la obediencia*, 2008, n° 2.

Tomemos un poco de perspectiva para superar el pensamiento ambiente y ponernos a la escucha de Cristo. En primer lugar, notemos que Jesús se siente particularmente atraído por las almas obedientes: «Amo la obediencia y sin ella no se me puede agradar»[50]. Si Jesús se alegra en compañía de las almas obedientes, por otra parte, manifiesta un profundo disgusto hacia las almas rebeldes, intrínsecamente desobedientes:

> Escucha bien estas palabras de la boca de la verdad: todos los religiosos separados y desunidos de sus Superiores deben considerarse como vasos de reprobación [...]. Estas almas son rechazadas de tal modo por mi Corazón que cuanto más procuran acercarse a Él por medio de los sacramentos, oraciones y otros ejercicios, más me alejo por el horror que tengo de ellas[51].

Poco después de estas cortantes palabras, le fueron mostradas a Margarita María

> gran número de almas religiosas que, por haber tenido alguna desunión con sus superiores, se habían visto privadas del socorro de la Santísima Virgen y de los Santos y de la visita de sus ángeles custodios en medio de las terribles llamas del Purgatorio[52].

Esta virtud de la obediencia es un resorte tan poderoso para el avance espiritual del alma que Jesús la prefiere a las privaciones: «Y bien, hija mía, ¿piensas poder agradar a Dios traspasando los límites de la obediencia, que es el principal sostén y fundamento de esta Congregación y no las privaciones?»[53]. Con la obediencia al Espíritu Santo, por mediación de los superiores, la persona rompe poco a poco las rigideces de su propia voluntad y se hace

---

50. Santa Margarita María Alacoque, *Obras completas, op. cit.,* «Autobiografía» nº 47, p. 158.

51. Ibid., «Fragmentos» nº 4, p. 323.

52. Ibid.

53. Ibid., «Autobiografía» nº 37, p.146.

así más dócil a las mociones del Espíritu Santo. Estas almas gustan entonces de esa alegría profunda que es fruto de la libertad en el Espíritu. Margarita María la experimenta: «Siempre me encontraba igualmente contenta, ya me concedieran o me negaran lo que pedía. Me bastaba obedecer»[54]. Por otra parte, la obediencia es una verdadera salvaguardia contra el demonio del orgullo... y también contra el mismo diablo. Él, que es el orgullo personificado, está totalmente perdido ante un alma obediente, ésta no le ofrece ningún asidero por donde tomarla. Jesús enseña a la religiosa: «No harás nada sin la aprobación de los que te guían para que, teniendo la autoridad de la obediencia, él [Satanás] no pueda seducirte, pues no tiene poder alguno sobre los obedientes»[55].

Una religiosa o un sacerdote deseosos de crecer en obediencia deben velar por la mirada de fe que tienen hacia su superior o su obispo: ¿los ven como la mediación, como el rostro del mismo Dios? Margarita María, siendo aún una muy joven religiosa, adoptó esta visión de fe en relación a su maestra de novicias y a la superiora de su comunidad: «La miraba [a mi maestra], y también a mi superiora, como mi *Jesucristo en la tierra*»[56]. ¡La expresión es fuerte! Pero, me diréis, qué hacer cuando el superior es totalmente incompetente, ¿hay que obedecerlo igualmente? Precisemos ante todo que las comunidades religiosas no son sectas: las visitas canónicas permiten a cada uno decir a una persona exterior lo que lleva en su corazón. Pero hace falta ir más lejos. San Claudio de la Colombière precisa hasta dónde nos debe llevar esta mirada de fe sobre los inevitables límites de un superior: «Un superior puede

---

54. Ibid., «Autobiografía» n° 88, p.210.
55. Ibid., «Autobiografía» n° 57, p. 170.
56. Ibid., «Autobiografía n° 35, p. 144.

gobernar mal, pero es imposible que Dios no nos gobierne bien a través de él»[57].

La caridad fraterna

San Pablo enseña que, entre las virtudes teologales, la caridad es la más importante de las tres: «Ahora subsisten la fe, la esperanza y la caridad, estas tres realidades. Pero la mayor de todas ellas es la caridad» (1 Co 13,13). No es de extrañar, pues, escuchar al Sagrado Corazón, símbolo mismo de la caridad, manifestar ante las almas que le son consagradas sus grandes expectativas en materia del amor fraterno:

> Y difundiría esta suave unción de su caridad en todas las comunidades religiosas en las que fuera honrado y se pusieran bajo su protección particular, mantendría unidos todos los corazones para hacer de ellos uno solo con él[58].

En cambio, cuando a las almas escogidas les gusta sembrar la división, herir la caridad fraterna, vivir en la maledicencia, el divino Corazón de Jesús sufre e incluso hace muestra de una gran severidad: Santa Margarita María tuvo ocasión de asistir a la agonía de una religiosa de su monasterio, sor Juana Francisca Deltufort de Sirot. Poco tiempo después de su muerte, ésta se manifestó dos veces a nuestra santa. La segunda vez, sor Juana Francisca indica que una de las causas principales de sus tormentos en el purgatorio es su falta de caridad. Estando viva, había causado desunión entre sus hermanas, y por eso las oraciones hechas en el monasterio no le eran aplicadas[59]. ¿Sorprendente? ¿Chocante? En realidad

---

57. Citado por Gérard Dufour, *À l'école du Coeur de Jésus avec saint Claude La Colombière*. Éd. de l'Emmanuel, p. 110

58. Santa Margarita María Alacoque, *Obras completas, op. cit.,* «Cartas» n° 131 al P. Croiset, p. 961.

59. Ibid., «Cartas», n° 30 a la Madre de Saumaise o a la Madre Greyfié, p. 647.

no, si consideramos hasta qué punto las faltas de caridad fraterna bloquean la comunión en la oración.

Los celos son otra de las grandes heridas de la vida fraterna. Jesús, por intermediación de san Francisco de Sales, los denuncia explícitamente y propone los medios para remediarlos. La santa de Paray cuenta:

> Un día de San Francisco de Sales, pedí a Nuestro Señor, por intercesión de este gran santo, las gracias necesarias para nuestro instituto, particularmente la santa caridad y unión que él desea para sus hijas.

El Señor no debía estar satisfecho de sus religiosas ya que rechazó varias veces esta petición. Finalmente, le dijo a Margarita María:

> Te prometo oír tu petición si se hace lo que te ordeno. Que cada una examine seriamente en su interior todo lo que puede obstaculizar mi gracia. Uno de los mayores obstáculos es una cierta envidia y celos recíprocos, una secreta frialdad que destruye la caridad y hace inútiles mis gracias[60].

Todo lo que se acaba de exponer a propósito de la belleza y de las exigencias de la vida consagrada en materia de caridad, sólo persigue una meta, resumida muy bien en estas palabras de San Francisco de Sales, al término de una conversación mística con nuestra religiosa: «Una verdadera hija de la Visitación, me dijo mi santo Fundador, debe ser una *hostia viva*, a imitación de Jesucristo»[61].

---

60. Ibid., «Fragmentos», n° 1, p. 306.
61. Ibid.

La reparación, en el centro de la espiritualidad de Sagrado Corazón

Hablar hoy de reparación es utilizar una palabra clave en dos sentidos. En primer lugar, porque esta palabra está llena de significado para la espiritualidad del Sagrado Corazón, esta noción es central. Pero además porque la idea de reparación es considerada como problemática por cierta teología que no quiere oír hablar de ella al considerarla casi un insulto hecho al amor de Dios, una afrenta al misterio de la redención.

SOBRE LA REPARACIÓN

Ensayo de definición

La noción de reparación apenas es comprensible —o suena mal— a muchos oídos contemporáneos. Por lo tanto, es importante que nos entendamos con las palabras. Comencemos por dar una definición lo más sencilla y lo más clara posible.

Jesucristo, el Hijo de Dios, vino al mundo, entre otras razones, para «reparar» la alianza que las criaturas habían roto por el pecado en el inicio de la historia. Fue una reparación cumplida en el amor, primero hacia el Padre eterno, con el fin de «satisfacer»[1] su

---

1. Sobre esta noción de satisfacción, *el Catecismo de los obispos franceses* se muestra particularmente claro y pedagógico: «Esta palabra no se debe tomar en el sentido corriente: Uno está satisfecho con esto o con aquello». Entonces, ¿de qué se trata? San Anselmo de Cantorbery (1033-1100) puso en valor el lugar de la satisfacción en la doctrina de la salvación. En efecto, Anselmo desarrolla la idea siguiente: El hombre pecador debe poder

honor ofendido por el pecado y para que nuestra desobediencia obtuviera el perdón y fuera reparada[2]. Esta obra de reparación ha sido cumplida por Cristo, como cabeza de la humanidad a través de una Pasión dolorosa y «expiatoria»[3]. Él ha sido el primero en padecerla, siendo inocente, para mejor insertarnos en su propia misión redentora. Por eso, cada cristiano se convierte en otro Cristo por el bautismo y es llamado en Jesús, el único Mediador, a reparar por sus pecados y por los del mundo entero[4]. Estas afir-

---

«satisfacer» a Dios, es decir, no compensar exactamente el mal cometido, sino «hacer bastante», según la etimología de la palabra, y reparar tanto como pueda para mostrar la sinceridad de su arrepentimiento y de su conversión. Ahora bien, el hombre pecador es incapaz de presentar una satisfacción digna de Dios. Y sin embargo, solo un hombre puede satisfacer en nombre de los hombres; pero Dios solo era capaz de cumplir una satisfacción digna de Dios. Por lo tanto, es necesario que un Dios Hombre la cumpla. Esta será la obra de Cristo, quien, «reparando» con el peso de toda su vida y de su muerte, el pecado de los hombres, hará por su amor infinitamente más de lo que era necesario». *Catéchisme pour adultes des évêques de France*, n° 267.

2. El Catecismo de la Iglesia Católica precisa en el número 614: «Este sacrificio de Cristo es único, da plenitud y sobrepasa a todos los sacrificios. Ante todo, es un don del mismo Dios Padre: es el Padre quien entrega al Hijo para reconciliarnos consigo. Al mismo tiempo es ofrenda del Hijo de Dios hecho hombre que, libremente y por amor, ofrece su vida a su Padre por medio del Espíritu Santo, para reparar nuestra desobediencia».

3. El sacrificio de Cristo es un sacrificio «expiatorio». El término expiación subraya el lado sufriente del sacrificio y la necesidad de reparar el desorden causado por el pecado. Por lo tanto, no implica la idea de alguna necesidad de venganza. Tanto en uno como en otro Testamento, la idea de expiación está relacionada más bien a la de intercesión, es decir, de intervención a favor de los beneficiarios. San Pablo declara: «Dios expuso a Jesús como instrumento de propiciación (se podría traducir también así: instrumento de expiación) a través de su propia sangre para recibir el perdón mediante la fe» (Rm 3,25), *Catéchisme pour adultes* évêques de France, n° 263.

4. Encontramos estas palabras dictadas por Cristo a santa Faustina para la oración del rosario de la misericordia: «Padre Eterno, Te ofrezco el Cuerpo y la Sangre, el Alma y la Divinidad de Tu Amadísimo Hijo, nuestro Señor Jesucristo, en reparación de nuestros pecados y los del mundo entero:

maciones, que pretenden ser sencillas, sin duda no lo son para todos, ya que las palabras reparación, satisfacción, y expiación han sido suprimidas de la catequesis y de la predicación común. ¡Esto demuestra la urgencia actual de restablecer el sentido de las expresiones básicas de la fe!

La reparación está íntimamente vinculada al Sagrado Corazón de Jesús

Explicitada esta definición, es legítimo plantearse la siguiente pregunta: ¿por qué vincular de manera tan fuerte la reparación con el Corazón de Jesús? ¿No ha obrado Cristo la Redención con toda su persona? ¡La misma Santa Margarita María rechaza separar, como si fuera en «rodajas», la persona del Verbo encarnado! Pero ella hace una diferencia entre su «Corazón divino» y «el resto» de su santa Humanidad, si es que se puede decir así. El P. Édouard Glotin, gran conocedor del mensaje de Paray, explica que:

> Toda la «santa Humanidad» ha sufrido de veras *interiormente* en el cruel suplicio de la Cruz», es decir, en la cumbre pascual de la Pasión, pero sólo el «divino Corazón [...] ha sufrido *continuamente*», es decir, durante toda la vida de Jesús, mientras que la santa Humanidad ha sufrido *interiormente* sólo durante las horas finales. [...] Porque era todo amor, el Corazón de Jesús era particularmente vulnerable a las causas de dolor originadas por los hombres[5].

---

por tu dolorosa pasión, ten misericordia de nosotros y del mundo entero, *Diario* n° 475.

5.   P. Édouard Glotin, *La Bible du Coeur de Jésus, op.cit.*, p. 679

La doctrina de la reparación «validada» por la Iglesia

La doctrina de la reparación no puede rechazarse con un simple gesto. El mismo Cristo, en sus diálogos con santa Margarita María, hace referencia a ella explícitamente. En el transcurso de la tercera gran aparición de junio de 1675, la santa le oyó decir:

> Por eso te pido que el primer viernes después de la octava del Santísimo Sacramento sea dedicada una fiesta particular para honrar a mi Corazón, comulgando ese día y haciéndole *reparación* de honor *pidiendo perdón con una oración expiatoria* por las injurias que ha recibido durante el tiempo que ha estado expuesto en los altares[6].

¡Lenguaje místico, me diréis! Sí, pero de una gran profundidad teológica, hasta tal punto que esta doctrina de la reparación ha sido de alguna manera «validada» por la Iglesia en su pensamiento oficial. En la encíclica *Haurietis aquas*, Pío XII enseña de manera magistral:

> Constante persuasión de la Iglesia, maestra de verdad para los hombres, ya desde que promulgó los primeros documentos oficiales relativos al culto al Corazón Sacratísimo de Jesús, fue que sus elementos esenciales, es decir, los actos de amor y de *reparación* tributados al amor infinito de Dios hacia los hombres, lejos de estar contaminados de *materialismo* y de superstición, constituyen una norma de piedad, en la que se cumple perfectamente aquella religión espiritual y verdadera[7].

---

6. Santa Margarita María Alacoque, *Obras completas, op. cit.*, «Autobiografía» n° 92, p. 215.
7. Pío XII, *Haurietis Aquas,* 1956, n° 28.

LOS ACTUALES CUESTIONAMIENTOS A LA REPARACIÓN

Expuestas así las cosas, el lector es ahora más capaz de identificar las debilidades de una cierta teología crítica que refuta la doctrina de la reparación. Repasemos ahora estas sospechas a fin de mostrar sus límites. Esto nos permitirá percibir mejor las riquezas maravillosas que encierra la reparación, noción fundamental para la fe cristiana y, por supuesto, para una espiritualidad del Corazón de Jesús.

El amor divino sería puramente gratuito

Nuestra mentalidad actual es extremadamente sensible a la gratuidad del amor de Dios. La misericordia, se dice, es forzosamente gratuita, de lo contrario no sería amor: «Y, si es por gracia, ya no lo es por las obras de la ley; de otro modo, la gracia no sería ya gracia» (Rm 11,6). Todo esto es profundamente católico, pero el desequilibrio surge cuando se niega o se minimiza la dimensión de «pago de rescate» a propósito de la salvación: «Cristo Jesús, hombre también, que se entregó a sí mismo como rescate por todos» (1Ti 2,5-6). Es muy evidente que Dios hubiera podido, desde lo alto de los cielos, salvarnos por una «gigantesca absolución colectiva», sin tener que asumir su terrible camino de la Cruz[8]. Pero Dios está loco de amor: «La medida de su amor es amar sin

---

8. San Agustín escribió: «Otro modo de salvación era posible para Dios a quien está sometido todo, pero no había otro más conveniente para la curación de nuestra miseria» *De Trinitate*, XIII, 10, 13: PL, 42, 1024. Cf. también SANTO TOMÁS DE AQUINO, *Suma teológica* III, q. I, a. 2. En su diario, santa Faustina escribe: «Oh, Dios que con una sola palabra habrías podido salvar miles de mundos, un suspiro de Jesús habría satisfecho Tu justicia. Pero Tú, oh Jesús, Te entregaste por nosotros a tu terrible pasión» *Diario*, n° 1747.

medida»[9]. Él, al que nada *obligaba,* se hizo libremente nuestro *obligado,* de ahí que se puede hablar de una «necesaria» reparación consumada por nuestro Salvador, necesidad derivada de un amor completamente gratuito[10]. No podemos borrar de golpe el «no era necesario» de Cristo a los peregrinos de Emaús: «*¿No era necesario* que el Cristo padeciera para entrar así en su gloria?*» (Lc 24,26). Sí, el amor de Dios es profundamente *gratuito.* Pero, paradoja, es también un amor que se hace *mendigo* de la respuesta del hombre; el Padre eterno recibe con una alegría infinita el impulso de amor de su hijo en la Cruz: «Padre, en tus manos pongo mi espíritu» (Lc 23,45); todavía hoy, pide a sus criaturas un poco de amor y de consolación.

En el nombre mismo del amor de Dios, para salvaguardar la pureza en materia de gratuidad, una cierta teología devalúa o rechaza toda idea de reparación, pero, como acabamos de ver, la argumentación se vuelve contra sí misma, y esto en dos niveles

- Acabamos de decir que el amor de Dios es ciertamente gratuito, pero es también nupcial, concediendo un precio infinito a nuestra respuesta de amor. Descuidar esta segunda dimensión del Ágape divino conduce en efecto a reducir el amor mismo de Dios, mientras se intenta en vano salvarlo: es «por el gran amor con que nos salvó» (cf. Ef 2,4).

- La debilidad de esta lógica no se detiene en esto: el hombre mismo es el que se encuentra desacreditado con esta desvalorización de la reparación. En efecto, éste queda reducido a un simple receptor del amor salvador. Ahora bien, cuando Dios mira al hombre, lo considera como un auténtico «cooperador» de su obra de redención, «un pequeño reparador» en el único Reparador que es

---

9. Cf. San Bernardo, *Tratado del amor de Dios,* cap. I.

10. «¿Por qué Cristo derramó su sangre? Porque a esto lo movió e impulsó el Espíritu Santo, esto es, el amor de Dios y del prójimo». Santo Tomás de Aquino, *Comentarios a la Epístola a los Hebreos,* C 9, 3.

Jesús, un amigo que participa de los bienes personales del amigo: «No os llamo ya siervos [...]; a vosotros os he llamado amigos porque todo lo que he oído a mi Padre os lo he dado a conocer» (Jn 15,15).

En suma, la reparación no devalúa de ninguna manera el amor de Dios, al contrario, lo hace crecer y, por eso mismo, el hombre es llamado a una vocación totalmente divina de reparación. El papa Benedicto XVI lo explicó muy bien en un encuentro con sacerdotes: «La doctrina de la reparación] se trata de una realidad típicamente católica. Lutero dice: «No podemos añadir nada». Y esto es verdad. Y también dice: «Por tanto, nuestras obras no cuentan nada». Y esto no es verdad [...]. Debemos aprender mejor todo esto y sentir la grandeza, la generosidad del Señor y la grandeza de nuestra vocación. El Señor quiere asociarnos a este gran *plus* suyo. Si comenzamos a comprenderlo, estaremos contentos de que el Señor nos invite a esto. Será la gran alegría de experimentar que el amor del Señor nos toma en serio»[11].

Hablar de justicia en Dios sería inapropiado

La reparación es rechazada también hoy por otra razón. Algunos dicen que podría llevar a pensar que el amor de Dios es únicamente jurídico, supondría pensar que Dios sería más un frío y avaro arrendador que un Padre lleno de bondad: «Es un toma y daca. Y si rompes los platos, te presentaré inmediatamente la factura que tendrás que pagar». El P. Molinié escribía:

No nos gustan las palabras reparación y satisfacción. Las rechazamos en nombre del amor, porque, se dice, son nociones jurídicas estas historias de deudas que hay que pagar entre Dios y nosotros. [...] Dios no es un tendero, «aquí esta su cuenta, si quiere pagar...»

---

11. BENEDICTO XVI, *Encuentro con los sacerdotes de Roma*, 22 de febrero de 2007, n° 6.

Esto es lo que dice la mentalidad moderna y estamos todos contaminados por ella[12].

En definitiva, desligar la fe de toda noción de reparación permitiría recuperar el rostro evangélico de Dios.

¡Precioso y vulnerable Evangelio al que hacemos decir lo que no dice! Si tenemos cuidado en dejar hablar al Nuevo Testamento, descubriremos un Jesús que une en sí mismo dos rostros muy a menudo opuestos. Se presenta como un Dios que, en su inmensa misericordia, parece casi ciego ante el pecado del hombre: pensemos en el buen ladrón, en el hijo pródigo, en María Magdalena. Pero este dulce Jesús se revela al mismo tiempo con una justicia despiadada reclamando hasta el último céntimo de la deuda: «Te aseguro que no saldrás de allí hasta que hayas pagado el último céntimo» (Mt 5,26). Basta de simplismos con Dios, es los dos por el precio de uno: es misericordioso *y* justo. Comprendemos ahora por qué, en la primera parte de esta obra, mantenemos que hay que articular el culto al Sagrado Corazón alrededor de estas nociones de misericordia y de justicia: no es ningún capricho, sino que se trata de una exigencia de verdad acerca del amor, acerca de Dios. Cuando en nuestro anuncio de Dios su misericordia viene a fagocitar a su justicia, ya no estamos en presencia del Dios de Jesucristo, sino más bien de un ídolo encargado de justificar nuestra complicidad con el mal y el pecado[13]. Reconozcamos que un cierto discurso pastoral no ha salido aún totalmente de este planteamiento, e incluso parece que se hunde en él cada vez más.

---

12. P. Molinié, *Naître de nouveau*, éd. Pneumathèque, 1994, p.43-44.

13. Una misericordia desvinculada de la justicia y de la verdad solo sería una ingenuidad; no sería misericordia. Una verdad afirmada sin justicia ni misericordia sería una trampa; una justicia que no renueve la misericordia en la verdad no sería digna de este nombre; sería incapaz de devolver al hombre a sí mismo, de restaurar a la persona en su dignidad», P. Patrice Chocholski et Marie-Laure Crozet, *Pâques, jaillissement de la miséricorde*, éd Le livre ouvert, p. 17.

Detrás de todo esto hay una pérdida impresionante del sentido del pecado, que conduce a los cristianos a una pérdida muy grande también del sentido de Dios. En efecto, si el pecado es nada o casi nada, ¿por qué la justicia divina tendría que exigir una reparación, ya que nada se ha roto? Tales nociones de justicia y reparación son percibidas como arcaicas e incluso peligrosas para un cierto «pensamiento políticamente correcto» que hace estragos en ciertos sectores de la Iglesia. Es necesario repetirlo, el pecado es grave y provoca una verdadera amputación del bien, del amor y de la relación[14]. No hay otra posibilidad para sanar esta mutilación que la de trabajar en la restauración del bien por un bien mayor, en la restauración de la relación por la reconciliación, en la restauración del amor herido por un amor más grande.

Reparar, escribe Yvonne-Aimée de Malestroit aún adolescente, es levantar lo que ha sido abatido. Reparar es devolver lo que ha sido quitado. Jesús querido, quiero reparar el daño que te hacen[15].

¡La reparación es una cuestión de justicia! Juan Pablo II lo recuerda: «En todo caso, la reparación del mal o del escándalo, el resarcimiento por la injuria, la satisfacción del ultraje, son condiciones del perdón»[16].

El rechazo de la reparación se pretende moderno, pero representa, por el contrario, una regresión, una peligrosa ligereza del pensamiento. Magdalena Delbrêl, a quien difícilmente se puede acusar de estrechez, escribía: «Reparación y satisfacción son dos palabras evitadas en el vocabulario cristiano contemporáneo»[17].

---

14. Según la mesurada fórmula de santo Tomás de Aquino, «el pecado mortal tiene una cierta dimensión infinita» *Suma teológica* III a, q. I, a. 2, ad. 2.

15. YVONNE-AIMÉE DE MALESTROIT, *Écrits spirituels, présentés par René Laurentin,* éd. François-Xavier de Guibert, p. 39.

16. SAN JUAN PABLO II, Encíclica sobre la misericordia divina *Dives in misericordia,* n° 14.

17. MADELEINE DELBRÈL, *La joie,* éd du Seuil, 1968, p.109-110.

Es tiempo de reajustar nuestra concepción de Dios y de su amor: éste, para ser digno de ese nombre, exige por supuesto la idea de la misericordia infinita, pero es inseparable de la noción de justicia divina. Precisamente aquí se inserta la doctrina de la reparación, que tiende, mediante un amor mayor, a reajustar el amor herido a la justicia de Dios.

La reparación no tendría nada que ver con el sufrimiento expiatorio

La doctrina de la reparación es recibida también con dificultad a causa de la pasión dolorosa a la que está intrínsecamente vinculada. Nuestra sociedad vive en la plena negación del más mínimo sufrimiento[18], y un cierto número de cristianos y de teólogos se han dejado ganar por esta mentalidad, «tirando al niño con el agua de la bañera», liberándose de la doctrina de la reparación para evitar toda referencia a un sufrimiento reparador. La reparación se encuentra así en el banquillo de los acusados: ¿por qué la reparación se presenta siempre como fastidiosa? ¿No nos sitúa ante un planteamiento dolorista de la vida? ¿No nos sugiere la reparación un rostro cruel de Dios?

---

18. Las reacciones a la película *La Pasión de Cristo* de Mel Gibson fueron muy reveladoras de esta negación del sufrimiento que reina actualmente tanto dentro como fuera de la Iglesia. Mons. Juan Luis Bruguès, en un catecismo dirigido a los jóvenes, expone este mal de una manera muy justa: «Esta película nos hace ver una presentación contra el discurso cristiano que evocaba solo de paso —rápidamente, como si fuera una referencia inevitable sobre la que no conviene demorar— las pruebas físicas y morales de Jesús. Se eleva, más profundamente, la impugnación de una especie de *docetismo* recurrente a través de los siglos», Catequesis dada a los jóvenes, domingo de Ramos 2004. Citado por *Regards sur la Passion du Christ,* bajo la dirección de los padres Jean-Gabriel Rueg, Philippe Raguis. Pascal Ide, éd. du Carmel, p. 208.

El Padre y el Hijo no pueden ser sospechosos de ninguna perversidad, si no la revelación sería insoportable. Lo hemos dicho más arriba, Dios no envió a su Hijo al mundo por sadismo: no busca vengarse de manera perversa en su propio Hijo[19]. El Padre no quiere matar a su hijo, ¡quiere matar a la muerte! Ahora bien, para que esta muerte muriera, el Hijo debía vivirla para mejor transfigurarla desde el interior. Inocencia del Padre, pero también perfecta inocencia del Hijo, todo lo contrario del masoquismo. Nuestro Señor no se complació en el sufrimiento y la sangre, sino que se alegró de dar, por su Pasión, la vida eterna a los hombres:

> La mujer suele estar triste cuando va a dar a luz, porque le ha llegado su hora; pero cuando ha dado a luz al niño, ya no se acuerda del aprieto, por el gozo de que ha nacido un hombre en el mundo (Jn 16,21).

Este enfoque sobre Dios no es superfluo, ya que la inconsciencia del hombre moderno transmite imágenes deformadas del Padre y del Hijo, que lógicamente le llevan a desconfiar de toda idea de reparación.

Tratemos de pensar ahora en la reparación del sufrimiento, la reparación por el sufrimiento. Recordemos primeramente que la muerte, el sufrimiento y el mal son las consecuencias directas de nuestro pecado, de nuestra libertad pecadora. Ahora bien, salvar al hombre implicaba para Cristo salvar desde dentro su voluntad herida ¿Cómo hubiera podido salvar, reparar las desviaciones de nuestra libertad sin asumir al mismo tiempo el mal y el sufrimiento, consecuencias directas del pecado? Haciéndose en

---

19. «El término expiación subraya el lado sufriente del sacrificio y la necesidad de reparar el desorden causado por el pecado. Ello no implica por tanto la idea de cualquier necesidad de venganza». Y cuando informa al respecto de la doctrina de la satisfacción en san Anselmo, el mismo catecismo precisa: «No hay sombra en Anselmo de una idea de justicia vindicativa de parte de Dios», *Le Catéchisme des évêques français*, n° 265 y 267.

todo semejante a los hombres, excepto en el pecado, Jesús hizo por tanto la elección libre y amorosa de salvar al hombre *del* sufrimiento... *por* el sufrimiento[20]. Tomando sobre sí el dolor, ha cambiado la lógica destructora: no hay ya lugar para la rebelión, el sufrimiento se ha convertido, en Cristo, en lugar de abandono amoroso al Padre, lugar de reparación del pecado de los hombres: «Fuimos curados con sus heridas» (Is 53,5).

Después de esta mirada sobre la redención realizada en Cristo, veamos cómo también estamos implicados en esta obra de la reparación. Nuestro Señor nos comunica la gracia de ser «pequeños redentores» en el único Redentor que Él es y será para siempre. Pocos consienten, es un hecho, en entrar en esta vocación particular de acogida de la Cruz en el amor y ¡es una lástima! Pues cuando no es «acogida», el sufrimiento es inevitablemente «sufrido», acentuando el carácter doloroso[21]. A la inversa, cuando el dolor es ofrecido es como si «se pusiera distancia», no obnubila ya a la persona, ni psicológica ni espiritualmente; esta liberación provoca un cierto consuelo. Añadamos que, ofrecido en el amor, el sufrimiento se convierte en amor, un nuevo sentido es como inyectado en la inmensidad del mal. Precisemos, finalmente, que todo sufrimiento ofrecido en el amor al Dios de la vida salpica, según un misterioso «reciclaje» divino, como una lluvia de gracias a los demás. Fundamentalmente, la reparación no tiene nada que ver ni con el dolorismo ni con el masoquismo, al contrario, es la expresión de una caridad sublime: la persona toma sobre ella las

---

20. «El sufrimiento de Jesús, que es la consecuencia del pecado de los hombres, y que Jesús acepta en comunión con la voluntad del Padre, es la expresión de toda su fuerza de intercesión para el perdón de los pecadores. En Jesús, la intercesión se hace sacrifico de la vida, don de la sangre expresada en un amor más fuerte que la muerte», *Le Catéchisme des évêques français*, n° 265.

21. Etty Hillesum, anota en su *Diario*: «Los peores sufrimientos del hombre, son los que rechaza [...]. Siempre, desde que me muestro preparada para afrontarlas, las pruebas se convierten en belleza», *Une vie bouleversée, Journal* (1941-1943), Éd. du Seuil, 1985, p. 199 y 230.

consecuencias de los pecados de otros para que Cristo les dé la vida, la conversión, la paz. Si esto es así, cuando el que sufre —que somos todos en un momento u otro— se abre a este «evangelio del sufrimiento», ¿cómo no ser transfigurado por el amor de Jesús en el corazón mismo de sus pruebas, ¿cómo no querer trabajar aún más, tras la estela del Maestro, en la reparación del pecado del mundo y en la restauración del amor en el mundo?

Escuchemos a Yvonne-Aimée de Malestroit, alma santa, particularmente sensible a la «espiritualidad de la reparación». En este diálogo con Jesús encontramos los grandes desafíos de la reparación. Jesús se le aparece, infinitamente triste, sufriendo a causa de ciertas almas y le pide: «¿Quieres consolarme? –Sí, se apresura a responderle Yvonne-Aimée, quisiera, Jesús muy amado, consolarte en todo y ganarte las almas que te hacen sufrir. –Por esto, responde Jesús, sufrirás mucho, las almas cuestan caro, amada mía». Yvonne-Aimée añade: «No tengo miedo de sufrir, sé que me darás la fuerza para ello»[22] . En una carta, Yvonne-Aimée dará el sentido más preciso del sufrimiento reparador hacia Dios y de una caridad totalmente desinteresada hacia las almas: «El sufrimiento es un tesoro [...]. Sin él no se puede amar verdaderamente, pues, cuando se ama, se tiene la necesidad de dar; ¿qué se da cuando se tiene alegría, felicidad, placer»[23].

LOS DIFERENTES ASPECTOS DE LA REPARACIÓN

Acabamos de definir lo que es la reparación. Las respuestas aportadas a los cuestionamientos han puesto de manifiesto su grandeza, su pertinencia y su asombrosa actualidad. La

---

22. Yvonne-Aimée de Malestroit, *Écrits spirituels*, op.cit., p. 66-67.

23. Yvonne-Aimée de Malestroit, *Lettre à Jeanne Quéroy* del 2 de septiembre de 1924, Ibid., p. 73.

experiencia cristiana tiene una necesidad urgente de redescubrir la reparación. Señalemos ahora las aplicaciones concretas: después del *porqué* reparar, ¡veamos el *cómo* reparar!

Es muy difícil encerrar la reparación en una sola forma de expresión, pues las posibilidades de reparar son múltiples. Esta noción de reparación —o de satisfacción, de expiación— es como un diamante: la belleza, la luz de esta piedra preciosa sólo surge cuando brillan sus múltiples facetas. Del mismo modo, hay que tomarse un tiempo para comprender los diversos aspectos de esa joya que es la reparación. Así el lector podrá interesarse en tal o cual dimensión que, espontáneamente y según su sensibilidad, le hable más.

La reparación es «conversión»

Para *reparar*, la condición previa es la de *repararse*, querer convertirse, ajustar nuestra vida a la santidad de Dios: «Volveos a mí y yo me volveré a vosotros, dice el Señor» (Ma 3,7). ¿Qué credibilidad tendríamos ante Dios rezando por la reparación de los pecados si, por otra parte, no comenzamos por luchar contra los propios? La conversión personal es pues el primer paso hacia un verdadero amor reparador.

Ver su pecado y conmoverse

Para entrar en esta conversión, primeramente, es preciso que tengamos necesidad de conversión. Podemos, por supuesto, convertirnos, refiriéndonos a la ley, a base de «exámenes de conciencia». Pero es más a base de «exámenes de confianza»—según los maravillosos lapsus de un niño— como nuestra conversión ganará en profundidad y en fecundidad. En efecto, el pecado ciega fatalmente al pecador que acaba de cometerlo. Por eso, sólo el Espíritu Santo que está fuera de pecado permite ver claramente la malicia y la pena impuestas al buen Dios. Esta toma de conciencia de nuestro pecado, primera etapa de la conversión, comienza pues con por una mirada de confianza hacia Nuestro Señor crucificado. San Agustín se asombra en un sermón de que el buen ladrón que era, a pesar de todo, un bandido, haya comprendido mejor la Biblia que los doctores de la ley y haya reconocido rápidamente al Salvador en la figura de Jesús. El obispo de Hipona le presta esta respuesta magnífica: «No, no había estudiado las Escrituras, pero Jesús me ha mirado desde su cruz y, en su mirada, ¡lo he comprendido todo!» Para convertirnos, para preparar nuestras confesiones, lugar por excelencia de nuestro rescate, no menospreciemos la ley, el examen de conciencia, pero, como el buen ladrón, miremos detenidamente al Crucificado para dejarnos amar por Él. No dejará de enviarnos el Espíritu que sale de su costado abierto, el único capaz de mostrar la verdad en materia de confesión. *Ver* nuestro pecado, sí, ¡pero para mejor *conmovernos!* En efecto, podemos ver nuestro pecado de una manera fría, pero esto no tendrá ningún impacto en nuestra conversión. Lo importante es entrar dentro de uno mismo hasta tener el corazón contrito y apenado por haber herido a Jesús. Sólo el Corazón afligido de Cristo puede suscitar en nosotros la verdadera compunción del corazón: «Un corazón contrito y humillado, oh Dios, no lo desprecias» (Sal 50,19).

La confesión requiere valentía

En los países desarrollados, el hombre moderno vive en tal opulencia que el esfuerzo espiritual, la ascesis, se ha vuelto algo extraño, o al menos muy difícil. En tales condiciones, puede ser grande la tentación para un educador de almas —sea en un noviciado o en una parroquia— callar o minimizar el valor que se requiere para cada confesión. Una cierta vehemencia es necesaria para trabajar en nuestro cambio interior: violencia en el deseo de lograrlo, violencia en la perseverancia, violencia para mantener nuestros compromisos, todo ello muy difícil con el actual «zapping» emocional. Santa Margarita María se muestra muy clara en este punto en su correspondencia con su hermano sacerdote: «Mi querido hermano, tenemos que hacernos violencia para llegar a la perfección que Dios pide de nosotros, que no es pequeña, puesto que quiere hacer de ti un santo»[24]. Por amor a su hermano, por su conocimiento de la debilidad humana y por respeto a la grandeza de su sacerdocio, no puede edulcorar las exigencias de la conversión:

> Te costará trabajo, es cierto, por parte de la naturaleza, que teme su propia destrucción y todo lo que la hace sufrir. Pero ¡ay! ¿es posible mortificarla sin hacerle sufrir mucho, ya que todo se opone a ella en nosotros? Porque nuestras pasiones se rebelan continuamente y nos hacen caer a menudo[25].

«Este combate no es el tuyo»

La verdad sobre las exigencias de la conversión puede asustar a más de un alma. Pero sólo esta verdad puede tranquilizarnos: si nosotros la *queremos,* Dios nos la puede *dar.* La conversión no se obtiene únicamente a fuerza de virtudes, es un don de Dios. Nuestras solas fuerzas no son suficientes para *ganar* el combate espiritual, ya que es Dios quien combate en nosotros y con nosotros: «Esta guerra no es vuestra, sino de Dios», dice el libro de las Crónicas (2 Cro 20,15). Advertida con antelación por Dios de los rudos combates que tendría que padecer, Margarita María tiene miedo, lo cual es comprensible. Pero Jesús la tranquiliza:

> Me aseguró Jesús que no debía temer nada, porque Él estaría como un muro inexpugnable dentro de mí misma, que combatiría por mí

---

24. Santa Margarita María Alacoque, *Obras completas, op. cit.*, «Cartas» n° 71, p. 747.
25. Ibid., «Cartas» n° 81, p. 777.

[…], que me rodearía con su poder para que no sucumbiera; pero era preciso que yo velara continuamente sobre todo lo exterior[26].

Este recuerdo de la primacía y del poder de la gracia en nuestra propia conversión es consolador y dinamizador a la vez: felizmente, no estamos solos para realizar esta obra divina de transformación espiritual, lo que realmente es imposible para el hombre, es posible para Dios.

La conversión es una feliz aleación entre la acción de Dios y la del hombre, precisando bien que el actuar divino prima sobre nuestra respuesta y que nuestra colaboración tiene tanto de un hacer como de un dejar hacer a la acción divina. Cuando san Claudio de la Colombière, padre espiritual de Margarita María, se prepara para unirse en Inglaterra a una misión, la santa de Paray le pide un último consejo. Él le deja estas palabras asombrosas, pero de una gran verdad:

> Recuerde que Dios pide todo de usted y que no pide nada. Le pide todo porque quiere reinar sobre usted y en usted, como en un abismo que es suyo en todos los sentidos, de modo que disponga de todo, que nada le resista, que todo se doblegue, que todo obedezca a la menor señal de su voluntad. No pide nada de usted, porque quiere hacer todo en usted sin que se vea a sí misma en nada, limitándose a ser el sujeto sobre quién y en quién actúa[27].

Olvido de sí mismo

Sabemos por experiencia que el combate espiritual se lleva a cabo en muchos frentes: en el orgullo, la gula, la lujuria, los celos, la pereza… ¡trabajo no falta! Y, sin embargo, nos parece que estas

---

26. Ibid., «Autobiografía» nº 68, p. 181.
27. Citado por Gérard Dufour, À l'école du Coeur de Jésus avec saint Claude La Colombière, éd. de l'Emmanuel, p. 16.

batallas contra esos oscuros deseos pueden resumirse en esto: el olvido de uno mismo. El Sagrado Corazón no tiene más que un anhelo, llenarnos. Pero esta acción es imposible si nuestro yo no acepta vaciarse para que el Espíritu pueda ocupar progresivamente todo ese lugar: «Es preciso que Él crezca y que yo disminuya» (Jn 3,30), dice Juan el Bautista al Cordero de Dios.

El P. Claudio de la Colombière, apóstol inseparable de Margarita María en la difusión del culto al Sagrado Corazón, lo comprendió muy bien. En sus *Meditaciones sobre la Pasión* escribe:

> ¿Acaso hay que extrañarse de que en un corazón lleno pueda haber sitio para vuestro amor, que quiere reinar solo? Estoy seguro de que, cuando os lo ofrezca vacío, no rehusaréis llenarlo de vuestro amor y vendréis a habitarlo para hacer de él un paraíso terrestre y disponerlo a esa caridad perfecta en la que debe arder eternamente con los serafines[28].

A la luz de estas palabras, no nos llama la atención volver a encontrar este acento fundamental de la vida cristiana en su acto de ofrenda al divino Corazón de Jesús: «Sagrado Corazón de Jesús, enséñame el perfecto olvido de mí mismo, que es el único camino por donde se puede entrar en ti»[29]. Esta enseñanza está dirigida a todo bautizado deseoso de llevar una vida cristiana fecunda y dichosa: el olvido de sí mismo debe ser el eje principal de nuestra lucha interior, el combate contra nuestras diversas tendencias malas hay que realizarlo alrededor de este eje fundamental.

¡Las caídas son parte de la ascensión!

Este esfuerzo de conversión sincera no se hará sin caídas y sin recuperaciones de nuestra voluntad. Consideremos más bien

---

28. San Claudio La Colombière, *Méditations sur la Passion,* n° 2.
29. Citado por Gérard Dufour N, *op.cit.,* p. 37.

nuestras tentaciones y nuestras caídas, como «aliadas» y todo alcanzará su lugar de manera relajada y segura: «Habéis resistido, pero todavía no habéis llegado a derramar vuestra sangre en vuestra lucha contra el pecado» (Hb 12,4). Aprovechemos nuestras tentaciones como un trampolín hacia el Salvador. A una novicia, violentamente probada por las tentaciones, Margarita María le escribe: «Nunca debemos desalentarnos ni abandonarnos a la inquietud. Si somos fielmente humildes, esas tentaciones nos levantarán ante Dios tanto cuanto nos humillen ante nosotros mismos»[30]. Incluso en caso de caída, lo más juicioso es entregarnos a Dios, ofreciéndonos con nuestro lado miserable; aplicando de nuevo el famoso olvido de uno mismo. A la misma novicia, la santa de Paray le añade:

> Y cuando haya cometido alguna falta, no se turbe, pues la turbación, la inquietud, y la demasiada solicitud alejan nuestra alma de Dios y echan a Jesucristo de nuestros corazones. Pero pidiéndole perdón, roguemos a su Sagrado Corazón que nos devuelva a la gracia de su divina majestad[31].

La reparación es «unión»

Reparar es amar

La reparación evoca en nosotros espontáneamente un sacrificio doloroso, y con razón. La Pasión de Nuestro Señor lo prueba, así como la vida de las almas víctimas llamadas de una manera particular a proseguir la obra redentora de Cristo. Pero ¿sabemos que reparar significa, fundamentalmente, unirse en el amor al Corazón de Jesús? «Ama, pues el amor es la reparación y la reparación es el amor» según las palabras del Sagrado Corazón a sor

---

30. Santa Margarita María Alacoque, *Obras completas, op. cit.,* «Consejos particulares, Desafíos, Instrucciones» n° 28, p. 387.

31. Ibid., «Consejos particulares, Desafíos, Instrucciones» n° 28, p. 388.

Josefa Menéndez[32]. Incluso en medio del sufrimiento reparador, no es el dolor como tal, sino más bien el amor con el que lo vivimos el que nos da la fuerza. El mismo Jesús se lo dijo a santa Faustina: «Hija Mía, necesito sacrificios hechos por amor, porque sólo éstos tienen valor para mí»[33].

¿Me amas?

El Evangelio nos ofrece una admirable ilustración de esta reparación hecha por amor y en el amor. Por tres veces, Pedro, cabeza de los apóstoles, ha renegado de Jesús. Cuando el Resucitado se dirige a él de una manera solemne y personal, no le hace ninguna amonestación, no le dice: «¡Te había advertido de que me ibas a negar!». No, nada de eso. Por el contrario, con una infinita delicadeza le propone la posibilidad de enmendarse, de reparar ofreciéndole la posibilidad de confesar tres veces su amor, «Pedro, ¿me amas»? (cf. Jn 21,15-17). «Lo que está anudado no puede desenredarse sino deshaciendo en sentido contrario el conjunto de los nudos», dice magníficamente san Ireneo[34].

Reparar con pequeñas naderías

Con esta forma de reparación se abre para nosotros un maravilloso horizonte. Desde que vivimos unidos a Nuestro Señor, incluso a través de las pequeñas naderías de lo cotidiano, trabajamos para restaurar el bien. En su correspondencia, la Madre Yvonne-Aimée de Jesús escribe:

---

32. Mensaje del Sagrado Corazón a sor Josefa Menéndez, *Un appel à l'amour*, éd. OEuvres du Sacré-Coeur, Poitiers, p. 483

33. SANTA FAUSTINA, *Diario*, 1316.

34. SAN IRENEO, *Contra las herejías*, III, 22, 4. Citado por MARTIN PRADÈRE, *Jésus doux et humble de coeur, op. cit.,* p. 200

Para rescatar almas, lo principal es unirse. Unir nuestras naderías a su Todo. Unir nuestros suspiros, nuestros aburrimientos, nuestras acciones, nuestros esfuerzos, nuestras oraciones, nuestras alegrías y hasta nuestras sonrisas a lo que es de Nuestro Señor. Y nuestras pequeñas pruebas, unidas a sus grandes sufrimientos, tendrán peso para la redención de las almas[35].

Muchos se imaginan, equivocadamente, que sólo a través de grandes cosas, de grandes impulsos del corazón y por acciones fuera de lo normal se puede reparar. La Madre Yvonne-Aimée tranquiliza a las almas pequeñas que somos y que a menudo no se sienten capaces de grandes cosas, se trata de «unir nuestras naderías al Todo». Esta posibilidad maravillaba a Teresita: «Todo es tan grande en religión… recoger un alfiler por amor puede convertir a un alma, qué misterio»[36].

El amor desea identificarse con el amado

Es un verdadero amor esponsal el que Jesús desea mantener con cada una de nuestras almas. Ahora bien, tal amor tiene urgencia por identificarse con lo que vive el amado: «Si supiera cuánto me insta a amarlo con un gran amor de conformidad a su vida dolorosa», escribe Margarita María a su superiora[37]. Este deseo de amar, cuando es fuerte, impulsa al alma hasta querer vivir las penas vividas por el Amado. En otra carta a la misma Madre de Saumaise, la salesa añade:

> Sin embargo sé que este es el mayor bien que deberíamos desear: conformarnos con Jesús en sus padecimientos, puesto que

---

35. «Carta a Jeanne Quéroy del 2 de septiembre de 1924». YVONNE-AIMÉE DE MALESTROIT, Écrits spirituels, op. cit., p. 71-72

36. SANTA TERESITA DE LISIEUX, carta 164 a su hermana Leonia.

37. SANTA MARGARITA MARÍA ALACOQUE, Obras completas, op. cit., «Cartas«nº 10 a la Madre de Saumaise, p. 596.

no debemos desear vivir más que para tener la dicha de sufrir por amor[38].

Esta conformidad no tiene nada de enfermizo, sino que brota de un amor totalmente desinteresado por el Amado hasta el punto de conformarse a él en sus sufrimientos: «No sé cómo una esposa de Jesús crucificado puede no amar la cruz, huir de ella y despreciarla, puesto que al mismo tiempo huye de Aquel que la llevó por amor hacia nosotros»[39]. Nuestra religiosa no busca el dolor por el dolor, sino la unión en el amor. Y esto produce en ella una alegría muy profunda y completamente espiritual: «Experimento gozos y consolaciones inconcebibles viendo en mí alguna conformidad con Él»[40].

La reparación es «compasión»

En la primera parte de esta obra hemos evocado la cuestión del «sufrimiento» de Dios. Aunque Dios sigue siendo *impasible,* sin embargo, habita en Él una *pasión* de amor por los hombres:

> La concepción de Dios, escribe san Juan Pablo II, como ser necesariamente perfectísimo, excluye ciertamente de Dios todo dolor derivado de limitaciones o heridas; pero, en las profundidades de Dios, se da un amor de Padre que, ante el pecado del hombre, según el lenguaje bíblico, reacciona [...] El Libro Sagrado nos habla de un Padre que siente compasión por el hombre, como compartiendo su dolor[41].

---

38. Ibid., «Cartas» n° 11 a la Madre de Saumaise, p.598.

39. Ibid.,»Escritos por orden de la Madre de Saumaise»n° 38, p. 286.

40. Ibid., «Autobiografía» n° 107, p.232.

41. SAN JUAN PABLO II, Carta Encíclica sobre el Espíritu Santo, *Dominum et vivifivantem,* n° 39.

Se puede hablar por tanto de compasión en Dios: «Al ver a tanta gente, sintió compasión de ellos, porque estaban fatigados y abatidos como ovejas que no tienen pastor» (Mt 9,36). Discípulos de este Dios misericordioso, nosotros también somos llamados a mostrar compasión hacia Cristo y hacia nuestros hermanos: «Sed compasivos como vuestro Padre es compasivo» (Lc 6,36).

«Manifestar compasión» hacia el Hijo de Dios

Escuchando la Escritura y a estos exégetas místicos de la reparación, descubrimos que Dios nos llama no sólo a tener compasión con nuestro prójimo, sino también con Él mismo. Nos ofrece esta posibilidad de reparar manifestando compasión hacia el Hijo de Dios que prosigue su agonía a través de los miembros sufrientes de su Cuerpo hasta el fin de los tiempos. En otra encíclica, Juan Pablo II escribe:

> Cristo, [...] es el que está a la puerta y llama al corazón de todo hombre, sin coartar su libertad, tratando de sacar de esa misma libertad el amor que es no solamente un acto de solidaridad con el Hijo del Hombre que sufre, sino también, en cierto modo, «misericordia» manifestada por cada uno de nosotros al Hijo del Padre eterno[42].

»Tengo sed»

El Nuevo Testamento transparenta esta sed de Dios de ser amado por los hombres. A este nivel de profundidad nosotros podemos escuchar el grito de Jesús en la cruz: «Tengo sed» (Jn 19,28). San Agustín ya daba a este versículo un sentido profundo «¡Tengo sed! Pero no le dieron lo que necesitaba. Tenía sed de ellos y ellos

---

42. SAN JUAN PABLO II, Carta Encíclica sobre la Misericordia Divina, *Dives in misericordia*, 1980, n° 8.

le dieron vinagre»[43]. Varios siglos más tarde, Jesús, en el marco de sus manifestaciones a santa Margarita María, expresa claramente el significado de su sed:

> Tengo sed, pero una sed tan ardiente de ser amado por los hombres en el Santísimo Sacramento, que esta sed me consume; y no encuentro a nadie que se esfuerce, según mi deseo, en apagármela, correspondiendo de alguna manera a mi amor[44].

La reparación es «consuelo»

¡Vértigo del amor!

«El oprobio me rompe el corazón, me siento desfallecer. Esperaba en vano compasión, consoladores y no los encuentro», dice el Salmo (Sal 69,21). El consuelo expresa un aspecto de la compasión, pero añade, particularmente, el poder «aliviar» las penas de Jesús. ¡Casi nada! Las tres personas divinas no tienen en absoluto necesidad de nosotros para ser felices y gloriosas, pero Dios quiere, de manera totalmente gratuita, tener necesidad de nosotros para aligerar así los sufrimientos místicos del Redentor. ¿Es necesario que Dios nos ame tanto hasta el punto de considerarnos casi como sus «iguales», ofreciéndonos la capacidad de aliviarlo?

Jesús busca consoladores

Mientras el carnaval despliega en Paray su cortejo de pecados, Jesús se presenta a nuestra vidente cargado con su cruz y todo cubierto de llagas, de magulladuras y se dirige a ella con una voz dolorosamente triste:

---

43. Citado por el CARDENAL JOURNET, *Les sep paroles du Christ en croix,* éd. du Seuil, 1952, p. 123.
44. SANTA MARGARITA MARÍA ALACOQUE, *Obras completas, op. cit.,* «Cartas« n° 133 al P. Croiset, p. 1010.

¿No habrá nadie que tenga piedad de mí y quiera compadecerse y tomar parte en mi dolor viendo el lastimoso estado en que me ponen los pecadores, sobre todo en este tiempo?

El corazón de esposa de Margarita María no puede resistirse:

Postrándome a sus sagrados pies, me presenté a Él con lágrimas y suspiros. Cargó sobre mis espaldas aquella pesada cruz [...]. Me hizo ver que no bastaba llevar aquella cruz, sino que era preciso que yo me enclavara en ella con Él y hacerle fiel compañía participando de sus dolores[45].

¡Cuán grande no sería la alegría de la religiosa cuando Jesús le dice claramente que su aceptación de la cruz mitiga la angustia de su agonía, suaviza su amargura por la traición de los apóstoles, ¡traición que se perpetúa en la Iglesia a través de los siglos!

Consolar el corazón de Cristo está siempre de actualidad

Sería una pena no sentirse concernido por esta misión de consolar al Corazón doloroso de Jesús y dejar esta sublime tarea a los santos. Esta vocación está vinculada a la condición misma del bautizado, en toda época de la historia y hoy todavía más, cuando la violencia y el pecado parecen extenderse libremente sobre el mundo de una manera más opresiva que nunca. Las palabras del papa Pío XI en la encíclica *Miserentissimus Redemptor* no han envejecido nada:

Que si a causa también de nuestros pecados futuros, pero previstos, el alma de Cristo Jesús estuvo triste hasta la muerte, sin duda algún consuelo recibiría de nuestra *reparación* también futura, pero prevista, cuando el ángel del cielo se le apareció para consolar su Corazón oprimido de tristeza y angustias. Así, aún podemos y debemos consolar aquel Corazón sacratísimo, incesantemente ofendido

---

45. Ibid., «Autobiografía» n° 108, p.233.

por los pecados y la ingratitud de los hombres, por este modo admirable, pero verdadero[46].

La reparación es «intercesión»

He aquí también un aspecto de la reparación completamente conmovedor al tomar los rasgos de la intercesión por el mundo, por los pecadores, por los que sufren. Esta intervención en favor de los pecadores elimina, si aún hubiera necesidad de ello, toda sospecha de dolorismo en la reparación. En efecto, no puede ser más que un amor totalmente desinteresado el que dé lugar a esta reflexión: el alma reparadora se inscribe profundamente en el «por nosotros» de Cristo en su redención. Intentemos ahora comprender mejor la lógica interna, que es fundamentalmente positiva. Sufrir para que otros sufran menos, «pagar» por el prójimo es, en efecto, muy difícil de aceptar por nuestra mentalidad moderna. Esta dinámica interna de la reparación está muy bien resumida en esta sentencia de Pablo: «De modo que la muerte actúa en nosotros, pero en vosotros la vida» (2Co, 4,12). Dicho de otra manera, «el alma víctima»[47] acepta llevar sobre ella un poco del sufrimiento, de las consecuencias del pecado del otro para que, a cambio, éste se beneficie por su parte de gracias divinas, de liberación, de curación o de pacificación.

---

46. Pío XI, Carta Encíclica *Miserentissimus Redemptor,* 8 de mayo de 1928, nº 10.

47. No vacilamos en utilizar la expresión «alma víctima», pues pertenece a la gran tradición espiritual de la Iglesia y difícilmente se la puede rechazar con un simple manotazo. Tristemente, ignorar la expresión por múltiples razones deja suponer, muy a menudo, que se ignora la misma reparación. Si a pesar de esto, el término aún presenta dificultad, se podrá preferir el de «intercesor», pero desgraciadamente no tiene la misma fuerza.

El Sagrado Corazón lo hace todo, pero busca colaboradores

Numerosos son los cristianos receptivos al mensaje de la reparación, pero que permanecen literalmente paralizados ante el esfuerzo necesario para llevar la cruz redentora. En el fondo de sí mismos, se creen impotentes para tal misión. Pero la redención no es una sesión de levantamiento de pesas, no tenemos que levantar nosotros solos con nuestro brazo una pesada barra de hierro. Se trata de levantarla, pero más exactamente, de dejar a Jesús levantar él mismo esta carga de la reparación en nosotros y por nosotros. Unas palabras de Jesús a Margarita María lo ilustran de manera nítida. Él se queja de la frialdad de los hombres y pide a la religiosa: «Dame el placer de suplir sus ingratitudes, en cuanto puedas ser capaz de hacerlo». La salesa le manifestará su impotencia. Entonces, Jesús le responde: «Toma, ahí tienes con qué suplir todo lo que te falta». Y al mismo tiempo se abrió el divino Corazón y salió de él una llama tan ardiente que creí ser consumida, pues fui totalmente penetrada por ella y ya no la podía sufrir, cuando le pedí que tuviera compasión de mi debilidad. «Yo seré tu fuerza —me dijo—, no temas nada; pero estate atenta a mi voz y a lo que te pido para disponerte al cumplimiento de mis designios»[48]. El Sagrado Corazón es el único mediador y reparador, pero busca almas que sean como tierra de acogida que colaboren en la obra de la reparación que él realiza en ellas y por ellas: «Un alma justa, dijo Jesús a Margarita María, puede obtener el perdón para mil criminales»[49].

---

48. SANTA MARGARITA MARÍA ALACOQUE, *Obras completas, op. cit.,* «Autobiografía» n° 56-57, p 169.

49. «Escritos por orden de la Madre de Saumaise» n°23, p. 273. La cifra mil es sin duda simbólica. En todo caso quiere sugerir el fuerte poder de nuestra intercesión. De manera asombrosa, se encuentra esta mención en el Diario de santa Faustina: «Rogué a Dios, a través de todas esas santas Misas, la misericordia para el mundo y especialmente para los pobres pecadores que en ese momento estaban en agonía. Y al instante, recibí dentro de mí la respuesta de Dios que mil almas habían recibido la gracia a través de la oración que había elevado a Dios. No sabemos el número de almas

Como una perfusión...

Intentemos una comparación para comprender mejor cómo funciona esta misteriosa intercesión en favor de los pecadores y del mundo. La imagen de una perfusión es interesante al respecto. Con toda libertad, el alma víctima consiente que Jesús le ponga una perfusión. Por esta transfusión, el alma entregada se deja atravesar por el flujo del pecado del mundo y sus consecuencias: revueltas, angustias, desesperanza. Esta sangre viciada pasa por ella, pero es, por el camino, completamente regenerada por la unión de amor que el alma mantiene con Cristo. Luego, el alma víctima transfunde a su vez al mundo una sangre perfectamente regenerada y divinizada, portadora de gracias de vida, de amor, de perdón, de luz, de renovación interior. Retomemos esta imagen tan elocuente entrando en la escuela de santa Margarita María.

- El alma desvía sobre ella la justicia divina. Para acoger el lenguaje paradójico de los santos a propósito de la justicia o de la cólera divina, hay que tener mínimamente clara la articulación entre justicia y misericordia. Y es necesario, por supuesto, quitar de la justicia divina toda idea de venganza o de sadismo perverso. La justicia de Dios es su amor loco que quiere ajustar la criatura al Creador. En efecto, el menor pecado es incompatible con la santidad de Dios. Desde que la falta es cometida y no lamentada, y mientras el pecador no se ponga bajo la dulce misericordia de Dios, se coloca *de facto* bajo su pesada justicia divina. En ese momento entra en juego el alma víctima y acepta tomar sobre ella el peso de la justicia divina que reposa sobre el pecador endurecido. «Yo quiero darte mi Corazón, dijo Jesús a Margarita María, pero antes es preciso que te conviertas en víctima de inmolación, para que, por su medio, apartes los castigos que la justicia divina de mi padre, armada de cólera, quiere ejecutar en una comunidad

que podemos salvar con nuestras oraciones y nuestros sacrificios, por eso oremos siempre por los pecadores», *Diario* 1783.

religiosa a fin de reprenderla y corregirla llevado de su justo eno-jo»[50]. Este desviar la justicia divina convierte al alma víctima, de alguna manera, en el pecador que quiere salvar. «Me veía, escribe Margarita María, como una persona atada de pies y manos, a la que no quedara cosa alguna libre interior y exteriormente, sino las lágrimas. […] Me veía como la más criminal del mundo y conducida y arrastrada con cordeles al lugar de mi suplicio »[51]. En todo esto no hemos de ver nada escandaloso, esta transferencia misteriosa del estado de pecador y del castigo de la justicia de Dios sobre la inocente alma víctima fue vivido en primer lugar por Nuestro Salvador: «A Cristo, que no conoció pecado, lo hizo pecado por nosotros para que llegáramos a ser justicia de Dios en él» (2Co 5,21).

- El alma víctima «identificada» con el pecador intercede por él. Bajo el peso de esta justicia divina el alma sufriente intercede con todas sus fuerzas ante Dios en favor de los pecadores para que se salven: «Dios mío, tened piedad de mí según la grandeza de vuestra misericordia»[52]. A imagen de Abraham que suplica sin cesar al Señor que disminuya su castigo a los pecadores de la ciudad de Sodoma (cf. Gn 18,16-33), esta plegaria de intercesión se hace insistente. Margarita María pide y pide a Jesús: «¡Oh Salvador mío!, ¡descarga sobre mí toda tu indignación y bórrame del libro de la vida antes de perder esas almas que tan caras te han costado! —Pero ellas no te aman y no cesarán de afligirte, me respondió Jesús—. No importa, Dios mío, con tal de que te amen, no quiero dejar de suplicarte que las perdones». Entonces, ante una tal insistencia reparadora, Jesús cede: «Accedo gustoso, si quieres responder por ellas»[53].

---

50. Santa Margarita María Alacoque, *Obras completas, op. cit.*, «Autobiografía» nº 71, p. 186-187.
51. Ibid., «Autobiografía» nº 73. p. 191.
52. Ibid.
53. Ibid., «Autobiografía» nº 100, p. 222.

- El alma obtiene la gracia para el pecador. Se puede hablar de un verdadero «juego de amor»[54] entre el alma justa y el Señor en favor de los pecadores. «Por las amarguras que Él me haría gustar, podría yo, de algún modo, suavizar las que derraman los pecadores en su Sagrado Corazón»[55], escribe la salesa a la Madre de Saumaise. Intercediendo por la conversión de algunos miembros de su monasterio, Margarita María obtiene éxito ante su Señor. Después de haber recibido la Eucaristía, escucha estas palabras: «Finalmente, la paz está establecida: mi santidad de justicia está satisfecha con el sacrificio que me has hecho»[56].

La reparación es «comunión»

El acercamiento entre la dinámica de la reparación y el dogma de la comunión de los santos se impone. En efecto, ¿cómo podríamos reparar, obtener gracias para los demás, sin una misteriosa comunión que nos conecte los unos con los otros, comunión que sólo es posible en sintonía con el Corazón de Jesús, el único capaz de irrigar su sangre vivificante a los miembros del cuerpo? Santo Tomás de Aquino define así la comunión de los santos:

> Como todos los creyentes forman un solo cuerpo, el bien de los unos se comunica a los otros [...]. Es, pues, necesario creer [...] que existe una comunión de bienes en la Iglesia. Pero el miembro más importante es Cristo, ya que Él es la cabeza [...]. Así, el bien de Cristo

---

54. Cuando una persona está plenamente instalada en la unión de voluntad, escribe Teresa de Ávila, «Dios comienza a tratar de tanta amistad, que no solo la torna a dejar su voluntad, mas dale las suyas con ella; porque se huelga el Señor, ya que se trata de tanta amistad, que manden a veces —como dicen— y cumplir», SANTA TERESA, *Obras Completas*, Camino de Perfección, 2017, editorial Monte Carmelo, c. XXXII, 12, p. 581

55. SANTA MARGARITA MARÍA ALACOQUE, *Obras completas, op. cit.*, «Cartas» nº 97 a la Madre de Saumaise, p. 827.

56. Ibid., «Autobiografía» nº 74, p. 192.

es comunicado [...] a todos los miembros, y esta comunicación se hace por los sacramentos de la Iglesia[57].

Todos unidos al Centro que es Cristo, estamos así en comunión con la Iglesia triunfante del cielo y con la Iglesia militante que aún peregrina en la tierra. En el interior de esta inmensa Comunión, podemos reparar en favor de las almas del purgatorio, así como por nuestros hermanos que aún viven; los que están en el cielo no tienen necesidad de nuestra intercesión ya que son santos, nosotros somos los que nos podemos aprovechar de sus plegarias. Mencionemos algunas formas de intercesión practicadas por Margarita María que podrían suscitar o relanzar nuestra propia misión de reparación en favor de nuestros hermanos vivos o del purgatorio.

¡Intercambio de migrañas!

Margarita María pidió un día al cielo sufrir las habituales migrañas de su superiora, en aquel tiempo la madre Greyfié. Esta última fue liberada durante un trimestre de ellas, mientras que la santa las padeció durante el mismo periodo. La superiora, sabiendo que debía este alivio de su sufrimiento a la intercesión sufriente de su hija, le dijo: «Si hay algo que sufrir, quiero disfrutarlo tanto como usted». Enseguida, la Madre Greyfié volvió a tener dolor de cabeza, mientras que Margarita María fue liberada de su sufrimiento[58].

---

57. SANTO TOMÁS DE AQUINO, *In Symbolum Apostolorum scilicet «Credo in Deum»expositio*, 13: Opera omnia, v. 27, Citado por el Catecismo de la Iglesia Católica.

58. Cf. JEAN LADAME, *La sainte de Paray Marguerite-Marie*, éd.Résiac, p. 202.

¡Ocupar el lugar del rey!

Jesús había prevenido a la santa de Paray-le-Monial que no se le ahorrarían los ataques del demonio, pero que su pureza sería preservada de una manera muy particular: «Mi perseguidor no cesaba de atacarme por todos lados, excepto en la impureza, en la cual le había prohibido tentarme mi divino Maestro»[59], escribe a su superiora en su Autobiografía. Conoció Margarita María no obstante una sola vez los ataques violentos contra la castidad a través de circunstancias completamente asombrosas. La superiora de aquel tiempo le pidió un día que intercediera por el rey: «Vaya a ocupar el lugar de nuestro rey ante el Santísimo Sacramento». Estando allí, Margarita María se sintió tan fuertemente atacada por abominables tentaciones de impureza, que le parecía estar ya en el infierno. Y cuando la religiosa recibió la orden de la madre Greyfié de poner fin a esa intención particular, «mis penas cesaron y me encontré anegada en un diluvio de consolaciones» concluye Margarita María[60]. Como observa el P. Jean Ladame, biógrafo de la santa:

La vida de Luis XIV fue suficientemente agitada por las pasiones para que este episodio no pueda ser puesto en duda. El Corazón de Jesús quería traer de vuelta también al monarca del abismo de perdición y, más tarde, se lo hará decir claramente por su mensajera[61].

---

59. Santa Margarita María Alacoque, *Obras completas, op. cit.,* «Autobiografía» n° 89, p. 210.

60. Ibid., «Autobiografía» n° 89, p. 210-211.

61. Cf. Jean Ladame, p. 200. A propósito de este famoso mensaje citado líneas arriba dirigido al rey, un poco más tarde, en junio de 1689, Margarita María escribe a la Madre de Saumaise: «He aquí las palabras que oí referentes a nuestro rey: «Haz saber al hijo mayor de mi Sagrado Corazón, que como su nacimiento temporal se obtuvo por devoción a los méritos de mi sagrada Infancia, igualmente alcanzará su nacimiento a la gracia y a la gloria eterna por la consagración que haga de sí mismo a mi Corazón adorable, que quiere triunfar sobre el suyo y por su medio sobre los de los grandes de la tierra», Santa Margarita María Alacoque, *Obras completas, op. cit.,* «Cartas» n° 100 a la Madre de Saumaise, p. 640.

Este hecho, un poco sorprendente para nuestros espíritus racionalistas, nos convence al menos de una cosa: la intercesión reparadora practicada por las almas víctimas no consiste en la recitación fácil de algunas oraciones, sino que puede conducir a sufrir los mismos ataques sufridos por la persona de la que uno se hace cargo.

Las almas del purgatorio

La Madre Greyfié propuso a Margarita María consagrar la noche del Jueves Santo de 1683 a rezar con una atención especial por las almas del purgatorio. Mientras está delante del Santísimo Sacramento, la salesa se ve repentinamente rodeada de almas sufrientes que esperan sus sufragios. Jesús le manifiesta entonces que le ha dado estas almas del purgatorio durante un año entero, a fin de que nuestra santa les haga todo el bien que pueda. En agosto de 1688, la santa le confiará a la madre de Saumaise:

> El Sagrado Corazón continúa enviándome a ciertas almas del purgatorio para que las ayude a satisfacer la justicia divina: durante un tiempo sufro penas semejantes a las suyas, sin hallar reposo ni de día ni de noche[62].

---

62. Ibid.,»Cartas» n° 91 a la Madre de Saumaise, p. 813.

La consagración al Corazón de Cristo

Cada uno de los capítulos anteriores constituye otros tantos elementos de una espiritualidad del Corazón de Jesús. Pero con la noción de consagración tocamos el aspecto más importante del culto al Sagrado Corazón.

Para recapitular las cosas, se puede decir que los pilares esenciales de esta devoción se recogen en tres palabras:

- *consagración*: que será objeto del desarrollo que sigue;

- *imagen*: «Dondequiera que esta imagen [de Cristo bajo la figura de su corazón de carne] sea honrada, derramará sus gracias y bendiciones»[1];

- *reparación*: «Les enseñaba a las novicias, se cuenta en *Les Contemporaines* a propósito de Margarita María, [...] a tomar del Sagrado Corazón una virtud contraria a la falta que habían cometido, para ofrecerla al Padre eterno en reparación, y luego levantarse valientemente»[2].

Si el culto al Corazón de Jesús reposa en este trípode, es bueno añadir una precisión importante. Cuando se habla del Sagrado Corazón de Paray, muchos piensan espontáneamente en el término *reparación*, como si ésta fuera su dimensión central. Nos parece más bien que el aspecto primordial de la devoción de Paray

---

1. Santa Margarita María Alacoque, *Obras completas, op. cit.,* «Cartas» n° 133 al P. Croisset, p. 1005.

2. *Vie et OEuvres de sainte Marguerite-Marie Alacoque, op.cit.,* «Mémoires des Contemporaines», n° 216, tomo I, p. 360.

reside en la consagración. Puesto que el Sagrado Corazón, escribe León XIII en la encíclica *Annum Sacrum:*

> ...es un símbolo y una imagen del amor infinito de Jesucristo, es muy natural consagrarse a su Corazón […], actuar así es hacer don de uno mismo, es vincularse a Jesucristo, pues todo honor, todo homenaje y piedad hacia el Sagrado Corazón se dirigen en realidad al mismo Cristo.

Esto no quiere decir que la reparación sea secundaria, sino que debe ser considerada como interior a la consagración[3], y esto por dos razones principales: para estar bien *conectada y orientada.*

- Bien «conectada», porque, lo hemos recordado más de una vez, sólo Cristo puede reparar. Nosotros podemos ciertamente reparar el pecado, pero sólo porque somos introducidos por el único Mediador en su única redención. Y esta participación sólo es posible cuando el alma se entrega a Cristo, se consagra a Él. A cambio, el Redentor se entrega al alma y le da la oportunidad de reparar: «Porque las devociones nunca son sólidas si no provienen del movimiento de la gracia», escribe Margarita María a uno de sus hermanos[4].

- Por otra parte, la reparación debe ser insertada en la consagración, porque necesita estar bien «orientada» en el orden del amor. Si «nadie tiene amor más grande que el que da la vida por sus amigos» (Jn 15,13), entregándose al Amor el alma verá su amor duplicado y purificado de todo tipo de dolorismo, voluntarismo,

---

3. Así lo explica el papa Pío Xi en la encíclica *Miserentíssimus Redemptor* nº 5: «Si lo primero y principal de la consagración es que al amor del Creador responda el amor de la criatura, síguese espontáneamente otro deber: el de compensar las injurias de algún modo inferidas al Amor increado, si fue desdeñado con el olvido o ultrajado con la ofensa. A este deber llamamos vulgarmente reparación».

4. Santa Margarita María Alacoque, *Obras completas, op. cit.,* «Cartas» nº 67 a uno de sus hermanos, p.738.

masoquismo... que a veces pueden acechar en ciertos comportamientos reparadores.

Si la consagración es una especie de estuche que contiene la reparación, esto no quiere decir que esta última carezca de interés e importancia. Al contrario, cuando, por el don desinteresado de sí misma, el alma se ofrece a Dios según una auténtica espiritualidad «victimal», alcanza las cumbres más sublimes del amor, como lo prueba nuestro Maestro a lo largo de su Pasión: «Ruego al Sagrado Corazón de Jesús quiera consumir nuestros ardores en los ardores de su santo amor», escribe la santa de Paray[5].

Expuestos estos preámbulos, entremos en los secretos de la consagración, eje central de la devoción al Corazón de Cristo. *¿Por qué* la consagración, *qué es* la consagración, *cómo* es la consagración y *qué produce* la consagración? Tales son las cuestiones que van a respaldar nuestra afirmación. Al final de este capítulo evocaremos también la consagración a los *dos Corazones unidos*, el de Jesús y el de su Madre.

LA CONSAGRACIÓN, ¿POR QUÉ?

La noción de consagración aparece bastante tardíamente en la correspondencia de Margarita María, después del año 1684. Pero si la palabra no es mencionada explícitamente, la realidad está ahí, vivida muy pronto en el mismo corazón de nuestra santa. Margarita María cuenta en su autobiografía: «Un día me pidió mi soberano Sacrificador que hiciese a su favor y por escrito un testamento o *donación total y sin reservas*, como lo había hecho ya de palabra»[6]. La víspera de Todos los Santos de 1686, la santa pronunciará lo que llama su voto de perfección: «Para unirme,

---

5. Ibid., «Cartas» n° 4 a sor Luisa Enriqueta de Soudeilles, p. 580.
6. Ibid., «Autobiografía» n° 84, p. 204.

consagrarme e inmolarme más estrecha, más absoluta y perfectamente al Sagrado Corazón de Nuestro Señor Jesucristo»[7].

El amor suscita la donación

¿Consagración? Muchos creyentes vinculan tanto esta palabra a la «consagración religiosa» que no se sienten concernidos por ella. Desearíamos pues demostrar, por el contrario, que la consagración brota del amor mismo y, de hecho, pertenece a la esencia de la vida bautismal.

- El mismo deseo del amor es el que suscita la consagración, la donación de sí mismo al ser amado. El matrimonio, sea vivido por creyentes o no, es una forma de consagración de sí mismo al otro. Sucede lo mismo con el alma cristiana que, al descubrir que es amada infinitamente por su Dios, desea, a cambio, devolver amor por amor. Para este Dios que se da completamente a ella, el alma no tiene más que un deseo, darse toda entera al Amado.

- Del amor vivido en el bautismo: la vida bautismal es considerada con demasiada frecuencia como una pura observancia de preceptos morales; este aspecto también forma parte de ella, pero el bautismo es en primer lugar un encuentro personal con Cristo, hasta dejarse atrapar por su amor: «El amor de Dios ha sido derramado en nuestros corazones por el Espíritu Santo que nos ha sido dado» (Rm 5,5). La orientación fundamental del bautismo nos empuja a entregarnos, a ofrecernos de la manera más radical al que se ha entregado por nosotros. Los sacerdotes, dice el Concilio Vaticano II, tienen por misión enseñar a los cristianos «a hacer ofrenda de su vida»[8]. No tenemos que cambiar de vocación

---

7. Ibid., «Sentimientos de retiro» n° 6, p. 338.
8. Concilio Vaticano II, Decreto sobre el ministerio y la vida de los sacerdotes, *Presbyterorum Ordinis* n° 5. Esta cita es un eco directo de san Pablo a los Romanos 15,16: «Ser para los gentiles ministro de Cristo Jesús,

para consagrarnos al Sagrado Corazón, que nos acepta tal como somos, seglares, consagrados religiosos o sacerdotes.

El amor salvador suscita la consagración

El amor humano —o el amor de Dios vivido en el bautismo— reclama con todas sus fuerzas «el intercambio de consentimientos», el don mutuo del uno al otro. Pero otras razones explican también la necesidad de la consagración: sin entregarse a Dios, el hombre, criatura limitada, no puede ser *divinizado*; sin entregarse a Dios, el hombre, criatura herida, no puede ser *sanado*.

- La consagración es, en primer lugar, necesaria para que la criatura pueda ser divinizada. En efecto, sólo Dios da a Dios. El hombre no podrá jamás apropiarse de la vida de Dios por la fuerza o por la virtud. Añadamos que Dios no puede penetrar por la fuerza en nuestras almas, el amor verdadero no se impone, se propone. Estos dos principios fundamentales muestran claramente la necesidad de la consagración. Entregándose a Dios, el alma le permite entregarse a ella, divinizarla: «Es preciso darlo todo para tenerlo todo; el amor divino no puede sufrir mezcla de cosa alguna»[9].

- No es sólo que la criatura quedaría totalmente en la indigencia si Dios ya no estuviera allí, sino que, además, el hombre es una criatura herida por el pecado. La consagración encuentra ahí el segundo motivo por el que es necesaria. El Sagrado Corazón no es una simple imagen piadosa, ¡es Jesús Salvador! Dándonos a Cristo, le permitimos salvarnos, transfigurar nuestras miserias en su grandeza, nuestras pobrezas en sus riquezas, nuestras debilidades en su poder: «Mi gracia te basta, pues mi fuerza se realiza en la debilidad», dijo Cristo a Pablo (cf. 2Co 12,9). En *los Consejos*

---

ejerciendo el sagrado oficio del Evangelio de Dios, para hacer de los gentiles una ofrenda agradable, santificada por el Espíritu Santo».

9. Santa Margarita María Alacoque, *Obras completas, op. cit.,* «Cartas» n° 7 a sor Luisa Enriqueta de Soudeilles, p. 587.

particulares, Desafíos e Instrucciones dados a sus novicias, Margarita María afirma: «Si nos encontramos en un abismo de resistencia y oposición a la voluntad de Dios, debemos abismarnos en el de la sumisión y conformidad al beneplácito divino del Sagrado Corazón de Nuestro Señor, y allí perder todas nuestras resistencias para revestirnos de esa dichosa conformidad en todo cuanto quiera disponer de nosotras. Si estáis en un abismo de pobreza, despojadas de todo y también de vosotras mismas, id a abismaros en el Sagrado Corazón. Él os enriquecerá y os vestirá con gusto, si le dejáis hacer. Si os encontráis en un abismo de ingratitud por los grandes beneficios que habéis recibido de Dios, id a abismaros en el Divino Corazón, que es una fuente de agradecimiento. Cuando os encontréis sumergidas en un abismo se tristeza, id a abismaros en el de la divina alegría de este Sagrado Corazón donde encontréis un tesoro, que disipará todas vuestras tristezas y aflicciones de espíritu»[10].

LA CONSAGRACIÓN, ¿QUÉ ES?

Al dar cuenta del porqué de la consagración nos era difícil no sugerir sus líneas primordiales. Ahora quisiéramos describir con más detalle sus rasgos distintivos.

Hay muchos malentendidos sobre la consagración que desorientan a muchos. Importa, por lo tanto, hacer una verdadera radiografía de la misma para liberarnos de esas ilusiones y de otras falsificaciones.

Las falsificaciones

Se pueden detectar tres errores principales a propósito de la consagración: dar no es darse; darse no es prestarse; la consagración no es una oración de consagración.

---

10. Ibid., «Consejos particulares, Desafíos, Instrucciones» n° 72, p. 457-459.

Dar no es darse

El primer error consiste en confundir la *donación* total con la *generosidad*. Por decirlo de otro modo, se puede *dar* todo a una tarea misionera al servicio de Dios y sin embargo *no haberse dado* realmente a Dios. De un párroco muy celoso, los feligreses dirán con admiración: «Nuestro párroco es formidable, se entrega completamente». Tengamos cuidado, *entregarse* a gratificantes actividades apostólicas no es suficiente. La diferencia está entre vivir *para* Dios y vivir *desde* Dios. La consagración no es un *plus* en el orden de la dedicación a Dios y a los demás, es hacerlo *de otra manera*: nos entregamos a Dios para que nos entregue al mundo como él lo quiera.

Darse no es prestarse

La concepción del amor actual no ayuda mucho a descubrir la buena nueva de la consagración. En efecto, hoy se nos presenta como modelo un amor en el que no hay unión total, un amor que se presta pero que se niega a comprometerse de por vida. Ahora bien, una consagración digna de este nombre es una alianza de amor irreversible: «Dar es darse, retomar es robar», se tatareaba en mi juventud. Margarita María no engaña a sus interlocutores sobre la seriedad de los compromisos de la consagración: «Él quiere todo o nada. Y después de habernos dado por completo una vez, no nos volvamos a recuperarnos»[11].

Consagración no es oración de consagración

Muchos confunden —es la tercera falsificación— consagración y ceremonia de consagración. Cuántas veces he oído esta reflexión a «buenos» cristianos: «Ah, Padre, la consagración la he hecho con

---

11. Ibid.,»Cartas» n° 53 a sor Felicia Magdalena de la Barge, p. 708.

mi mujer al terminar un retiro, en la casa de caridad, en Lourdes, en Fátima»… o bien: «Padre, rezo todas las mañanas la oración de consagración». Se habla de ella como de un recuerdo religioso pasado o como de un «diploma» obtenido al final de algunos ejercicios espirituales, o simplemente como de un acto puntual, una oración de consagración recitada cotidianamente. Pero, cuidado, la consagración nunca está detrás de nosotros, ¡sino siempre ante nosotros! No es algo puntual que resuelve un asunto definitivamente. No, la consagración tiene que repetirse cada día, en cada momento, en cada circunstancia. La auténtica consagración no puede reducirse a las oraciones de consagración, por muy hermosas que sean. La consagración es vida e incluso un nuevo modo de vida, a partir de Otro.

El Sagrado Corazón quiere reinar en nosotros

Antes de situarnos en el punto de vista del hombre, es importante considerar la consagración desde el punto de vista de Dios, la iniciativa del Altísimo siempre es la primera. La ofrenda total de uno mismo no es una decisión marginal piadosa, sino que arraiga en la Escritura, y más lejos aún, en el Ser mismo de Dios. En efecto, Cristo nos ha mostrado el camino de la consagración por su existencia dependiente totalmente de su Padre: «No hago nada por propia iniciativa, sino que sólo hablo lo que el Padre me ha enseñado» (Jn 8,28). Si el discípulo no está por encima del maestro, tendrá que adoptar el estilo de vida de su Señor: «Yo ya no vivo, es Cristo quien vive en mí» (Ga 2,20). Se entiende, la consagración consiste en dejar a Dios ser y vivir en nosotros, para su más grande gloria y para nuestra propia dicha. La salesa de Paray escribe a una religiosa:

> Es preciso que el divino Corazón de Jesús se ponga de tal modo en el lugar del nuestro, que sólo él viva y obre en nosotras y por nosotras; que su voluntad tenga de tal modo anonadada la nuestra

que pueda obrar absolutamente sin resistencia por nuestra parte; y, en fin, que sus afectos, sus pensamientos y sus deseos estén en lugar de los nuestros, pero sobre todo su amor, que se ame Él mismo en nosotras y por nosotras[12].

Digámoslo sin rodeos, el Corazón de Jesús quiere ser el «Señor» de nuestras almas: «Este divino Corazón quiere ser dueño absoluto del suyo», escribe Margarita María a una salesa de Moulins[13]. Por eso el Altísimo no puede contentarse con almas que mantengan sus equilibrios. «El amor no quiere un corazón compartido: lo quiere todo o nada»[14]. Esto nos puede chocar porque estamos muy influenciados por el pensamiento de «los maestros de la sospecha» para los que Dios, si existe, sólo puede aplastar la libertad del hombre. Con estos pensadores, estamos en las antípodas del Dios de Jesucristo. Cuando un alma se entrega a Dios, Él le ofrece a cambio su presencia «beatificante»; un alma que se pierde en Dios finalmente se encuentra: cuando un alma entrega su libertad, no se aniquila de ninguna manera, sino que se libera y se eleva. La santa de Paray escribe en su *Autobiografía*: «Nada se pierde en su poder, es decir, que debía darlo todo y abandonarme en sus manos, y Él era la potencia misma; nada se podía perder entregándoselo todo»[15]. En otras palabras, el amor de Dios es el que atrae al alma a consagrarse a Él y el mismo amor divino es el que la colma: «Pero Él lo quiere todo, sin reservas, *de los que ama*»[16].

---

12. Ibid., «Cartas» n° 110 a sor Felicia Magdalena de la Barge, p. 878.
13. Ibid., «Cartas» n° 52 a la Madre de Soudeilles, p.700.
14. Ibid., «Consejos particulares, Desafíos, Instrucciones» n°4, p. 352-353.
15. Ibid., «Autobiografía» n° 62, p. 176.
16. Ibid., «Cartas» n° 109 a la Madre María Felicia Dubuysson, p. 874.

Entregarle nuestra libertad

Después del punto de vista de Dios —Él quiere entregarse— pongámonos en la perspectiva del alma llamada, por su parte, a entregarse a Dios. No nos podemos contentar con abandonarnos superficialmente, es necesario sumergirse hasta lo más profundo de nosotros mismos, hasta la raíz misma del amor, en un acto libre y voluntario. Así escribe santa Margarita María:

> Si desea vivir toda para Él y llegar a la perfección que Él desea de usted, debe hacer a su Sagrado Corazón el completo sacrificio de usted misma, sin reserva alguna para no querer nada más que la voluntad de este amable Corazón. No debemos aficionarnos a nada más que a sus mismas aficiones, ni obrar más que por sus luces, ni emprender nunca nada sin pedirle antes su consejo y su ayuda, dándole gloria en todo e incluso rindiéndole acciones de gracias tanto en los fracasos como en los éxitos de nuestras empresas[17].

Hemos elegido citar completo este fragmento de la carta para que cada uno mida bien el contenido y el calado de esta disposición. Una vez más, esta consagración no es otra cosa que lo que debería ser la condición normal del bautizado, tal como san Pablo lo contempla. En efecto, ¿dice otra cosa cuando habla así a los nuevos conversos: «Os digo que procedáis según el Espíritu [...]. Si vivimos por el Espíritu, sigamos también al Espíritu» (Ga 5, 16. 25) Con otras palabras, Margarita María instruirá paralelamente a la Madre de Soudeilles: «Ya no se considerará más que como una pertenencia y dependiente del adorable Corazón de Nuestro Señor Jesucristo, recurriendo a él en todas sus necesidades»[18].

La espiritualidad de la consagración enriquece considerablemente al que quiera vivirla, pero exige entrar en una pobreza interior y en una dependencia que van más allá de lo común. Exige

---

17. Ibid., «Cartas» n° 28 a la Madre de Soudeilles, p. 641.
18. Ibid.

una perfecta renuncia de sí mismo: «Abandónese totalmente a su Corazón adorable, dejando a un lado sus propios intereses para emplear todo su corazón y afecto en la obra que Él le ha encomendado hacer»[19]. Esta decisión reclama, por otra parte, un corazón decididamente desprendido:

> Se requiere un corazón puro, vacío de todo deseo y afecto, humilde y abandonado enteramente en el beneplácito del puro amor que quiere ser su dueño absoluto para disponer de él a su gusto. A Él suplico que no permita le opongamos jamás resistencias[20].

LA CONSAGRACIÓN, ¿CÓMO?

Para evitar equivocarse de puerta, es importante definir con precisión el procedimiento de consagración. Hemos intentado hacerlo: el lector habrá comprendido que se trata de hacerse cada vez más dependiente del Sagrado Corazón. Si la puerta está claramente indicada, ahora hay que franquearla, es decir, pasar a la experiencia: ¿cómo entrar en la consagración y cómo vivirla?

Sólo Dios es capaz de lograr nuestro sí

Ya lo hemos visto, Dios no quiere forzar a ninguna alma a entregarse a Él: ésta debe desear personalmente, libremente y con todo su corazón llegar a ese estilo de vida bajo la guía del Sagrado Corazón de Jesús. Pero es precisamente ahí donde reside el problema: nuestra famosa libertad corre el riesgo de no ser liberada plena y suficientemente para afirmar un sí sin reservas. Cuando Dios ve que un alma tiene sinceramente sed de Él, en su misteriosa providencia, va a organizarlo todo para que poco a poco se

---

19. Ibid., «Cartas» nº 18 a la Madre de Soudeilles, p. 618.
20. Ibid., «Cartas» nº 4 a la Madre de Soudeilles, p. 583-584.

desprenda progresivamente de su propia libertad hasta pronunciar finalmente un sí total.

Antes incluso de dar el primer paso en el camino de la consagración, hay que reconocer nuestros propios límites: somos muy lentos[21] en darnos sin reservas y Dios se ve obligado a avanzar al ritmo de nuestras dilaciones, de lo contrario nos «explotaría». Seamos humildes ante nuestra gran lentitud, seamos humildes ante nuestra inconstancia para darnos... entonces tendremos las bases para poder avanzar.

¿Por qué caminos providenciales va a trabajar Dios para que nos desprendamos progresivamente de nuestra libertad y empujarnos así a volvernos, radicalmente, a su Corazón? Nos vamos a fijar en cuatro ejes: la oración, la vida en el Espíritu, la aceptación de la voluntad divina y la Cruz purificadora.

Oración

Como hemos visto, la consagración nace ciertamente de una voluntad libre, pero es, a fin de cuentas, un don de Dios. Por eso no hay que dudar en pedirle, en «cansarlo», como un niño deseoso de obtener un regalo concreto en Navidad. La oración de petición es por supuesto lo más indicado para esto: «¡Jesús, concédeme que me entregue a ti!».

Pero sería demasiado poco, e incluso finalmente malo, concentrarse sólo en la súplica. La oración es también el lugar privilegiado de un Corazón a corazón en el que aprendemos a descentrarnos de nuestro yo para dejarnos absorber por Otro, Jesús. Así, disponiéndonos a esta oración de amor y de sencillez, poco a poco

---

21. Teresa de Ávila previene: «Somos tan caros y tan tardíos de darnos del todo a Dios que no acabamos de disponernos [...]. Mas parécenos que lo damos todo y es que ofrecemos a Dios la renta o los frutos y quedámonos con la raíz y posesión», *op. cit., Vida*, cap. 11, p. 107

estamos moldeando en nosotros las disposiciones interiores propias de la consagración. En efecto, así pasamos de un *yo* a un *Tú* hasta aceptar el dominio del Sagrado Corazón. Resulta muy hermoso ver cómo Jesús educa a Margarita María en la oración sencilla y profunda, y la prepara así para el don total de ella misma:

> Y tan pronto como fui a la oración, me hizo conocer que aquella tela preparada era mi alma, sobre la que quería pintar todos los rasgos de su vida dolorosa, toda ella transcurrida en el amor y en la privación, en la separación, en el silencio y en el sacrificio hasta la consumación; que los imprimiría en mi alma después de haberla purificado de todas las manchas que le quedaban, tanto de afecto a las cosas terrenas como de amor a mí misma o a las criaturas, hacia las que tenía mucha inclinación mi carácter complaciente[22].

Jesús la conduce y ella se deja conducir tan bien que define así su oración: «Mi oración, o más bien la que mi soberano Maestro hacía en mí y por mí»[23].

Lo experimentamos todos: la oración es también, y a menudo, un combate. Esta lucha es inevitable si uno quiere realmente desprenderse de sí para entregarse más al Amado. Las distracciones son, pues, una formidable oportunidad para aprender a preferir a Jesús:

> Y cuando encuentre disipación, aburrimiento o negligencia, hágase este reproche a sí misma, recogiendo suavemente su espíritu: *¿Cómo, alma mía, no has podido perseverar con Jesús en la oración este ratito?* Y después vuelva sencillamente a su tema sin entretenerse en mirar cuáles eran sus distracciones. Al terminar, ofrezca al eterno Padre la oración de su Hijo para reparar los defectos de la

---

22. Santa Margarita María Alacoque, *Obras completas, op. cit.*, «Autobiografía» n° 36, p. 146.
23. Ibid., «Autobiografía» n° 39, p. 148.

suya, y que el fruto principal que saque sea el amor a la humildad y a la sencillez[24].

El combate es todavía más doloroso cuando las sequedades interiores nos impulsan a huir de la oración. Aprovechemos esta ocasión favorable para aprender a amar a Jesús por él mismo:

> No se aflija por estas repugnancias y sequedades que siente en su servicio. Así es más puro su amor y sus servicios más agradables, pues Él quiere que le sirva de este modo, sin más apoyo que la fe desnuda y sencilla, pero fervorosa y constante[25].

Dejarse conducir por Jesús

La consagración consiste en un verdadero vuelco: pasar de una vida para Dios a una vida a partir de Dios. Podemos adivinar que se necesitará todo un aprendizaje para llevar a cabo esta pequeña revolución interior. Hay que reconocerlo, pocos, incluso entre los consagrados están, en última instancia, anclados en este arte de vivir. Es muy cómodo organizar la propia vida, manejar tu existencia. Pero ¡qué difícil y desestabilizador es dejarse conducir por Otro, sobre todo cuando ese Otro es invisible! Consagrarse es literalmente dejarse agarrar por Dios, no sólo durante las grandes experiencias religiosas de una existencia, sino a través de las pequeñas naderías de lo cotidiano:

> No tenga reserva alguna con Él, que quiere estar dentro de usted misma como una semilla de vida eterna. Él quiere reinar, mandar y gobernar en usted, dando impulso a todas sus acciones y ser objeto de todos sus afectos, aconseja la santa a sus hermanas[26].

---

24. *Ibid,* «Consejos particulares, Desafíos, Instrucciones», n° 9, p. 357.
25. *Ibid,* «Consejos particulares, Desafíos, Instrucciones», n° 20, p. 574.
26. *Ibid,* «Consejos particulares, Desafíos, Instrucciones», n° 1, p. 351.

El reflejo que tenemos que desarrollar es relativamente senci-llo, se trata, ante la más insignificante situación, acción, encuen-tro, tarea o dificultad, dirigirnos a Nuestro Señor: «Corazón de Jesús, ¿cómo ves tú las cosas? ¿En qué dirección irías? ¿Qué dirías si estuvieses en mi lugar? ¿Cómo actuarías ante esta dificultad»? Esta disponibilidad extremadamente sencilla parecerá muy com-plicada a los espíritus que quieren salir adelante por sí mismos. Es necesario hacerse sencillos para lograrlo, para comportarse con Jesús de manera tan sencilla como uno se comportaría con su me-jor amigo.

Una vez hecha la petición para que nos dé luz, aún nos falta —y será aún más difícil— dejar a Nuestro Señor hablar cuándo y cómo quiera.

- En primer lugar, respetemos los tiempos de Dios. La precipita-ción es el gran obstáculo de la vida en Jesús. Justo después de di-rigirnos a Dios en la oración, a menudo somos nosotros quienes tomamos la iniciativa. En tales condiciones, ¿cómo podría él di-rigir nuestra existencia? «Huya de todo apresuramiento, tratando de formar su interior y exterior sobre el modelo de la humilde dulzura del amoroso Corazón de Jesús, haciendo cada una de sus acciones con la misma tranquilidad que si no tuviera otra cosa que hacer, y con la misma pureza de amor, como si fuera la última de su vida. Procure emplear cada momento conforme al fin al que está destinado»[27].

- Dejemos actuar al Señor cuando Él quiera, hemos dicho, pero también como le parezca. La manera en la que Dios se comuni-ca con nosotros es un poco particular. Se manifiesta en el fondo del alma, aunque la mayor parte del tiempo no lo oiremos con nuestros oídos ni tampoco lo percibiremos con nuestros sentidos;

---

27. Ibid., «Consejos particulares, Desafíos, Instrucciones», n° 33, p. 401.

habla «sin ruido de palabras», dice santa Teresita[28]. Por lo tanto, es obligado aprender a discernir esta voz divina que nos habla con acentos absolutamente únicos y un volumen tan bajo: «Estate atenta a mi voz, dijo Jesús a Margarita María, y a lo que te pido, para disponerte al cumplimento de mis designios»[29].

Pero, me preguntarán con razón, ¿cómo discernir esta voz interior de Jesús que habla al corazón, sin confundirla con las sirenas de los malos espíritus o con los propios deseos humanos? Margarita María responde a esta cuestión de manera magistral, demostrando, si es que era necesario, su gran equilibrio humano y espiritual:

> Con tan gran temor de caer en medio de tantas gracias y favores que recibo de mi Soberano, he aquí las señales con las que me da a conocer lo que procede de Él de las que vienen de Satanás, del amor propio o de cualquier otra causa natural[30].

Su desarrollo a propósito de las «señales para discernir el buen Espíritu»[31] es un poco largo, pero se pueden retener los siguientes criterios principales de una auténtica experiencia del Espíritu:

- La humillación al servicio de la humildad: «Estos favores y gracias particulares irán siempre acompañados para mí de cualquier humillación, contradicción o desprecio, por parte de las criaturas»;

---

28. «Jesús no tiene necesidad de libros ni de doctores para instruir a las almas. Él, el Doctor de los doctores, enseña sin ruido de palabras... Yo nunca le he oído hablar, pero siento que está dentro de mí, y que en cada momento me guía y me inspira lo que debo decir o hacer. Justo en el momento en que las necesito, descubro luces en las que hasta entonces no me había fijado. Y las más de las veces no es precisamente en la oración donde esas luces más abundan, sino más bien en medio de las ocupaciones de la jornada» TERESA DE LISIEUX, *Obras Completas, op.cit., Manuscrito A* 83 Vº.

29. SANTA MARGARITA MARÍA ALACOQUE, *Obras completas, op. cit.,* «Autobiografía» nº 56, p. 169.

30. Ibid., «Fragmentos» nº 6, p. 321.

31. Ibid.

- el amor al prójimo: «Estas gracias […] jamás producirán en mí pensamiento alguno de desestima del prójimo»;

- la obediencia a la Iglesia y a los superiores: «Estas gracias no me impedirán observar mi Regla ni obedecer a mis superiores, pues las tengo estrictamente sometidas a la obediencia»;

- la flexibilidad interior: «Este Espíritu que me conduce […] ha tomado tal imperio sobre mí, que me parece que puedo decir que rige y gobierna mi interior como le place, sin que pueda resistirle, porque es la vida misma la que me anima. Me eleva y me abaja, me consuela y me aflige, sin que yo haga otra cosa más que adorarlo, amarlo y abandonarme completamente en Él»;

- La paz del corazón: «Esto es lo que quiere de mí: amar, actuar y sufrir en silencio. Me hace gozar de una paz inalterable en medio de estos tres deseos que ha encendido en mi corazón».

Acoger la vida

Este título puede parecer ingenuo… ¡pero es todo lo contrario! Esta afirmación, juzgada un poco rápidamente como la «llave maestra», quiere subrayar una verdad fundamental de la vida espiritual: la vida, nuestra vida, con su sucesión de acontecimientos, de encuentros, de tareas que hay que cumplir, es el único punto de encuentro con la voluntad de Dios, que quiere o permite lo que nos sucede:

> No tengamos, pues, reserva alguna con Él, abandonémosle todo lo que somos, sin preocuparnos por el futuro, y sin pensar en nosotras mismas ni en nuestra incapacidad. Él cuidará de proveerlo todo, con tal de que le dejemos obrar en libertad[32].

Si el instante presente es literalmente «el presente» de Dios, acojámoslo sin tardanza. Cuando huimos, soportamos o no vivimos

---

32. Ibid., «Cartas» a sor Felicia Magdalena de la Barge, n° 96, p. 822.

plenamente el momento presente, no permitimos al Corazón de Jesús unirse a nosotros y, por ello mismo, transformarnos, llenarnos. En esta cita fallida con la divina voluntad en el aquí y ahora es donde hay que buscar las razones del sentimiento de insatisfacción y falta de plenitud expresada por numerosos cristianos y consagrados:

> Procure, sobre todo, conservar la paz del Corazón, que vale más que todos los tesoros inimaginables. Y el medio para conservarla es no tener voluntad, sino poner la del divino Corazón en lugar de la nuestra, para dejarle querer por nosotros lo que sea más glorioso para Él, contentándonos con someternos y abandonarnos[33].

Acoger la Cruz

Acoger la Cruz como se acoge la vida… La solicitud de la providencia es tal que ella lo organiza todo, a través de los más pequeños detalles, con vistas a nuestra purificación personal. Con la Cruz nos vamos desprendiendo de todo lo evocado anteriormente, desprendimientos indispensables si queremos aspirar a la libertad del sí, a la donación sin reserva y sin retorno. Si el mismo Dios es quien organiza nuestra purificación, es inútil inventarnos cruces. Comencemos por dar sabiamente la bienvenida a las que se presentan ante nuestra puerta.

¿Quién de nosotros no se asusta ante la Cruz? Después de todo, es una prueba de equilibrio. No se trata de buscar el sufrimiento por sí mismo, sino por los frutos que procura, particularmente el poder desprendernos de nuestra libertad:

> Que sea fiel en su camino, sufriéndolo todo sin quejarse, puesto que no puede estar en el número de las verdaderas amigas de

33. Ibid., «Cartas» a sor Felicia Magdalena de la Barge, n° 122, p. 910.

mi Corazón mientras no sea purificada y probada en el crisol del sufrimiento[34].

La Cruz nos libera de nosotros mismos, pero también tiene el poder de pulverizar las falsas imágenes de Dios que transmite nuestro inconsciente. Cuando es bien vivida, la Cruz abre al Dios verdadero, a su amor infinito:

> No mire más que a Él en todo lo que le suceda, sin preocuparse de la materia de la que se componen las cruces que le da. Bástele, en todo acontecimiento, saber que allí está la voluntad de Dios. Descanse en su seno como un niño en el regazo de su madre, su amor la cuidará[35].

Conocemos las palabras sublimes de Claudel: «El amor hizo el dolor y el dolor el amor». De hecho, las podríamos aplicar a nuestro tema: el amor es la única llave capaz de abrir la locura de la Cruz y el amor es el fruto de la Cruz vivida en Jesús.

- El amor es la llave de la Cruz. La Cruz en sí misma es locura. Pero después de la Muerte y Resurrección de Cristo, no hay ninguna cruz que no sea vivida por Él y transfigurada por su amor. La discípula del Sagrado Corazón buscará vivir en este nivel de profundidad espiritual, no amando el dolor, sino amando a Jesús en la Cruz: «No sabría hablar más que de la felicidad que hay en sufrir con Jesucristo, pues no veo nada más precioso que sufrir por su amor»[36].

- El amor es el fruto delicioso de la Cruz. La Cruz, ciertamente, «desgarra» al que sufre, pero si este último no se rebela y entra en el abandono, le desgarra el corazón, sí, pero para agrandarlo más. Aumenta así su capacidad de amor a Dios. Al encontrar más espacio en esta alma, Dios entra en ella y derrama con abundancia

---

34. Ibid., «Consejos particulares, Desafíos, Instrucciones», n° 37, p. 404.
35. Ibid., «Consejos particulares, Desafíos, Instrucciones», n° 45, p. 412.
36. Ibid., «Cartas» n° 8 a la Madre de Saumaise, p. 591.

las delicias de su amor. Estos secretos sólo son accesibles a aquellos que se atreven a experimentarlos: ««Es preciso que el divino Corazón de Jesús se ponga de tal modo en lugar del nuestro, que Él solo viva y actúe en nosotras y por nosotras; que su voluntad tenga de tal modo anonada la nuestra, que pueda actuar absolutamente sin resistencia por nuestra parte, pero sobre todo su amor, que se ame Él mismo en nosotras y por nosotras»[37].

Por último, la entrega total de uno mismo es imposible para el hombre entregado a sí mismo. Es necesario que Dios se involucre. Gracias a estos cuatro medios de purificación —oración, vida en el Espíritu, unión de voluntades y Cruz— Dios va a ir liberando progresivamente nuestra libertad. De manera gráfica, esta historia que tomamos del gran Miguel Ángel, nos puede ayudar a comprenderlo. Se cuenta que, un día en el que Miguel Ángel estaba golpeando con fuerza un bloque de mármol para esculpir la estatua de un ángel, el papa Julio II, que observaba atentamente su trabajo, le dijo: «¿Por qué golpeas tan fuerte?». Miguel Ángel le respondió: «¿No ve que hay un ángel prisionero en este bloque de mármol?… ¡Lo hago para liberarlo!». Maravillosa respuesta que explica muy bien hasta qué punto el don de uno mismo es un parto: Dios, artista sin igual, tiene que «golpear» el bloque de mármol que somos, pero lo hace para liberar el sí total que todavía sigue prisionero.

En camino hacia la consagración

La ofrenda de sí mismo parece a primera vista una decisión del hombre hacia Dios. Pero acabamos de mostrar que, de hecho, es un don de Dios que, en múltiples ocasiones, nos va a sacar de nuestra inercia que paraliza la donación radical. Sin embargo, la consagración es una alianza de amor que exige el compromiso de dos partes. Vamos a centrarnos ahora en lo que corresponde a la colaboración del hombre…

---

37. Ibid., «Cartas» nº 110 a sor Felicia Magdalena de la Barge, p. 878.

¡En camino hacia la consagración!

No tengamos miedo de nuestros miedos

Nos parece que el primer paso de esta ascensión se dará cuando el alma empiece por reconocer humildemente sus miedos a entregarse totalmente a Dios. La ausencia de estos miedos sólo sería señal de un cierto irrealismo con relación a lo que está en juego en este proceso. Tener miedo de «perderse» en Dios es perfectamente normal. Los santos tuvieron también esta experiencia ante el gran salto, y ¿tendremos nosotros la osadía de querer ahorrarnos toda angustia? Comencemos pues por detectar estos famosos miedos.

- Quizá uno de ellos sea la conciencia dolorosa y preocupada de verse tan miserable en comparación con la santidad de Dios: ««¿Cómo yo, tan miserable, podría entregarme dignamente a un Dios tan grande y tan puro...? ¡Tengo que ser más perfecto para dar el salto!» Si lo hacemos así, no nos entregaremos jamás, porque jamás nos encontraremos a la altura, ¿cómo podría ser de otra manera? Si los discípulos de Jesús se hubieran encerrado en esta postura pretendidamente humilde, no habrían sido apóstoles nunca. Proceder así es mostrar que nos miramos demasiado a nosotros mismos y poco a Dios. No esperemos a ser perfectos para entregarnos, será Dios quien nos perfeccionará si nos entregamos a Él. Margarita María tiene el arte de poner las cosas en su lugar con pocas palabras: «El tendrá cuidado de santificarnos a medida que nosotras lo glorifiquemos»[38].

- Ponernos totalmente en manos de Dios se nos puede presentar como un riesgo de quedar paralizados ante la impresión de que perdemos el control de nuestra propia vida. Y tendríamos razón: lo hemos indicado más arriba, consagrarse es pertenecer en adelante a Otro. Como dice la célebre fórmula de consagración de Carlos de Foucauld, otro íntimo del Corazón *de Jesús:* «Padre, me

---

38. Ibid., «Cartas» n° 53 sor Felicia Magdalena de la Barge, p. 708.

pongo en tus manos… Haz de mí lo que quieras». La mentalidad de *«ejecutivos de empresa»* —de la que todos participamos de alguna manera, incluso si lo negamos— tendrá muchas dificultades para *dejarse llevar* por el Espíritu de Jesús. Sin embargo, es la condición de una auténtica consagración: dejar de administrar y organizar la propia vida para que Otro se haga cargo de ella. ¡Qué difícil es entregar las llaves de nuestro vehículo a Dios! Sin embargo, para el Conductor en cuestión no hay dificultad que se le ponga por delante. ¡Qué difícil es en los comienzos dejarse conducir por este divino Chofer del que no veo las manos que tiene al volante y todavía menos el pie que apoya el acelerador a su antojo... ¡qué sudores en las primeras curvas!

- Hay otra angustia que nace a menudo de la idea de entregarse a Dios: la perspectiva de la Cruz. «Si le doy totalmente mi libertad y todo mi ser a Dios, ¿no lo va a aprovechar para hacerme llevar una pesada cruz, para hacerme vivir sufrimientos terribles, para conducirme al martirio? Como todos los santos, como todos sus amigos íntimos… ¡No, verdaderamente, no es lo mío!» Pero si Dios es Padre, el mejor Padre, ¿cómo podría imponerme cruces que yo sería incapaz de soportar? Su amor adapta las dificultades a las posibilidades de cada uno. Cuando le decimos sí, cuando decimos sí a la cruz que se presenta, nos da la gracia necesaria al peso de esa cruz. Es porque nos imaginamos nuestras cruces de antemano —y Dios sabe que no nos falta imaginación para hacerlo— por lo que permanecemos paralizados con la simple idea de entregarnos a Dios. Sabemos, por otra parte, que el Maligno posee el arte de exacerbar esta inquietud ante el futuro. Dejemos de escuchar sus tonterías y vivamos la cruz que se presente, como si fuese la única que tenemos que llevar con Jesús. Hacerlo es el mejor medio de disipar nuestros miedos reales o imaginarios; también es el mejor medio de colocarse bien para saltar sobre el trampolín del abandono.

Identificar nuestros miedos no es un asunto menor. En efecto, tratamos siempre de negar el miedo pues es desagradable y revela nuestra impotencia. Cuando estas aprensiones son claramente identificadas, hay que entregarse inmediatamente a Dios con ellas, con tanta sencillez como la de un niño que se confía a su papá. Estos miedos, como provienen de nuestro pecado o de nuestra naturaleza frágil, se vuelven entonces aliados en nuestra ascensión hacia Dios. Dios utilizará una debilidad para desarrollar en ella su fuerza, se servirá de los miedos para inocular en ellos un abandono sereno. Finalmente, todo se vuelve sencillo cuando nos entregamos a través de la profundidad real de nuestra personalidad. Dirijámonos a Él de la manera más sencilla del mundo y digámosle, por ejemplo: «Corazón de Jesús, quiero sinceramente entregarme a ti. Sabes que no soy un héroe, tengo mucho miedo ante cualquier nadería. Pero me entrego a ti con mi hipersensibilidad, mi fragilidad, sin mirarlas demasiado»; o «Corazón de Jesús, quiero sinceramente entregarme a ti. Sabes que no soy un superhéroe volador. Me mareo por nada. Pero me entrego a ti con todos mis miedos que no logro erradicar».

Antes de escribirla, decirla

La consagración no puede ser un pasatiempo de fin de semana, es un estilo de vida que debe abarcar toda la existencia. Por lo tanto, tendrá que prolongarse en el tiempo. Pero antes de escribirla, habrá que decirla. Decirla, aunque sólo sea para oírla, para realizar mejor el proceso que estamos realizando. A las personas deseosas de consagrarse, les proponemos comenzar humildemente, diciendo un acto de consagración cada mañana, antes de pretender vivirlo en todas las circunstancias. Margarita María animaba a sus novicias a practicar esta práctica cotidiana al despertarse: «Primeramente, al despertarse, entre en el Sagrado Corazón y conságrele su cuerpo, alma, corazón y todo lo que usted es, para no servirse ya de todo ello más que para su amor y para su gloria»[39]. Dos

---

39. Ibid., «Consejos particulares, Desafíos, Instrucciones», n° 52, p.423.

siglos más tarde, un jesuita, el padre Enrique Ramière, tuvo una idea genial, a través del *Apostolado de la oración*: invitar a todos los católicos a unirse en la oración por la *ofrenda cotidiana* en una perspectiva misionera.

Tal orientación apostólica de la oración no habría sido ajena al pensamiento de santa Margarita María. «Ayudar con las oraciones y buenos ejemplos a la santa Iglesia y a la salvación del prójimo»: tal era, según san Francisco de Sales, la función de sus religiosas, comenta el P. Glotin[40].

Para esto se podrá adoptar la oración de ofrenda del día de santa Teresita de Lisieux:

Dios mío, te ofrezco todas las acciones que hoy realice por las intenciones del Sagrado Corazón y para su gloria. Quiero santificar los latidos de mi corazón, mis pensamientos y mis obras más sencillas uniéndolo todo a sus méritos infinitos, y reparar mis faltas arrojándolas al horno ardiente de su amor misericordioso. Dios mío, te pido para mí y para todos mis seres queridos la gracia de cumplir con toda perfección tu voluntad y aceptar por tu amor las alegrías y los sufrimientos de esta vida pasajera, para que un día estemos en el cielo por toda la eternidad. Amén[41].

Pequeñas promesas de «síes»

Cuando esta ofrenda cotidiana comienza a arraigar en la vida de la persona, ésta aspirará sin duda a ir más lejos. Aquí le proponemos un «método» que nos ha sido muy provechoso. De modo espontáneo estamos, en efecto, tan poco inclinados y tan poco ejercitados en abandonarnos en Dios en todas las circunstancias

---

40. P. Édouard Glotin, *La Bible du Coeur de Jésus, op. cit.*, p. 422.
41. Teresa de Lisieux, *Obras completas, op.cit.*, Or 10, p. 762.

que, como en la práctica del deporte, tenemos necesidad de un entrenamiento y de sesiones de estiramiento.

El «método», si se puede hablar así, consiste en hacer pequeñas promesas de «síes», de compromisos limitados en el tiempo, que preparan poco a poco para el gran «sí» de la consagración sin vuelta atrás. ¿De qué se trata? Es muy sencillo. Uno se da un tiempo limitado, un día solamente, «sólo por hoy», diría santa Teresita[42]. Primero se limita a una sola jornada, sencillamente para no perderse en un futuro que se imagina demasiado hostil (esos famosos miedos citados más arriba). Un solo día para hacer ¿qué? Para acoger por adelantado todo lo que Jesús nos dará para vivirlo, tanto los acontecimientos gratificantes como los menos agradables. Este «sí» a lo que va a suceder en la jornada presenta el interés de desplegar el corazón, cerrado a menudo porque desconfía de lo que aún no ha sucedido: «¡Siempre que no pase nada!», dice el lenguaje popular. Así, el alma, el espíritu e incluso el cuerpo van poco a poco dejando caer estos mecanismos de defensa creados por el hábito y que explican nuestra dificultad para abandonarnos en Dios, para entregarnos a Él sin reserva. A las mujeres embarazadas se les enseña a relajarse con el fin de disminuir los dolores del parto. Estos pequeños «síes» que preconizamos tienen el mismo objetivo y los mismos beneficios: pasar del miedo y de la desconfianza al abandono y a la paz. Se necesitan muchos pequeños arroyos para hacer un gran río. Se necesitan muchos pequeños «síes» para dar un gran «sí». Este método de los pequeños «síes» presenta la ventaja de no asustar a las almas pequeñas. En efecto, incluso si, después de haber dicho «sí», se vuelve a decir «no» ante tal o cual situación, no pasa nada dramático: ¡ahora no, ahora sí! Cuando tenemos conciencia de nuestra recaída, de encerrarnos interiormente de nuevo, no hay que preocuparse, hay que evitar

---

42. Teresa de Lisieux, *Obras completas*, *op.cit.*, *PN 5*, p. 638–640 y *Or 10*, p. 762.

deleitarnos en la tristeza de haber fallado y, sin demora, tenemos que volver a remontar y a reinsertarnos en el sí de la consagración a Dios. «Abandónalo todo a mi beneplácito, dijo Jesús a Santa Margarita María, y déjame cumplir mis designios sin mezclarte en nada, porque yo tendré cuidado de ti»[43].

El gran salto en el sí

Un alma deseosa de pertenecer totalmente a Dios, en la vocación que sea la suya, podrá difícilmente contentarse con estos ejercicios preparatorios pero indispensables. Experimentará la necesidad de sellar, con un acto de ofrenda a Dios, una alianza irreversible. Por otra parte, es muy consolador para lo pobres que somos nosotros, observar que muchos santos han hecho su acto de ofrenda definitiva a menudo mucho después de su ordenación o consagración religiosa. Con este acto de donación total el alma tendrá la sensación de un antes y un después, la convicción de que, aunque sigue siendo pequeña y pecadora, ha entrado en el mundo de Dios, ha hecho el gran sacrificio; esta palabra viene del latín *sacrum facere,* hacer sagrado, literalmente: pasar a Dios.

La persona podrá realizar este acto en el secreto de su corazón, pero puede ser bueno vivirlo acompañado de un padre espiritual. Esto supone un diálogo previo. En la transparencia del corazón, dicho diálogo permite evitar una decisión arriesgada, una cierta precipitación, una falta de madurez...

¿Cuándo hacer este acto de consagración al Corazón de Jesús? Según las enseñanzas de Jesús, Margarita María propone un día muy indicado: el primer viernes de mes.

---

43. Santa Margarita María Alacoque, *Obras completas, op. cit.,* «Autobiografía» n° 79,198.

Si desea ser del número de sus amigas, le ofrecerá, pues, este sacrificio de sí misma un primer viernes de mes, después de la comunión que haga por esta intención, consagrándose toda a Él para rendirle y procurarle todo el amor, el honor y la gloria que pueda; y todo esto en la forma que Él le inspire[44].

La fiesta solemne del Sagrado Corazón en junio es también una fecha particularmente indicada.

¿Qué oración se puede hacer para esta consagración al Corazón de Jesús? Sabemos que Dios se burla un poco de las fórmulas, lo que mira es la intención y el peso de la donación. Dicho esto, ¿por qué no poner humildemente nuestros pasos en los de los santos que han practicado esta consagración? Al final de esta obra se encontrará, en un anexo, el «Acto de ofrenda al Sagrado Corazón» de san Claudio de la Colombière y la «Pequeña consagración al Corazón de Jesús» de santa Margarita María.

La consagración es abandono

La consagración es don de sí mismo, y *don* se conjuga muy bien con abandono. Margarita María lo preconiza con insistencia: en primer lugar «abandono en cuanto al cuerpo, tomando y recibiendo con santa indiferencia, tanto la enfermedad como la salud, el trabajo como el descanso», pero también el «abandono en cuanto al espíritu, queriendo las sequedades, insensibilidades, desolaciones y aceptándolas con el mismo agradecimiento que tendría por las dulzuras y consuelos. Que su alma persevere siempre en paz, procurando que obre con perfecta desnudez de fe, sin recrearse en los gustos sensibles, que ordinariamente no sirven más que para detenerse en el camino de nuestra perfección. El tercer abandono es el del corazón, sede del amor y de la voluntad, la cual ha de hacer que de tal modo muera en el Sagrado Corazón de Nuestro

---

44. Ibid., «Cartas» n° 28 a la Madre Soudeilles, p. 642.

Señor Jesucristo que le deje querer para usted todo lo que sea de su beneplácito»[45]. Este abandono al buen querer divino nos hará comprender hasta qué punto, en materia de vida espiritual y por lo tanto de consagración, *dejar hacer* a Jesús es tan importante —sino más— que *hacer* por Él:

> Por el excesivo cuidado de usted misma le estorba a quien querría tomarla, para hacerle avanzar en un mes, sin que usted se dé cuenta, más de lo que usted pudiera hacer de ordinario en el curso de varios años[46].

Durante el itinerario de la donación sin reservas se produce un umbral determinante cuando el alma acepta no tomarse el pulso, no saber a qué velocidad recorre este camino, no verificar la etapa a la que ha llegado. Una relectura de vida no carece de interés, pero el «turbo» está encendido, en el orden del abandono... cuando se abandona su abandono, cuando ya no se mira demasiado... La santita del Corazón de Jesús que es Teresa de Lisieux lo comprendió muy bien:

> El medio para ser dichoso en el caminito de Teresita es el de abandonarse en Dios y pensar en uno mismo lo menos posible, sin ni siquiera tratar de darse cuenta de si se progresa o no: no es asunto nuestro[47].

LA CONSAGRACIÓN, ¿QUÉ PRODUCE?

El lector ha comprendido que la consagración es una elección exigente, una verdadera muerte a sí mismo. Pero si el precio es

---

45. Ibid., «Consejos particulares, Desafíos, Instrucciones», n° 32, p. 396.

46. Ibid., «Cartas» n° 81 a sor Felicia Magdalena de la Barge, p. 773-774.

47. Santa Teresa de Lisieux, *Derniers entretiens avec soeur Germaine, 29 /1/ 17*. Citado por el padre Descouvemont, *Soeur Marie de la Trinité, une novice de sainte Thérèse*, éd. du Cerf, p. 159.

costoso, ¡los intereses son proporcionales! Entregándose totalmente a Dios, el alma permite al Sagrado Corazón entregarse totalmente a ella, ¡nada menos! Entonces, la persona entregada se descubre enriquecida con el mismo Dios y sus tesoros infinitos: «¡Si supiera cuánto mérito y gloria hay en honrar a este amable Corazón del adorable Jesús y cuál será la recompensa de aquellos que, después de habérsele consagrado, no pretenden más que honrarlo»[48]!

Los frutos de la consagración son pues numerosos. Contentémonos por ahora con mencionar algunos.

- La consagración nos instala en el Corazón de Dios, nos encontramos así en una verdadera fortaleza y refugio (cf. Sal 91, 2) frente a los poderes del mal que buscan por todos los medios empujarnos al pecado: «Le confieso también que no puedo creer que perezcan las personas consagradas a este Sagrado Corazón, ni que caigan bajo el dominio de Satanás pecando mortalmente», escribe Margarita María a la Madre de Soudeilles[49].

- Dándose sin reservas a Dios, el alma no sólo queda más protegida ante las fuerzas del mal y del pecado, sino que permite a Dios santificarla. ¿Quién puede santificar mejor que el Dios santo? «Me parece que no hay camino más corto para llegar a la perfección, ni medio de salvación más seguro que consagrarse del todo a este divino Corazón», escribe a su hermano sacerdote Margarita María[50].

- Otro fruto delicioso de la donación sin retorno es la libertad interior que nos consigue una despreocupación característica del espíritu de infancia. La persona que se ha entregado, como está

48. Santa Margarita María Alacoque, *Obras completas, op. cit.,* «Cartas» n° 27 a la Madre de Saumaise, p.639.

49. Ibid., «Cartas» n° 52 a la Madre de Soudeilles, p. 701.

50. Ibid., «Cartas» n° 58 a su hermano sacerdote, párroco de Bois-sainte-Marie, p. 720.

completamente centrada en la divina voluntad de Dios, que es fuente de alegría y de libertad interiores, no es esclava de los caprichos de la vida: «Donde está el Espíritu del Señor, allí está la libertad» (2Co 3,17). De este modo vive en un nivel muy profundo y le afecta mucho menos la corteza, a menudo áspera, de los acontecimientos. La santa de Paray expresa muy bien esta experiencia: «Ya no me importaba ni el tiempo ni el lugar desde que mi Soberano me acompañaba a todas partes. Me hallaba indiferente a todas las disposiciones que pudiera tomar sobre mí, al estar totalmente segura de que Él se había entregado a mí sin mérito alguno de mi parte y sólo por su pura bondad y que, por consiguiente, no me lo podían quitar, esto me hacía vivir siempre contenta»[51].

- Libertad interior que rima con alegría y paz del corazón. La paz, ¡qué don tan deseable en este mundo agitado y profundamente inquieto! «No hallarás paz ni descanso hasta que se lo hayas sacrificado todo a Dios», escribe nuestra santa a su hermano sacerdote[52]. Esto no quiere decir que el alma consagrada escapará, como por arte de encantamiento, de la cruz y de las vicisitudes de la vida, sino que experimentará una fuerza asombrosa para vivirlas y atravesarlas. Margarita María se apresura a añadir esta precisión a su hermano sacerdote: «Tendrás mucho que sufrir para llegar a esto, pero no te faltará la gracia ni la fuerza ni el auxilio del Sagrado Corazón de Nuestro Señor Jesucristo»[53].

- Todos los evangelizadores, obispos, sacerdotes, religiosos o seglares dedicados a la pastoral, apreciarán este último fruto. Margarita María, tan escondida y tan pobre, convertida sin embargo en misionera universal del Sagrado Corazón, es un magnífico ejemplo: la consagración a Jesús es fuente de una fecundidad asombrosa:

---

51. Ibid., «Autobiografía» n° 50, p.160.
52. Ibid., «Cartas» n° 62 a su hermano sacerdote, párroco de Bois-sainte-Marie, p.730.
53. Ibid.

«Mi divino Maestro me ha dado a conocer que los que trabajan en la salvación de las almas lo harán con éxito y tendrán un arte especial para conmover los corazones más endurecidos, si profesan tierna devoción a su Corazón sagrado y trabajan para inspirarla a los demás y establecerla en todas partes»[54].

LA CONSAGRACIÓN A LOS «DOS CORAZONES UNIDOS» DE JESÚS Y DE MARÍA

Desde las primeras páginas de la presente obra hemos señalado que la revelación cristiana es histórica. El culto al Sagrado Corazón pertenece a este tesoro de la revelación. Aunque un poco velado en los inicios de su historia, ha crecido con los siglos hasta formar el río de agua viva que tan bien ha irrigado la fe del pueblo de Dios.

Parece que, desde la gran manifestación del Corazón de Jesús a Margarita María en el siglo XVII, se asiste al desarrollo de un aspecto particular, que sin duda se mostrará a plena luz en los tiempos venideros: el culto al Sagrado Corazón de Jesús está asociado de manera cada vez más íntima al culto al Corazón inmaculado y doloroso de María su Madre. La consagración al Corazón de Cristo se enriquece para convertirse en la consagración a los *dos Corazones* de Jesús y de María.

Observemos con interés que esta unión de los Corazones de Cristo y de su Madre, no está en absoluto ausente en las apariciones de Paray. En efecto, santa Margarita María tuvo la experiencia de la unión de su corazón a los dos corazones de Jesús y de María. Así lo cuenta:

Un día de la fiesta del Corazón de la Santísima Virgen, después de la Sagrada Comunión, Nuestro Señor me hizo ver tres corazones,

---

54. Ibid., «Cartas» a su director, p. 1066.

siendo pequeñísimo y casi imperceptible el que estaba en medio. Los otros dos eran muy luminosos y resplandecientes, de los cuales uno sobrepasaba al otro de un modo incomparable, y oí estas palabras: «Así es como mi puro amor une estos tres corazones para siempre». Y los tres se fusionaron en uno. Esta visión me duró bastante tiempo e imprimió en mí sentimientos de amor y de gratitud que me sería difícil explicar[55].

Esta visión nos lleva a profundizar en la cuestión: ¿el culto a los dos Corazones no es una muestra de una devoción popular y sentimental? ¿El Espíritu Santo y la Iglesia han aportado luces nuevas sobre esta devoción a los dos corazones desde las apariciones de Paray? Y si esta devoción descansa sobre un fundamento teológico serio, ¿en qué consiste la consagración a los dos Corazones de Jesús y de María?

La unión de los Corazones de Jesús y de María

La alianza de los Corazones de Jesús y de su Madre no es una consideración reciente. San Juan Eudes, anterior a Margarita María, discípulo de Bérulle y, de manera más discreta pero no menos profunda, de la mística María des Vallées[56], puso rápidamente de relieve esta unión de los dos corazones: «Jesús vive y reina en María. Él es el Alma de su alma, el Espíritu de su espíritu, el Corazón de su corazón […]». Jesús está tan en el Corazón de su Madre que «honrar y glorificar a María, es honrar y glorificar a Jesús»[57]. Intentemos mostrar cómo María está íntimamente unida a su hijo a través del designio absolutamente particular de Dios sobre ella:

---

55. Ibid., «Memoria compuesta por orden de la Madre de Saumaise», nº 55, p. 301-302.

56. Para conocer más esta figura mística y descubrir su influencia en san Juan Eudes: ÉMILE DERMENGHEM, *Marie des Vallées*, éd. Librairie Plon, 1926.

57. Citado por el P. ÉDOUARD GLOTIN, *op.cit.,* p. 597.

sus Corazones están unidos en razón de la maternidad divina de María y de su implicación única en la redención.

Los dos Corazones unidos y la encarnación

A través de la encarnación podemos comprender mejor el vínculo muy particular que une al Hijo de Dios con su Madre en la obra de la salvación. Si ella ha sido preservada de toda mancha de pecado, lo ha sido en vista a la maternidad divina: era necesario, en efecto, un ser inmaculado para recibir al Santo, al Hijo de Dios que fue en todo semejante a los hombres, «excepto en el pecado»[58].

Veamos más de cerca qué son la encarnación y particularmente la maternidad divina de María. Un cierto número de creyentes considera, conscientemente o no, a la Santísima Virgen como una «madre de alquiler», que se me perdone la expresión. ¡Dios no habría hecho más que «alquilar» el vientre de María porque hacía falta una madre terrenal para dar a luz a este Ser divino un poco particular! Y una vez terminada su maternidad de «alquiler», su misión de madre se habría acabado ahí. Pensar así, es desconocer la manera de actuar de Dios hacia las criaturas: «Los dones de Dios son irrevocables» dice san Pablo (Rm 11,29). En otras palabras, con Dios no existen los contratos de duración determinada, ni siquiera los contratos de duración indefinida. Con sus hijos de la tierra, Dios sólo firma «contratos de duración eterna». Por eso la maternidad de María es un don que Dios le hace y que jamás le será retirado.

---

58. Cf. Hb, 4,15. «Esta excepción del pecado original, propia de María, es debida exclusivamente a su calidad de Madre de Dios. Este título es incomunicable y esta gloria no puede ser compartida. Para ella, Dios suspendió, por milagro, el contagio hereditario del pecado original; y esto por respeto al que debía nacer de ella. La santidad del Hijo es la causa de la santificación anticipada de la Madre, como el sol ilumina el cielo antes de aparecer él mismo en el horizonte», Cardenal Suenens, *Quelle est celle-ci*, Libraire Arthème /Fayard, Collection «Je sais, je crois», p.25.

Después de haber puesto de relieve la fidelidad de Dios en sus dones, apliquémonos a escrutar más de cerca el trasfondo de la maternidad divina de María. La Madre de Dios es llamada a dar a luz, no a un pequeño de entre los hombres, sino al Hijo de Dios hecho hombre. Aquí es donde sentimos vértigo. En efecto, este niño presenta la particularidad de ser inseparablemente un hombre singular con su *propio cuerpo* —Jesús de Nazaret—, pero también Creador y Salvador hecho carne, la Cabeza *ipso facto* de «otro cuerpo», el *Cuerpo total* de la humanidad. De ello se sigue que María, desde la encarnación, vive una «extensión» de su maternidad: ella es inseparablemente Madre del Hijo de Dios y, por ello mismo, Madre de las innumerables criaturas que son inseparables de este Hijo de Dios, como miembros de su cuerpo del que es la Cabeza. En pocas palabras y de manera luminosa, san León Magno se hizo eco de este misterio: «La generación de Cristo es el origen del pueblo cristiano, el nacimiento de la cabeza es también el del cuerpo»[59].

Jesús y su Madre se encuentran misteriosamente unidos desde la encarnación por vínculos de amor muy singulares en orden a la salvación. Por la maternidad divina, sus dos Corazones están unidos para toda la eternidad. Madre del Hijo de Dios, es decir Madre de aquel sobre quien descansa la plenitud de la gracia, es de hecho constituida Madre de la gracia divina para todos los hombres[60]. Si la clave de la vida cristiana es vivir de la gracia, de la vida misma de Cristo, María, por su maternidad divina, se encuentra pues en la encrucijada de la salvación. Cuando uno quiere

---

59. SAN LEÓN MAGNO, *Sermo*, XXXVI PL LIV, 213.

60. «Concibiendo a Cristo, engendrándolo, alimentándolo, presentándolo al Padre en el templo, padeciendo con su Hijo cuando moría en la cruz, cooperó en forma enteramente impar a la obra del Salvador con la obediencia, la fe, la esperanza y la ardiente caridad con el fin de restaurar la vida sobrenatural de las almas. Por eso es nuestra Madre en el orden de la gracia», CONCILIO VATICANO II, *Lumen Gentium*, n° 61.

consagrarse a Jesús «lleno de gracia y de verdad» (Jn 1, 14), se encuentra inevitablemente con el Corazón de su Madre, no al lado del de su Hijo, sino en el de su Hijo[61]. Si la gracia no es otra cosa que el Espíritu del Cristo, percibimos el vínculo único y sublime que, por decisión del Padre eterno, une en el Espíritu el Corazón de Cristo al de su Madre. Esto es importante si queremos comprender mejor cómo la consagración a los dos Corazones unidos es decisiva para el pleno despliegue de nuestra vida en el Espíritu[62].

Los dos Corazones unidos y la redención

Que la Madre de Dios haya jugado un papel totalmente particular en el orden de la salvación es ahora reconocido de manera unánime en la Iglesia[63]. En cambio, sigue habiendo vacilación en

---

61. «En el seno de María [...] El Altísimo ha descendido perfecta y divinamente hasta nosotros por la humilde María, sin perder nada de su divinidad y santidad; y por medio de María los pequeñitos deben subir perfecta y divinamente hasta el Altísimo, sin aprensión ninguna», SAN LUIS MARÍA GRIGNION DE MONTFORT, *Tratado de la verdadera devoción,* 1964, Madrid, Apostolado de la Prensa. n° 153-157.

62. «Cuando el Espíritu Santo, su Esposo, la encuentra [María] en un alma, vuela allí y entra plenamente, se comunica a esta alma con abundancia, en cuanto ella da lugar a su Esposa; y una de las grandes razones por las que el Espíritu Santo no hace ahora maravillas asombrosas en las almas, es porque no encuentra en ellas una tan gran unión con su fiel e indisoluble Esposa. Digo indisoluble Esposa, ya que después de que este amor substancial del Padre y del Hijo se desposó con María para producir a Jesucristo, la Cabeza de los elegidos, y a Jesucristo en los elegidos, Él nunca la ha repudiado, pues Ella ha sido siempre fiel y fecunda», SAN LUIS MARÍA GRIGNION DE MONTFORT, *Tratado de la verdadera devoción,* 1964, Madrid, Apostolado de la Prensa. n° 36.

63. «Con razón, pues, piensan los Santos Padres que María no fue un instrumento puramente pasivo en las manos de Dios, sino que cooperó a la salvación de los hombres con fe y obediencia libres. Como dice San Ireneo, «obedeciendo, se convirtió en causa de salvación para sí misma y para todo el género humano». Por eso no pocos Padres antiguos afirman gustosamente con él en su predicación que «el nudo de la desobediencia

cuanto al contenido de su participación en la redención: ¿se puede decir que Dios ha asociado a la Virgen María a la salvación del género humano hasta el punto de hacerla «corredentora» con su Hijo, único Redentor? Este título mariano está aún lejos de ser unánime en la Iglesia, la cuestión permanece abierta.

Nos parece que la dificultad se desvanece cuando se tiene cuidado de definir bien las cosas. Para esto hay que comenzar recordando claramente que Cristo es el «único Mediador» de la nueva Alianza (cf. 1Tm 2,5). Luego, es importante precisar que el prefijo «co» (de *corredentora*) no quiere decir que la participación activa de María en la redención tenga la misma naturaleza que la, totalmente única, de Jesús salvador.

Destaquemos los dos rasgos principales de esa cooperación tan particular de María en la redención de su Hijo en su Pasión.

Por un lado, participa en la redención, no después —como es nuestro caso— sino en la misma Pasión redentora. Por este hecho María está plenamente unida a la obra de la salvación.

El término de «cooperadora» aplicado a María asume sin embargo una significación particular. La colaboración de los cristianos se realiza después del acontecimiento del Calvario, del que se esfuerzan en difundir sus frutos mediante la oración y el sacrificio. Por el contrario, el concurso de María se realiza durante el mismo acontecimiento y en calidad de Madre, por lo tanto, se extiende a la totalidad de la obra salvadora de Cristo. Sólo ella fue asociada de esta manera a la ofrenda redentora que mereció la salvación de los

---

de Eva fue desatado por la obediencia de María; que lo atado por la virgen Eva con su incredulidad, fue desatado por la Virgen María mediante su fe», Concilio Vaticano II, *Lumen Gentium,* n° 56.

hombres. En unión con Cristo y sumisa a Él, ella ha colaborado para obtener la gracia de la salvación a toda la humanidad[64].

Por otro lado, al pie de la cruz, el mismo Salvador da a su propia Madre al apóstol Juan: «Mujer, ahí tienes a tu hijo. Luego dijo al discípulo: «Ahí tienes a tu madre». Y desde aquella hora el discípulo la acogió en su casa» (cf. Jn 19,26-27). Este gesto está lleno de significación. María no es confiada únicamente al discípulo para que cuide de ella, para que vele por ella de manera más o menos exterior. No, la Santísima Virgen en el Gólgota se convierte en realidad en Madre de Juan en el orden de la gracia[65]. De ahora en adelante, se vive una comunión extremadamente íntima entre Juan —figura de todo discípulo— y la Madre de Dios. El discípulo se une, corazón a corazón, con María para que ella le haga nacer a la vida de la gracia que fluye del Corazón de Cristo.

Nuestra meditación nos aporta vivos esclarecimientos sobre la unión de Jesús y María: los dos corazones están íntimamente unidos en la Cruz redentora y en la dispensación de la gracia que brota del costado abierto del Crucificado Glorificado.

La medalla milagrosa de la rue du Bac se presenta como una elevada síntesis teológica de esto. En el reverso de la medalla se pueden ver los dos Corazones unidos de Jesús y de María, uno

---

64. San Juan Pablo II, *Marie dans le mystère du Christ et de l'Église, Catéchèses sur le Credo*. Presentación de J- M. Garrigues, éd. Saint Maur, Parole et Silence, 1988, 9 de abril de 1997.

65. La carta Encíclica de san Juan Pablo II *Redemptoris Mater* precisa: «Como es bien sabido, en el texto griego la expresión «eis ta ídia» supera el límite de una acogida de María por parte del discípulo, en el sentido del mero alojamiento material y de la hospitalidad en su casa; quiere indicar más bien una comunión de vida que se establece entre los dos en base a las palabras de Cristo agonizante. Cf. S. Agustín, *In Ioan. Evang. tract.* 119, 3: CCL 36, 659: «La tomó consigo, no en sus heredades, porque no poseía nada propio, sino entre sus obligaciones que atendía con premura»», cf. San Juan Pablo II, *Redemptoris Mater*, 1987, 845, nota 130.

coronado de espinas y el otro atravesado por una espada: encima de estos Corazones se distingue la «M» de María entrelazada en la Cruz de su Hijo: todo esto indica la unión íntima de sus Corazones en la obra de la redención. En la otra cara de la medalla se ve a la Virgen, y de sus manos fluyen torrentes de gracias sobre el mundo, representado en un globo terráqueo bajo sus pies; una inscripción rodea a la Madre de Dios con estas palabras: «Oh María, sin pecado concebida, rogad por nosotros que recurrimos a vos». La mediación de la Santísima Virgen María en el orden de la gracia queda así claramente evocada. Decididamente, en esta pequeña medalla tenemos un verdadero concentrado teológico de los dos Corazones.

Dejemos al papa Juan Pablo II decir las últimas palabras:

> Cuando Jesús pende de la cruz en cumplimiento de su designio de salvación, la profecía de Simeón anunciando *la alianza definitiva de los Corazones del Hijo y de la Madre* se había cumplido [...]. Desde que *los Corazones de Jesús y de María han sido unidos* para siempre en el amor, sabemos que ser amado por el Hijo es también ser amado por la Madre[66].

La consagración a Jesús en María

Acabamos de exponer los fundamentos de la unión totalmente única de los Corazones de Jesús y de María en la obra de la redención y de la gracia. Ahora nos queda observar más de cerca lo que aporta la consagración a los dos Corazones unidos.

El 13 de mayo de 1967, cuando el papa Pablo VI fue en peregrinación a Fátima para celebrar el cincuentenario de las apariciones, así como el vigésimo quinto aniversario de la consagración

---

66. San Juan Pablo II, Carta del 8 de septiembre de 1986 al cardenal Sin, con ocasión del congreso mariano, *Miles Immaculatae* 23 (1987) 42-43.

del género humano al Corazón Inmaculado de María por Pío XII, invitó expresamente a los fieles a consagrarse a la Madre de Dios:

> Exhortamos a todos los hijos de la Iglesia a renovar personalmente su propia consagración al Corazón inmaculado de la Madre de la Iglesia y a poner en práctica este acto muy noble de culto llevando una vida siempre más conforme a la voluntad divina[67].

Para intentar responder a la invitación del Papa, vamos a proceder en dos etapas: primero con algunas palabras a propósito de la consagración a María a la luz de las apariciones de Fátima, luego sobre la significación de la consagración a los dos Corazones de Jesús y de María.

Consagración al Corazón inmaculado y doloroso de María

En Fátima, en las apariciones del 13 de julio de 1917, Nuestra Señora les muestra el infierno a los jóvenes videntes. Y les dice: «Habéis visto el infierno, donde van las almas de los pobres pecadores. Para salvarlos, Dios quiere establecer en el mundo la devoción a mi Corazón inmaculado». Además, les da a entender que, si el mundo no se convierte, vendrá otra guerra después de la de 1914-1918: «Para impedir todo esto, vendré a pedir la consagración de Rusia a mi inmaculado Corazón y la Comunión reparadora de los primeros sábados de mes». Comencemos evocando esta comunión reparadora, esta vez a favor de María; después hablaremos de la consagración a su inmaculado Corazón.

Comunión reparadora de los primeros sábados de mes

Encontramos la noción de comunión reparadora que acabamos de citar cuando se trataba de reparar las ofensas al Corazón de Jesús presente en la Eucaristía. Esta vez, la reparación tiene por

---

67. PABLO VI, *Acta Apostolicae Sedis*, 1967, p. 475.

objeto compensar las blasfemias cometidas contra la Madre de Dios, contra su inmaculada concepción, su virginidad perpetua, su maternidad divina, las ofensas de aquellos que tratan de sembrar públicamente en los corazones de los niños indiferencia o incluso odio a la Virgen y las ofensas de quienes la ultrajan en sus santas imágenes.

¿En qué consiste precisamente la reparación mariana? La Santísima Virgen María lo explica en la aparición del 10 de diciembre de 1925 a Sor Lucía en el convento de Pontevedra, España:

> «Todos los que, durante cinco meses, el primer sábado, se confiesen —la confesión puede hacerse en el mes o en otro día que no sea el sábado—, reciban la santa comunión, recen el rosario y me hagan compañía durante quince minutos meditando sobre los quince misterios del rosario, en espíritu de reparación, prometo asistirlos en la hora de la muerte con todas las gracias necesarias para la salvación de su alma»: ¡fórmula fácil de llevar a cabo!

En estas palabras, la Santísima Virgen promete asistir espiritualmente en la hora de la muerte a los que hayan observado esta práctica de los cinco primeros sábados de mes[68]. El lector recordará que el Sagrado Corazón hizo una promesa similar a toda persona que practique los nueve primeros viernes de mes. Añadamos finalmente que Jesús le hizo la misma promesa a santa Faustina en relación al culto a la divina misericordia[69]. La insistencia es demasiado constante para que neguemos esta historia de promesas.

---

68. «Te prometo, en la excesiva misericordia de mi Corazón, que su amor omnipotente concederá a todos los que comulguen nueve primeros viernes de mes seguidos, la gracia de la penitencia final, no morirán en mi desgracia y sin haber recibido sus sacramentos, mi divino Corazón será su asilo seguro en el último momento», Santa Margarita María Alacoque, *Obras completas, op. cit.,* «Cartas» nº 86 a la Madre de Saumaise, p. 788-789

69. «Promesa del Señor: A las almas que recen esta Coronilla, mi Misericordia las envolverá en vida y especialmente a la hora de la muerte», Santa

Es cierto que dicha promesa de salvación puede ser vivida de manera poco evangélica… se pueden «utilizar» estas prácticas devocionales como un «seguro a todo riesgo» que permite evitar la perdición, sin preocuparse de cuidar una cierta gratuidad en el Corazón a corazón con Jesús o María. Sin embargo, no nos encaminemos por la rutina inversa y miremos ahora con condescendencia estas promesas del cielo: «La piedad popular, es para el pueblo poco culto, no para mí». Nosotros, por el contrario, acojamos con humildad y gratitud estas palabras de lo alto, pues son una gran misericordia que el cielo nos hace ofreciéndonos estos regalos. Pío XII describe el verdadero estado de espíritu con el que se pueden «practicar» estas promesas divinas vinculadas a la consagración a Jesús o a María:

> Todos, pues, tengan la firme persuasión de que en el culto al augustísimo Corazón de Jesús lo más importante no consiste en las devotas prácticas externas de piedad, y que el motivo principal de abrazarlo tampoco debe ser la esperanza de la propia utilidad, porque aun estos beneficios Cristo nuestro Señor los ha prometido mediante ciertas revelaciones privadas, precisamente para que los hombres se sintieran movidos a cumplir con mayor fervor los principales deberes de la religión católica, a saber, el deber de amor y el de la expiación, al mismo tiempo que así obtengan de mejor manera su propio provecho espiritual[70].

Vivir en María

Hemos subrayado antes que la verdadera consagración no puede reducirse a una recitación de oraciones de consagración:

FAUSTINA, *Diario* 754.

70. Pío XII, *Haurietis Aquas*, nº 31. En un anexo de este libro se encuentra el texto de las «doce promesas del Sagrado Corazón».

consagrarse a María es aprender a *vivir en María*[71]. Nada más sencillo que regresar de nuevo a la escuela de Margarita María para descifrar mejor este estilo de vida.

En la vida de la santa de Paray, la Santísima Virgen María ha ocupado muy pronto un lugar preponderante. Muy joven, en el curso de una grave enfermedad, se consagra a la Madre de Dios y es curada:

> No pudo hallarse, en definitiva, ningún remedio a mis males más que el de consagrarme con voto a la Santísima Virgen, prometiéndole que, si me curaba, sería un día su hija. Apenas hice este voto, recibí la curación acompañada de una nueva protección de la Santísima Virgen[72].

Después de esta intervención del cielo, Margarita María aprende a confiar todo lo que le sucede a su buena Madre: «La Santísima Virgen tuvo siempre grandísimo cuidado de mí, yo recurría a ella en todas mis necesidades y ella me sacó de grandísimos peligros»[73]. Más tarde, el Sagrado Corazón mismo confiará a nuestra joven santa al cuidado muy particular de su Madre para que la forme interiormente. Cuando Margarita María se ve tan pobre y miserable, Jesús le dice: «Y después te confié al cuidado de mi santa Madre para que te formase según mis designios»[74].

¿Podemos tratar de decir más acerca de esta *vida en María*, disposición que consiste en estar disponibles para su acción? En primer lugar, lo importante es no vacilar en adoptarla como nuestra Madre, encargada de formarnos en la vida misma de su Hijo. En presencia de Margarita María, Jesús habla así de su Madre:

---

71. Nos referimos a nuestro libro, *Vivre en Marie*, éd. du Carmel, 2013.
72. Santa Margarita María Alacoque, *Obras completas*, op. cit., «Autobiografía» n° 6, p. 108-109.
73. Ibid., «Autobiografía» n° 3, p. 107.
74. Ibid., «Autobiografía» n° 21. p. 129.

«Madre mía, tienes todo el poder para repartirles mis gracias como te plazca»[75]. Si María es nuestra Madre, comportémonos con ella con sencillez, como lo hace un hijo:

> Me dirigí a la Santísima Virgen, mi buena Madre, escribe nuestra santa, […] la cual me consoló amorosamente diciéndome: «Nada temas: tú serás mi verdadera hija y yo seré siempre tu Madre»[76].

Tenemos que ir aún más lejos para comprender la originalidad de este camino espiritual. Para ser cada vez más libres en el Espíritu, convirtámonos en «esclavos» de María, que no es otra cosa que entregarse a ella sin reservas:

> También, cuenta Margarita María, hice voto en este tiempo […] y me ofrecí como *su esclava* perpetua, suplicándole que no me rechazara este título. Le hablaba con la sencillez de una niña, como a mi buena Madre, hacia la cual sentía desde entonces un amor verdaderamente tierno[77].

Este paso supone dejar que María viva en nosotros, ¡que esté en nosotros como en su casa! A título de ejemplo, Jesús enseña tres medios espirituales para vivir de Dios en el Corazón de María:

> El primero, es la santa misa que debo oír con la misma disposición […] de la Santísima Virgen al pie de la Cruz. La segunda, la santa comunión: que debo presentar las disposiciones que ella tenía en el momento de la encarnación, tratando de entrar en ellas lo más que me sea posible, pidiéndolas por su intercesión, diciendo con ella: he aquí la esclava del Señor. La tercera la oración: ofrecer las disposiciones que la Santísima Virgen tenía cuando fue presentada en el templo[78].

---

75. «Fragmentos», nº 2, p. 307.
76. Ibid., «Autobiografía», nº 32, p. 140.
77. Ibid., «Autobiografía», nº 22, p. 130.
78. Ibid., *Mémoires des contemporaines*, nº 116, tomo I, p. 214.

Para terminar, dejemos la palabra a ese gran santo mariano que fue el buen Padre de Montfort. Con pocas palabras analiza el movimiento interior de disponibilidad que se debe adoptar en todas las circunstancias para vivir en María del Espíritu:

> Por eso, antes de hacer cualquier cosa, hay que *desnudarse* de sí mismo y de sus mejores modos de ver; hay que anonadarse ante Dios, como quien de su cosecha es incapaz de todo bien sobrenatural y de toda acción útil para la vida eterna; hay que *recurrir* a la Santísima Virgen y unirse a sus intenciones, aunque no se conozcan; hay que unirse por María a las intenciones de Jesucristo, es decir, *ponerse en las manos de la Santísima Virgen, como instrumentos,* a fin de que Ella obre en nosotros y haga de nosotros lo que bien le parezca, para mayor gloria de su Hijo Jesucristo y del Padre del cielo: de suerte que no hay vida interior ni operación del espíritu que no dependan de Ella[79].

De la noche a la mañana no se consigue tal arte de vivir, lo esencial es ponerse en camino y multiplicar los actos de disponibilidad a María a fin de que ella actúe en nosotros y por nosotros.

La consagración a los «dos Corazones unidos»

El papa Pío XII recomienda vivamente a los fieles asociar la consagración a María a la del Sagrado Corazón:

> Y para que la devoción al Corazón augustísimo de Jesús produzca más copiosos frutos de bien en la familia cristiana y aun en toda la humanidad, procuren los fieles unir a ella estrechamente la devoción al Inmaculado Corazón de la Madre de Dios. Ha sido voluntad de Dios que, en la obra de la Redención humana, la Santísima Virgen María estuviese inseparablemente unida con Jesucristo [...].

---

79. San Luis María Grignion de Montfort, *El secreto de María*, 1997, Barcelona, Casals, ° 45, p.55-56.

En armonía con este sapientísimo y suavísimo designio de la divina Providencia, Nos mismo, con un acto solemne, dedicamos y consagramos la santa Iglesia y el mundo entero al Inmaculado Corazón de la Santísima Virgen María[80].

La consagración al inmaculado y doloroso Corazón de María no es un mero duplicado de la del Sagrado Corazón. Si la Madre de Dios es completamente interior a la obra de salvación del mundo, como lo hemos mostrado más arriba, consagrarse a María es la mejor manera de consagrarse al Hijo de Dios.

María, dice Montfort, es, entre todas las criaturas, la más conforme a Jesucristo; síguese que, entre todas las devociones, la que más consagra y conforma un alma a Nuestro Señor es la devoción a su Santísima Madre. Y cuanto más te consagres a María, tanto más te unirás a Jesucristo[81].

Cuando se propone a los fieles la consagración a María además de la consagración al Corazón de Jesús, se plantea siempre la siguiente cuestión: «Padre, tengo la costumbre de pedir a Jesús que me ayude en mi vida. Si ahora es necesario que todo pase por María, no sé cómo hacerlo, tengo la impresión de tener que «zapear» constantemente entre Jesús y María». O también otra variante: «No sé a quién rezar, ¿a Jesús o a María? Tengo dolores de cabeza, «bizqueando» sin parar entre los dos». No consideremos nuestra relación con Jesús por un lado y con María por otro, como un partido de tenis entre Nadal y Djokovic en el que seríamos los espectadores. Golpean tan fuerte, van tan rápido estos dos jugadores, que a fuerza de girar la cabeza a la derecha y luego a la izquierda, ¡acabamos con tortícolis!

---

80. Pío XII. *Haurietis Aquas*, 1956, nº 36.

81. San Luis María Grignion de Montfort, *Tratado de la verdadera devoción*, 1964, Madrid, Apostolado de la Prensa. nº 120, p. 79.

Esto no sucede en la doble devoción a María y a Jesús, pues están el uno en el otro. Podemos tomar el siguiente ejemplo para dejar las cosas más claras. Si adoramos a Jesús-Eucaristía, no tenemos que situarnos en un incesante vaivén, con el pensamiento entre Jesús y María para no olvidarla. Se trata más bien de adorar a Jesús *en* María: en la fe, vamos a tratar de entrar en su Corazón de Madre adorando a su Hijo, le oiremos decir como en Caná: «Haced lo que os diga». Y si la oración a Jesús se vuelve áspera, pediremos a María que envíe el soplo de Dios para adorar en Espíritu y en verdad (cf. Jn 4,23). En resumen, si hemos decidido rezar a Jesús, estemos plenamente con Él sin tensión ni inquietud de olvidarnos de María. De todas maneras, la Virgen está ahí, llevando a su Hijo, como la custodia llevando la hostia. Una religiosa preguntaba a santa Bernardita, postrada en la enfermería del convento, cómo podía permanecer tanto tiempo en acción de gracias después de la comunión y ésta le respondió: «Pienso que la Santísima Virgen me da al Niño Jesús. Lo recibo. Le hablo y Él me habla»[82].

Para las personas deseosas de apoyarse en una oración de consagración a los dos Corazones, aquí tienen esta corta plegaria encontrada en el fondo de una iglesia:

> Oh, Jesús, me entrego a ti por el Corazón doloroso e inmaculado de María a fin de ser para siempre jamás el consuelo de vuestro Corazón. Sagrado Corazón de Jesús, que venga tu reino por el Corazón doloroso e inmaculado de María.

Si alguno busca una oración más extensa, encontrará en el anexo de esta obra la hermosa «Consagración a los Sagrados Corazones de Jesús y de María» de santa Margarita María.

---

82. Mons. Francis Trochu, *Sainte Bernadette, la voyante de Lourdes,* éd. Emmanuel Vitte, 1958, p. 505.

Venga a nosotros tu reino

Al término de nuestro recorrido por la escuela del Sagrado Corazón de Jesús, quisiéramos concentrar nuestra última meditación sobre esta promesa enigmática de Cristo a Margarita María cuando ella estaba aplastada por el peso de los ataques contra el culto naciente al Sagrado Corazón: «No temas, reinaré a pesar de mis enemigos y de todos los que quieran oponerse a ello»[1]. Este anuncio de la victoria del divino Corazón de Jesús se puede entender en dos niveles. En primer lugar, Jesús promete a su querida vidente que verá el final de ese túnel y que su misión celestial de propagar el culto al Sagrado Corazón finalmente será aceptada en el seno de su comunidad y en la Iglesia. Pero también se puede interpretar esta promesa a otro nivel más profundo y universal, en línea con la segunda petición del Padre Nuestro: «¡Venga a nosotros tu reino!». En otras palabras: «En la tierra como en el cielo, que tu divino Corazón reine en las criaturas y en todas las naciones». Esta segunda interpretación, que expresa un reinado de amor sobre las almas y sobre el mundo, parece confirmada por las palabras de místicos autorizados, de mensajes de la Virgen, así como por ciertas intervenciones de papas contemporáneos. A reflexionar sobre esto nos vamos a dedicar ahora.

EL DIOS DE LA «PROMESA»

El cristianismo es verdaderamente la religión de la promesa. ¿Qué nos promete Dios? Nos asegura que vendrá a derramar su

---

1. Santa Margarita María Alacoque, *Obras completas, op. cit.,* «Autobiografía» n° 95, p. 217.

amor sobre cada uno de nosotros y sobre el mundo: es la promesa de su venida, que tomará la forma de un reinado de amor.

El Sagrado Corazón viene

Repitiendo, en cada misa, la anamnesis: «Esperamos tu venida en la gloria», los cristianos podrían cansarse de esperar el regreso de Dios y, finalmente, incluso dejar de creerlo. Hace falta un alma vigilante. La segunda venida de Nuestro Señor no pertenece al ámbito de la ciencia ficción, no es un intento de excitar las neuronas del hombre moderno desencantado, la espera de la parusía pertenece verdaderamente a nuestra fe:

> «No se retrasa el Señor en el cumplimiento de la promesa, como algunos lo suponen; lo que ocurre es que tiene paciencia con vosotros, pues no quiere que algunos perezcan, sino que todos lleguen a la conversión», nos recuerda Pedro (2P 3,9).

A la promesa del reino de Jesús hecha a Margarita María, se añade otro mensaje celestial, más contemporáneo, llamado a prolongar el de Paray. El *Diario* de santa Faustina pretende ser un verdadero electrochoque para los hombres modernos y dormidos que somos nosotros. En este precioso libro de la Divina Misericordia se hace mención en varias ocasiones a la última venida de Cristo a nuestro mundo: «Amo a Polonia de forma particular, le dijo Cristo, y si obedece a Mi voluntad, la enalteceré en poder y santidad: de ella saldrá la chispa que preparará al mundo *para mi última venida*»[2]. Por la insistencia del Altísimo sobre este punto particular, Faustina queda prevenida de que, en caso de mutismo por su parte, tendrá que responder por no haber asistido al mundo en peligro: «Si ahora tú te callas, en aquel día tremendo

---

2. SANTA FAUSTINA, *Diario,* 1732. A propósito de la dimensión profética del mensaje de Faustina, véase nuestra obra: *Que vienne la miséricorde.* Éd. de l'Emmanuel, 2011.

responderás por un gran número de almas»[3]. La gravedad de estas palabras nos obliga a no ocultar esta venida del Salvador e incluso a profundizar en la cuestión. Al hacerlo, no tenemos la intención de convertirnos en profetas de desgracias, cultivando el miedo con el fin de mantener más controlado a un público preocupado. Al contrario, procediendo así adoptamos resueltamente esa actitud profundamente cristiana que consiste en escrutar los «signos de los tiempos», como nos invita el Evangelio[4] y el papa Pablo VI siguiendo al Concilio Vaticano II[5].

Cuando Karol Wojtyla, el futuro Juan Pablo II, fue invitado a predicar el retiro cuaresmal en el Vaticano en 1975, no dudó en hablar de nuestro siglo XX que terminaba como de un «nuevo *adviento* de la Iglesia y de la humanidad»[6]. Seguimos esta lectura de los acontecimientos de nuestro tiempo: en efecto, nos parece —y cada vez más claramente— que nuestro mundo se encuentra en un periodo bisagra de su historia santa, en un nuevo adviento que le prepara a la última venida de su Salvador.

---

3.   Diario, 635.

4.   «Se acercaron los fariseos y saduceos y para ponerlo a prueba, le pidieron que les mostrase un signo del cielo. Mas él respondió: Al atardecer decís: Va a hacer buen tiempo, porque el cielo tiene un rojo de fuego, y a la mañana: Hoy habrá tormenta, pues el cielo tiene un rojo sombrío. ¡Conque sabéis discernir el aspecto del cielo y no podéis discernir los signos de los tiempos!» (Mt 16,1-4).

5.   Una de las actitudes características de la Iglesia después del Concilio es la de una atención particular a la realidad humana, considerada históricamente; es decir, sobre los hechos, los acontecimientos, los fenómenos de nuestro tiempo. Una palabra del Concilio ha entrado en nuestras costumbres: la de escrutar «los signos de los tiempos», PABLO VI, *Audiencia general* del miércoles 16 de abril de 1969.

6.   KAROL WOJTYLA, *Le signe de contradiction*, retraite au Vatican 1975, Paris, éd. Fayard, 1979, p. 256.

Algunas precisiones importantes son necesarias para aclarar este propósito, a fin de evitar equivocarse con escenarios que no tendrían nada que ver con la fe de la Iglesia.

- Hemos observado que en el *Diario* no se habla del «fin del mundo», sino de la «venida» de Cristo. A propósito de estas grandes cosas que Dios prepara para nuestra humanidad, preferimos hablar de una venida de Dios bajo la forma de una «efusión» poderosa del Espíritu de misericordia sobre el mundo y sobre la Iglesia.

- No se trata pues del fin del mundo como tal, sino más bien de un tiempo de gracia antes del fin de los tiempos, «la era de paz» anunciada por la Virgen en Fátima. Este periodo será una especie de «hosanna de la historia». Expliquémonos. El día de Ramos, Cristo fue reconocido como Mesías, Rey de Israel, antes de que la muchedumbre se volviera contra él y lo condujera a la crucifixión. Ahora bien, «si la Iglesia, escribe el P. Patricio de Laubier, debe revivir la vida de Cristo, de la que es el cuerpo, conviene revivir este momento privilegiado en el interior de la historia, este *hosanna histórico* que llamamos la civilización del amor»[7]. Antes de los últimos combates escatológicos, la Iglesia podría conocer una expresión histórica de este hosanna de la vida terrestre de su

---

7. P. Patricio de Laubier, *Le temps de la fin des temps,* éd. F.-X. de Guibert, p. 139. »El gran cardenal Journet precisa que este nuevo Pentecostés no se opondrá al primer Pentecostés, sino que lo hará a lo largo del tiempo: «En la Iglesia como en Cristo, el progreso se hará no por una superación del don inicial supremo: don de la encarnación en Cristo, don de Pentecostés en la Iglesia- es muy imposible-, sino con una manifestación que sucede a las exigencias de este don inicial [...] Desde el día de Pentecostés, cuando el Espíritu Santo desciende sobre ella para desbordar en ella la plenitud de la gracia capital de Cristo, la Iglesia de la Ley nueva se ha completado, realizada en la línea de su despliegue, sigue en evolución, un progreso se abre ante ella [...] Es visitada secretamente por las iluminaciones del Verbo y las efusiones del Espíritu Santo», «El progreso de la Iglesia en el tiempo», conferencia dada en el Ángelicum el 19 de noviembre de 1965, *Entretiens sur l'Église,* Cité par Étienne Richer, *Suivre Jésus avec Marie,* éd. des Béatitudes, p. 184.

maestro: la Iglesia será reconocida por las naciones como Esposa del Verbo y el reino del Corazón de Cristo se extenderá sobre el mundo.

Por supuesto, este reino de Cristo no tiene nada que ver con cualquier milenarismo, con la ideología de la gran noche, ni con la teoría de la era edénica de acuario, difundida entre los seguidores de la Nueva Era. Todas estas posiciones han sido condenadas con razón por la Iglesia[8]. El nuevo Pentecostés se inscribe en un registro diferente. Habrá con seguridad una erupción de gracias muy poderosas al servicio de una santidad nunca antes igualada, pero en ningún caso la venida del cielo ya sobre la tierra: el hombre permanecerá siendo débil y tendrá que seguir combatiendo espiritualmente para corresponder a semejante don.

El Sagrado Corazón viene a extender su reinado de amor

¿Cómo va a ejercer su reinado el Corazón de Jesús? Miremos la liturgia de la misa, pues nos ofrece una luz muy importante sobre esta cuestión. En el corazón de la liturgia eucarística, el sacerdote realiza dos «epíclesis», llama al Espíritu Santo según dos modalidades: primero para que el Espíritu se apropie del pan para que así se convierta en el Cuerpo personal de Cristo; en segundo lugar, para que el Espíritu se apropie de la asamblea presente a fin de que ésta se una en el amor gracias a la comunión del pan eucarístico. Así el reino del Corazón de Jesús vendrá sobre el mundo por el *don de su* Espíritu —«Derramaré mi espíritu sobre todo mortal»

---

8. «Esta impostura del Anticristo aparece esbozada ya en el mundo cada vez que se pretende llevar a cabo la esperanza mesiánica en la historia, lo cual no puede alcanzarse sino más allá del tiempo histórico a través del juicio escatológico: incluso en su forma mitigada, la Iglesia ha rechazado esta falsificación del Reino futuro con el nombre de milenarismo, sobre todo bajo la forma política de un mesianismo secularizado, «intrínsecamente perverso», Catecismo de la Iglesia Católica, n° 676.

(Jl 3, 1)— y en vista a la unión de los corazones y de los pueblos —«No levantará la espada nación contra nación, ni se adiestrará más para la guerra» (Mi 4,3)—.

La promesa del «reino del Corazón de Cristo» ha conocido, en el curso de los siglos XIX y XX, una presentación a veces tendenciosa, con tentativas de recuperación nacionalista[9]. Para escapar de estas derivas, conviene adoptar un lenguaje nuevo, adaptado a la sensibilidad de hoy, sin perder nada de las promesas del Sagrado Corazón para nuestro tiempo. Los últimos papas han utilizado las expresiones de «nuevo Pentecostés» y de «civilización del amor».

- «Nuevo Pentecostés». Para significar el don del Espíritu que será dado en profusión con vistas a la inmensa renovación de la Iglesia y del mundo, Juan XXIII y Juan Pablo II hablarán de un nuevo Pentecostés: «Renueva, Señor, en nuestro tiempo tus maravillas como en un *nuevo Pentecostés*», y Juan XXIII invita a la Iglesia en la Navidad de 1961 a entrar «en una plegaria unánime y perseverante» para que se extienda «el reino de verdad, de justicia y de paz»[10].

---

9. A propósito de la promesa del reino de Dios hecha al rey Luis XIV y sobre la explotación, más o menos tendenciosa hecha en los siglos XIX y XX, P. JUAN GLOTIN, *La Bible du Coeur de Jésus, op. cit.*, p. 470.

10. El digno de credibilidad P. María Eugenio del Niño Jesús dijo estas palabras proféticas en relación a la Iglesia: «Después de mi muerte, el Espíritu estallará con un poder extraordinario» (citado por MONS. GUY GAUCHER, *La vie du père Marie-Eugène de l'Enfant-Jésus*, ed. Du Cerf/Carmel, 2007, p. 257). Si fuera él solo se podría pensar que se trata de un hermoso suspiro místico, pero como señala el P. Francisco Regis Wilhélem: «Desde finales del XIX y durante el siglo XX, la gracia de un «nuevo Pentecostés» había sido profetizada y pedida en la plegaria por un cierto número de místicos, entre ellos la beata Elena Guerra, religiosa italiana, por cuya influencia el papa León XIII redactará una encíclica sobre el Espíritu Santo (*Divinum Illud Munus,* 1897) […] y también por una madre mejicana, la beata Concepción Cabrera de Armida (llamada Conchita), cuyo *Diario espiritual* refleja, a partir de 1916, la voluntad del Señor de enviar sobre el mundo un «nuevo Pentecostés». Más cerca de nosotros, Marta Robin había

- «Civilización del amor». Esta inmensa efusión del Espíritu Santo se extenderá sobre toda carne, pero esta empresa personal tendrá por finalidad unir los corazones y los pueblos en la comunión del Espíritu. En la clausura del año santo de 1975, Pablo VI será el primero en utilizar la expresión «civilización del amor»[11]. Juan Pablo II la retomará y la pondrá directamente en relación con el Sagrado Corazón como fuente de esta civilización del amor: «La civilización del amor ha nacido de Dios, porque Dios es el amor y, en Cristo, este amor que es Dios se ha manifestado entre nosotros». Dios es el amor que ha revelado su dimensión infinita en el don sin reserva del Crucificado, del Hijo de Dios, que se ha sacrificado por nosotros inmolándose en el Calvario. Así, *del corazón traspasado de Jesús crucificado brota la civilización del amor.* En el santuario de este Corazón, Dios se ha inclinado hacia el hombre y le ha hecho el don de su misericordia, haciéndole capaz, a su vez, de abrirse a sus hermanos en la misericordia y en el perdón»[12]. Este papa del Espíritu llegará hasta profetizar que, cuando llegue esta «civilización del amor», será «el signo precursor de la venida del Señor»[13].

Esta sorprendente «efusión comunión» en el poder del Espíritu Santo será eminentemente espiritual. Pero este «Big Bang»

---

anunciado en los años 1930 el advenimiento de un «Pentecostés de amor». En el momento de abrir el Concilio Vaticano II, san Juan XIII tomaba el relevo pidiendo a toda la Iglesia rezar a fin de que se renueve en nuestro tiempo «como un nuevo Pentecostés», *La Vie Spirituelle,* julio de 2009, nº 783, p. 362.

11. «La civilización del amor prevalecerá sobre la fiebre de luchas sociales implacables y dará al mundo la transfiguración tan esperada de la humanidad, definitivamente cristiana». PABLO VI, Homilía del 24 de diciembre de 1975 en la clausura a medianoche de la Puerta Santa.

12. SAN JUAN PABLO II, Alocución a los fieles en el estadio de Nouro, Cerdeña, 20 de octubre de 1985, OR, 20 de octubre de 1985,7. Citado por el P. EDUARDO GLOTIN, *La Bible du Coeur de Jésus, op.cit.,* p. 493

13. SAN JUAN PABLO II *Mensaje a los movimientos laicos,* nº 2, Roma 5 de octubre de 1981. Citado por el P. EDUARDO GLOTIN, *op. cit,* p. 494

del corazón de los hombres se irradiará a la sociedad, hasta en sus estructuras humanas, sociales y políticas. No será un régimen teocrático[14]. No, pero no obstante, los valores del Evangelio y de la doctrina social de la Iglesia irrigarán las diferentes esferas de la vida de los pueblos y de los regímenes. Este don poderoso del Espíritu, aunque sea espiritual, se encarnará, en su dimensión y desarrollo, en la vida social:

> Las relaciones internacionales, como las relaciones individuales, han de regirse no por la fuerza de las armas, sino por las normas de la recta razón, es decir, las normas de la verdad, de la justicia y de una activa solidaridad[15].

LA PUESTA A PRUEBA DE LA IGLESIA

La Iglesia, que es el cuerpo de Cristo, será llevada a revivir en su historia los grandes misterios de la existencia de su Maestro. Si la Esposa de Cristo experimentará sin duda una forma de «hosanna

---

14. «La Iglesia no tiene modelos para proponer. Los modelos reales y verdaderamente eficaces pueden nacer solamente de las diversas situaciones históricas, gracias al esfuerzo de todos los responsables que afronten los problemas concretos en todos sus aspectos sociales, económicos, políticos y culturales que se relacionan entre sí. Para este objetivo la Iglesia ofrece, como *orientación ideal e indispensable,* la propia doctrina social», SAN JUAN PABLO II, Carta Encíclica *Centesimus Annus,* n° 43.

15. SAN JUAN XXIII, Carta Encíclica *Pacem in Terris,* 1963, n° 114. Se encuentra la misma idea en los escritos del Concilio Vaticano II: «El orden social, pues, y su progresivo desarrollo deben en todo momento subordinarse al bien de la persona, ya que el orden real debe someterse al orden personal, y no al contrario. El propio Señor lo advirtió cuando dijo que el sábado había sido hecho para el hombre, y no el hombre para el sábado. El orden social hay que desarrollarlo a diario, fundarlo en la verdad, edificarlo sobre la justicia, vivificarlo por el amor. Pero debe encontrar en la libertad un equilibrio cada día más humano. Para cumplir todos estos objetivos hay que proceder a una renovación de los espíritus y a profundas reformas de la sociedad», CONCILIO VATICANO II, *Gaudium Et Spes,* n° 26.

de Ramos», tal como lo vivió su Señor, no puede pretender la gloria de Pentecostés que le está prometida sin pasar, previamente, por el crisol de una cierta Pasión. El discípulo no está por encima de su Maestro: para la humanidad, como lo fue para Nuestro Señor, ¡no hay Pentecostés sin Viernes Santo! «Antes del advenimiento de Cristo, la Iglesia deberá pasar por una prueba final que sacudirá la fe de numerosos creyentes», previene el Catecismo[16].

Ver la mano de la Providencia en todo

¿Cómo guardar la serenidad bajo estas amenazadoras nubes? El abandono en la divina providencia es la fuente más profunda de paz. La vida del mundo y de la Iglesia no están atrapadas en las fauces de un destino ciego. No, cada una de las criaturas, la Iglesia y el mundo, están en manos del Padre: «Nadie puede arrebatar nada de la mano del Padre» (Jn 10,29). ¿Cómo podría este Padre abandonar a sus hijos? Por lo tanto, no hay ningún acontecimiento de la historia de la humanidad, mucho menos de la vida de la Iglesia, que escape al plan providencial del Padre eterno. Si es así, aunque luchamos por guardar el depósito santo de la fe, también vemos esta prueba futura de la Iglesia como querida —en el sentido de permitida— por Dios. Permitida, en primer lugar, porque Dios ha dejado a Satán la capacidad de tentar a las criaturas. Esta prueba, además, es querida por Dios para purificar a su Iglesia. En efecto, en algunos sectores de la Iglesia se divulgan enseñanzas que no son conformes con la verdad[17].

---

16. Catecismo de la Iglesia Católica, n° 675

17. Mons. Giampaolo Crepaldi, obispo de Trieste, presidente del Observatorio internacional de la doctrina social de la Iglesia, antiguo secretario del Consejo Pontificio Justicia y Paz, no dudaba en decir hace unos cuantos años: «Nunca antes se habían visto ataques de este tipo, con tanto empeño, a pesar de la grandeza manifiesta de Benedicto XVI. Y se hacen eco de él quienes no lo escuchan, incluso entre los profesores de teología y los laicos. Sin acusarlo abiertamente, descuidan su enseñanza, no leen los

Dejarse habitar por esta convicción de que Dios lleva a su Iglesia, incluso y sobre todo a través de los grandes problemas que ha atravesado y que atravesará, es fuente de gran serenidad interior. Pidamos la gracia de vivir en esta forma de despreocupación propia de la infancia espiritual, a imagen de san Luis Gonzaga. A un profesor que le preguntaba: «Si supiéramos que ahora es el día del juicio final, ¿qué haríamos?», san Luis Gonzaga, que vivía serenamente en Dios, respondió: «¡Yo seguiría jugando a la pelota!».

Refugiarse en María

En los siglos antiguos, cuando una ciudad era atacada, sus habitantes se refugiaban al abrigo en una torre fortificada. La Santísima Virgen María es para el cristiano esa torre fortificada. Animamos vivamente a los católicos a tomar a María por Madre en estos tiempos inciertos como son los nuestros. ¿Por qué?

María es el secreto de Dios, el «arma secreta» del Altísimo, podríamos decir. Ella es, por pura gracia de Dios, portadora de una fuerza divina, e incluso de un poder poderoso de exorcismo que ejerce y ejercerá de una manera particular en los últimos tiempos: «María, principalmente en estos últimos tiempos, ha de ser tan terrible para el demonio y sus secuaces *como un ejército en orden de batalla*», escribe el Padre de Montfort[18].

documentos de su Magisterio, proclaman y escriben lo contrario de lo que defiende», citado por Paolo Rodari y Andrea Tornielli, *Benoît XVI, un pontificat sous les attaques*, ed. P.G.D.R., págs. 290 a 291.

18. SAN LUIS MARÍA GRIGNION DE MONTFORT, *Tratado de la verdadera devoción*, nº 50, *op. cit.*, p.33. Marta Robin que sufrió intensamente los ataques del Maligno, a medida de su inmensa misión, respondía esto a Jean Guitton que le preguntaba sobre sus combates con el diablo: «Siempre hay rabia. Pero cuando la Virgen aparece, no puede hacer nada sobre ella. La Virgen es tan bella, no sólo en su rostro, sino en todo su cuerpo. En cuanto a él, es capaz de imitar todo: imita incluso la Pasión. Pero no puede imitar a la Virgen. No tiene poder sobre ella. Cuando la Virgen aparece, si vieras su

La Santísima Virgen María, al ser la Madre del Verbo, tiene, por otra parte, unas gracias muy particulares para preservar a sus hijos de herejías y otros errores doctrinales que afectan a la verdad sobre su Hijo. Bajo su manto maternal, no sólo nos sentimos seguros, sino que el *sensus fidei*, nuestro sentido de la fe, es singularmente iluminado por esta buena Madre. En su escuela hasta los pequeños, desprovistos de todo bagaje teológico, ven claro y presienten la justicia o la falsedad de una afirmación doctrinal. Sobre este punto es conmovedor escuchar al papa Benedicto XVI dar testimonio de sus descubrimientos a propósito del misterio de María para nuestros tiempos:

> «Cuando era un joven teólogo, antes (e incluso durante) las sesiones del Concilio […], tenía problemas para entender el verdadero sentido de una expresión famosa […] que quiere que la Virgen sea «victoriosa de todas las herejías.» Hoy, —en este periodo de confusión donde toda suerte de desviaciones heréticas parecen venir a golpear a la puerta de la fe auténtica—, no sólo comprendo que no se trataba de una exageración de devotos, sino de verdades más que nunca válidas», y concluye en otro pasaje: «Si el lugar ocupado por la Santísima Virgen siempre ha sido esencial para el equilibrio de la fe, encontrar hoy ese lugar se ha convertido en una rara urgencia en la historia de la Iglesia»[19].

EL RENACIMIENTO DE LA IGLESIA Y DEL MUNDO EN EL «NUEVO PENTECOSTÉS».

Al inicio de nuestro capítulo hemos esbozado los contornos del Pentecostés que Dios prepara para la Iglesia y para el mundo.

---

hundimiento, ¡os echaríais a reír!», Jean Guitton, *Portrait de Marthe Robin*, éd. du Club France Loisirs, Paris, 1985, p. 101.

19. Cardenal Joseph Ratzinger y Vittorio Messori, *Entretiens sur la foi*, éd. Fayard, p. 122-123.

Nos beneficiaremos de un don muy poderoso del Espíritu Santo y seremos profundamente renovados. A esta visión de conjunto del nuevo Pentecostés, quisiéramos aportar otros elementos importantes. No vamos completamente a ciegas en este asunto. En efecto, la solicitud divina, por poco que observemos los signos de los tiempos, no cesa de hablarnos por María y por los santos. Se entiende que las apariciones de la Virgen, así como las palabras de los místicos, no pueden fundamentar nuestra fe, que reposa en la revelación de Jesucristo. Pero estas palabras, que no deben ir más allá de lo que es su propio lugar, no pueden ser menospreciadas, pues nos son dadas por Dios para iluminar la revelación en puntos particulares, o para ayudar a atravesar situaciones difíciles[20].

El capítulo precedente sobre la consagración ha demostrado la importancia de consagrarse a los dos Corazones de Jesús y de María para desarrollar todas las potencialidades de nuestro bautismo. En el marco de esa era nueva, se asistirá de pleno al desarrollo de este proceso de consagración. Con un objetivo pedagógico, vamos a tratar de nuevo sucesivamente del reino del Sagrado Corazón y del triunfo del Corazón Inmaculado de María que vendrán en ese nuevo Pentecostés. Seamos siempre conscientes de que, en realidad, los dos Corazones estarán inseparablemente unidos.

---

20. «Desde el punto de vista dogmático, las revelaciones privadas incluso hechas públicas, son accesorias, no necesarias, sin autoridad particular, gratuitas. Esto no quiere decir que esos hechos y su mensaje sean negativos, sino que entran en el régimen normal de la vida cristiana. Ciertamente, si María, por ejemplo, es enviada a aparecerse en la tierra y a entregar un mensaje, no se puede considerar esto como un puro detalle, pues se trata de una iniciativa divina. La importancia de estos hechos, no es dogmática, sino pastoral, es decir, que se inscriben en el cuidado práctico que el Señor tiene por su pueblo. A este respecto, tales hechos pueden adquirir una importancia considerable. Basta ver lo que la fe de los europeos occidentales debe a Lourdes para convencerse de ello». HERMANO BENITO DOMINGO DE LA SOUGEOLE, O. P., *Imitation à la Théologie mariale*, Paris, éd. Parole et silence, Biblioteca de la Revista tomista, 2007, p. 231.

El reino del «divino querer» del Sagrado Corazón

En una carta a la madre de Saumaise, Margarita María escribe: «Rogaremos en el Corazón y por el Corazón de Jesús que de nuevo quiere ser mediador entre Dios y los hombres»[21]. Si meditamos con atención las primeras peticiones del *Padrenuestro*, éstas ofrecen perspectivas luminosas a propósito del triunfo del Sagrado Corazón en el marco del nuevo Pentecostés. Hemos dado a este último capítulo el título de «Venga a nosotros tu reino». Nos parece que esta segunda petición de la oración del Señor sólo se comprende vinculada a la petición que la sigue inmediatamente: «Hágase tu voluntad así en la tierra como en el cielo». La manera en la que el Corazón reinará encontrará su perfecta expresión en la unión de los hombres con su santa voluntad. Como dice el exegeta Van den Bussche, en su comentario al *Padrenuestro*: «En efecto, nos ha dado a conocer el misterio de su voluntad, conforme al benévolo proyecto que se había propuesto de antemano, con el fin de realizarlo en la plenitud de los tiempos (Ef 1, 9-10)»[22].

El triunfo del Corazón Inmaculado de María

Con la devoción al Inmaculado Corazón de María no nos alejamos de la unión al divino querer de Dios que caracterizará más particularmente el reinado del Sagrado Corazón. En su explicación del secreto de Fátima, el cardenal Ratzinger, retomando las palabras clave: «Mi Corazón Inmaculado triunfará», precisa: «La devoción al Inmaculado Corazón de María es una manera de acercarse al comportamiento de ese Corazón, en el que el *fiat* —hágase tu voluntad— se convierte en el centro que informa toda

---

21. Santa Margarita María Alacoque, *Obras completas*, op. cit., «Cartas» n° 89 a la Madre de Saumaise, p. 803.

22. H. Van den Bussche, *Le notre Père*, éd. La pensée catholique, Bruselas, Office général du livre, París, 1960, p. 77.

de la existencia [...] ¿De quién podríamos aprender mejor [a seguir a Cristo] si no de la Madre del Señor?»[23].

Revelación del misterio de María

Ese profeta que fue san Luis María Grignion de Montfort escribe en su *Tratado de la verdadera devoción*: «En la segunda venida de Jesucristo, María habrá de ser conocida y revelada por el Espíritu Santo, a fin de que por Ella los hombres conozcan, amen y sirvan a Jesucristo»[24]. Para evitar todo error, precisemos que en los últimos tiempos vamos a asistir a un *añadido* de la revelación sobre la Santísima Virgen, pero en pleno *desarrollo* de su misterio. Cabe preguntarse legítimamente por qué Dios no ha revelado plenamente el misterio de su Madre desde el comienzo de la historia de la Iglesia. San Luis María explica la razón profunda de este silencio divino:

> María apenas se dio a conocer en la primera venida de Jesucristo, a fin de que los hombres, todavía poco instruidos e iluminados acerca de la persona de su Hijo, no se apartasen de la verdad y se aficionasen demasiado e imperfectamente a Ella, lo que probablemente hubiera sucedido si María hubiera sido conocida, a causa de los admirables atractivos que Dios había puesto incluso en su exterior[25].

Y nuestro predicador añade:

> Dios quiere, pues, revelar y manifestar a María, la obra más perfecta de sus manos, en estos últimos tiempos[26].

---

23. Joseph Ratzinger, *Comprendre le sens du Message de Fatima*, en Documentation catholique, 2000, n° 2230, p. 681

24. San Luis María Grignion de Monfort, «*Tratado de la verdadera devoción*», n° 49. *op.cit.,* p. 32.

25. San Luis María Grignion de Monfort, «*Tratado de la verdadera devoción*», n° 49. *op.cit.,* p. 31.

26. San Luis María Grignion de Monfort, «*Tratado de la verdadera devoción*», n° 50., *op.cit.,* p. 32. En este mismo número del Tratado, el lector descubrirá

María educadora de los grandes santos del final de los tiempos

En la era nueva, el lugar de María en el proyecto de Dios y en la educación en la gracia de los cristianos será tan manifiesto que la consagración no será para los bautizados una «opción» facultativa, sino la condición normal de ejercicio de la vida cristiana. Nuestro santo vendeano dice que los creyentes:

> Recurrirán a Ella en todo, como a su querida Abogada y Mediadora para con Jesucristo; sabrán que Ella es el medio más seguro, el más fácil, el más corto y el más perfecto para ir a Jesucristo, y se entregarán a Ella en cuerpo y alma, sin reserva, para ser a la vez de Jesucristo[27].

El santo de Montfort deja entrever además, que en los últimos tiempos habrá grandes santos con una santidad totalmente singular: «El Altísimo con su Santísima Madre han de suscitar grandes santos, que excederán en santidad a la mayoría de los otros santos, cuanto exceden los cedros del Líbano a los arbustos»[28]. Podemos encontrar enigmáticas estas palabras: en efecto, ¿cómo sobrepasar, y en mucho, a Juan de la Cruz o al Padre Pío? Para comprenderlo me parece que, ante todo, no hay que considerar las cosas a partir de las capacidades humanas, sino a partir del don inaudito que Dios dará. Sin ese don, el corazón del hombre sería incapaz de acoger los torrentes de gracias: «Muchas cosas me quedan por deciros, pero no podéis cargar con ellas por ahora; cuando venga él, el Espíritu de la verdad, os guiará hasta la verdad plena» (Jn 16,12-13).

---

algunos aspectos del misterio de la Madre de Dios, que resplandecerán en los tiempos venideros.

27. San Luis María Grignion de Monfort, «*Tratado de la verdadera devoción*», n° 55. *op.cit.,* p. 37.

28. San Luis María Grignion de Monfort, «*Tratado de la verdadera devoción*», n° 47. *op.cit.,* p. 30.

CONCLUSIÓN

Nuestra contemplación del Corazón de Jesús, en la escuela de Margarita María, de los Papas y de algunos santos, toca a su fin. Este recorrido nos ha permitido verificar ante todo que el misterio del Corazón de Cristo encierra efectivamente la quintaesencia de la fe. La afirmación del papa Pío XI que había llamado nuestra atención hasta el punto de provocar la escritura de esta obra, a saber, que el Sagrado Corazón de Jesús «es el resumen de toda la religión», está perfectamente fundada: el recorrido teológico que constituye la primera parte de este libro nos ha convencido de ello, el culto al Sagrado Corazón nos remite a los artículos fundamentales de la fe. La continuación de nuestra meditación en la segunda sección de este escrito (*Devolver amor por amor*), nos ha dejado entrever que la devoción al Sagrado Corazón de Jesús está lejos de ser una *devocioncilla* para almas sentimentales. El culto al Sagrado Corazón nos instala en la encrucijada de las grandes nervaduras de la vida espiritual, incluso se puede afirmar que es su síntesis.

Pero entonces, si la espiritualidad del Corazón de Jesús es portadora de tal anchura y profundidad teológica, espiritual y existencial, ¿por qué ha experimentado un cierto decaimiento desde hace algunas décadas? La situación es quizá más paradójica de lo que parece. En efecto, desde un cierto punto de vista, esta devoción a los Corazones de Jesús y de María parecería que ya no conecta con nuestros contemporáneos. Para nosotros, no hay duda alguna: no es el «producto» el que ya no interesa a la clientela, ¡es la clientela la que está enferma! El diagnóstico puede parecer abrupto, pero el decaimiento del culto al Sagrado Corazón no es neutro, sino que indica por sí mismo un desplome, un desplome de la fe, particularmente en los países de la vieja Cristiandad. Razón de más para enseñar de nuevo «a tiempo y a destiempo» (2 Tm 4, 2) el mensaje del Corazón de Jesús.

Pero esta nueva evangelización bajo el signo del Corazón de Jesús tenemos que cuidar de hacerla a la manera de Dios. Sus métodos están muy alejados de las técnicas de comunicación o de las lógicas de eficacia del mundo de la empresa. Margarita María nos ofrece aquí una verdadera carta misionera, el espíritu justo con el que se debe hacer esta propagación del culto al Sagrado Corazón:

> Porque los asuntos referidos directamente a la gloria de Dios, son muy diferentes de los del mundo, en los cuales hay que tomar una parte activa; pero en los de Dios, es preciso contentarse con seguir su inspiración y después dejar que obre la gracia y seguir sus impulsos [...]. La devoción al Sagrado Corazón no ha de ser forzada, sino que Él quiere insinuarse dulce y suavemente, por medio de la caridad, en los corazones [...]. No nos aflijamos si vemos que nuestros deseos no se realizan tan pronto como quisiéramos para gloria del divino Corazón, que sólo permite este retraso por lo mucho que se complace viendo aumentar nuestro ardor y diligencia en conseguirlo, y también para que el fervor de esta santa devoción dure más tiempo[1].

Incluso llega a decir que nuestros límites humanos pueden convertirse en un carburante particularmente apropiado para esta misión al servicio del Corazón de Cristo:

> Cuanto menos tenga de la criatura y del espíritu humano, escribe al P. Croiset, más tendrá de Dios y de su espíritu divino, el cual no quiere servirse para este particular más que de personas débiles,

---

1. Santa Margarita María Alacoque, *Obras completas,* op. cit., «Cartas» n⁰ 112 a la Madre de Saumaise, p. 885-886.

porque lo quiere hacer todo por sí mismo, con tal que nuestro amor y confianza secunden su poder[2].

Así pues, si bien no tenemos que preocuparnos, y mucho menos sentirnos culpables, por la lentitud en la recepción del mensaje del Sagrado Corazón entre nuestros interlocutores, tenemos que preguntarnos sobre cómo les hablamos. Hay ciertamente necesidad de «inculturizar» el mensaje del Sagrado Corazón según el lenguaje y la mentalidad actuales. Precisamente esto es lo que hemos intentado realizar a lo largo de este libro, que quiere ser muy accesible pero sin perder la profundidad, el sabor y las exigencias de la doctrina.

Hemos dicho más arriba que la situación actual es paradójica. En efecto, asistimos a la vez a un decaimiento del culto al Sagrado Corazón y a la aparición de un interés creciente por ese mismo Corazón de Jesús. Es posible que a Jesús hoy le guste tocar a almas que no están en el «circuito católico» o que parecen muy alejadas de esta devoción. El testimonio de Natalia Saracco, directora de la película *La mantis religiosa*, es a este respecto muy evocador. Después de un terrible accidente de coche se halla prisionera en su vehículo y ve venir la muerte. Pero su miedo a la muerte es sustituido en un instante por un amor ardiente: «Me encontré frente a frente con el Sagrado Corazón de Jesús, que lloraba con lágrimas ardientes, cuenta. No sólo estaba triste, sino que sufría el martirio». «¿Por qué lloras?», le pregunta Natalia, «Lloro, le responde Cristo, porque sois mis hijos queridos, por los que he dado mi vida y, en cambio, no recibo más que frialdad, desprecio e indiferencia. Lloro porque mi Corazón se consume de un amor sin límites por todos vosotros, seáis quien seáis, y me rechazáis». Conmovida por tanto dolor, Natalia le dice: «Qué pena entregar el alma ahora que conozco tu Calvario, quisiera volver a la tierra para consolarte y anunciar tu loco amor, tu misericordia hacia todos nosotros». Y

---

2. Ibid, «Cartas» n° 139 al P. Croiset, p.1057.»

continúa: «De repente, me encontré en el coche y mi cuerpo, que ya no respondía, volvió a la vida. Sabía que había salido de un gran apuro y que en adelante iba a consagrar mi vida a consolar al Corazón doliente de Jesús»[3].

El anuncio del mensaje de Paray y de los santos del Sagrado Corazón es efectivamente algo muy bueno, pero si se quiere que este divino Corazón reine en las almas y en las naciones, es importante llevar a las personas al santuario de la unión «transformante»: ese lugar privilegiado se encuentra en la consagración a los dos Corazones unidos de Jesús y María. En el capítulo que hemos dedicado a la consagración hemos hablado de su fuerza y de sus beneficios. También hablamos de esto cuando abordamos la cuestión misteriosa del nuevo Pentecostés: en el tiempo futuro, ¡vivir bajo la consagración funcionará a plena potencia! Pero, por ahora, la consagración es necesaria desde otro punto de vista, y no menor: en efecto, la consagración tiene el poder de atraer esa inmensa efusión del Espíritu Santo sobre la Iglesia y sobre el mundo[4]. Urge enseñar a las almas a consagrarse a Jesús y a María. A propósito de la consagración al Inmaculado Corazón de María, la vidente sor Lucía explica el sentido de la consagración en una carta al P. Gonçalves fechada el 18 de mayo de 1936:

Quiero, le enseña Jesús en una aparición, que toda mi Iglesia reconozca en esta consagración un triunfo del Corazón Inmaculado de

---

3. *La Nef*, n° 260, junio de 2014, p. 45.

4. La consagración a María condiciona el don escatológico del Espíritu y en consecuencia la eclosión del «nuevo Pentecostés». Discípulo de san Luis María Grignion de Montfort, Juan Pablo II ha tomado de él que los «santos de los últimos tiempos» serán fuego encendido, ministros del Señor que prenderán por todas partes el fuego del amor divino. Entonces sabrán que María es el medio más seguro, fácil, corto y perfecto para llegar hasta Jesucristo y se consagrarán a Ella en cuerpo y alma sin reserva alguna, para pertenecer del mismo modo a Jesucristo, Tratado de la verdadera devoción, n° 55-56.

María, para así extender su culto y poner al lado de la devoción a mi divino Corazón la devoción a este Corazón inmaculado[5].

La dirección está claramente indicada por Nuestro Señor. El final del acto de consagración a la Inmaculada de san Maximiliano Mª Kolbe querría suscitar en el lector, si alguna duda tiene aún, un vivo deseo de vivir la consagración a María a fin de hacer reinar mejor el Corazón de su Hijo:

> Inmaculada Concepción, reina del cielo y de la tierra [...]. Que en vuestras manos inmaculadas y llenas de misericordia sea yo un instrumento que sirva para implantar y aumentar lo más posible vuestra gloria en tantas almas descarriadas y tibias. De este modo se extenderá cada vez más el reinado dulcísimo del santísimo Corazón de Jesús; pues, allí donde vos entráis, obtenéis la gracia de la conversión y de la santificación, ya que todas las gracias del Sacratísimo Corazón de Jesús provienen de vuestras manos[6].

---

5. *Mémoires et lettres de soeur Lucie,* Citado por el P. Édouard Glotin, *op.cit.,* p. 489.

6. San Maximiliano Mª Kolbe, *Acto de consagración a la Inmaculada hecho en Roma el 16 de octubre de 1917.*

Anexos

ORACIÓN EXPIATORIA AL SAGRADO CORAZÓN DE JESÚS DEL PAPA PÍO XI

Dulcísimo Jesús, cuya caridad derramada sobre los hombres se paga tan ingratamente con el olvido, el desdén y el desprecio, míranos aquí postrados ante tu altar. Queremos reparar con especiales manifestaciones de honor tan indigna frialdad y las injurias con las que en todas partes es herido por los hombres tu amoroso Corazón.

Recordando, sin embargo, que también nosotros nos hemos manchado tantas veces con el mal, y sintiendo ahora vivísimo dolor, imploramos ante todo tu misericordia para nosotros, dispuestos a reparar con voluntaria expiación no sólo los pecados que cometimos nosotros mismos, sino también los de aquellos que, perdidos y alejados del camino de la salud, rehúsan seguirte como pastor y guía, obstinándose en su infidelidad, y han sacudido el yugo suavísimo de tu ley, pisoteando las promesas del bautismo.

Al mismo tiempo que queremos expiar todo el cúmulo de tan deplorables crímenes, nos proponemos reparar cada uno de ellos en particular: la inmodestia y las torpezas de la vida y del vestido, las insidias que la corrupción tiende a las almas inocentes, la profanación de los días festivos, las miserables injurias dirigidas contra Ti y contra tus santos, los insultos lanzados contra tu vicario y el orden sacerdotal, las negligencias y los horribles sacrilegios con que se profana el mismo Sacramento del amor divino y, en fin, las culpas públicas de las naciones que menosprecian los derechos y el magisterio de la Iglesia por ti fundada.

¡Ojalá que podamos nosotros lavar con nuestra sangre estos crímenes! Entre tanto, como reparación del honor divino conculcado, te presentamos, acompañándola con las expiaciones de tu Madre la Virgen, de todos los santos y de los fieles piadosos, aquella satisfacción que Tú mismo ofreciste un día en la cruz al Padre y que renuevas todos los días en los altares. Te prometemos con todo el corazón compensar en cuanto esté de nuestra parte, y con el auxilio de tu gracia, los pecados cometidos por nosotros y por los demás: la indiferencia a tan grande amor con la firmeza de la fe, la inocencia de la vida, la observancia perfecta de la ley evangélica, especialmente de la caridad, e impedir además con todas nuestras fuerzas las injurias contra ti, y atraer a cuantos podamos a tu seguimiento. Acepta, te rogamos, benignísimo Jesús, por intercesión de la Bienaventurada Virgen María Reparadora, el voluntario ofrecimiento de expiación; y con el gran don de la perseverancia, consérvanos fidelísimos hasta la muerte en el culto y servicio a Ti, para que lleguemos todos un día a la patria donde tú con el Padre y con el Espíritu Santo vives y reinas por los siglos de los siglos. Amén.

OFRENDA AL SAGRADO CORAZÓN DE JESÚS DE SAN CLAUDIO DE LA COLOMBIÈRE

Él no encuentra en el corazón de los hombres más que dureza, olvido y menosprecio. Él ama y no es amado y no se conoce ni siquiera su amor, porque no se dignan recibir los dones por los que quisiera testimoniarlo, ni escuchar las tiernas y secretas declaraciones que querría hacer a nuestro corazón. En reparación de tantos ultrajes y de tan crueles ingratitudes, oh muy adorable y muy amable Corazón de mi amable Jesús, y para evitar en cuanto de mí dependa el caer en semejante desgracia, os ofrezco mi corazón con todos los sentimientos de que soy capaz, yo me entrego enteramente a Vos. Y desde este momento protesto sinceramente que deseo olvidarme de mí mismo y de todo lo que pueda tener relación conmigo para remover el obstáculo que pudiera impedirme la entrada en ese divino Corazón, que tenéis la bondad de abrirme y donde deseo entrar para vivir y morir en él con vuestros más fieles servidores, penetrado enteramente y abrasado de vuestro amor. Sagrado Corazón de Jesús, enseñadme el perfecto olvido de mí mismo, puesto que este es el único camino por el que se puede entrar en Vos. Puesto que todo lo yo que haga en lo sucesivo será vuestro, haced de manera que no haga yo nada que no sea digno de Vos. Enseñadme lo que debo hacer para llegar a la pureza de vuestro amor, cuyo deseo me habéis inspirado. Siento en mi una gran voluntad de agradaros y una impotencia aún mayor de lograrlo, sin una luz y socorro muy particulares que no puedo esperar sino de Vos. Haced en mí vuestra voluntad, Señor. Me opongo a ella, lo sé bien, pero de veras querría no oponerme. Sois Vos quien puede hacerlo todo, divino Corazón de Jesucristo; Vos solo tendréis toda la gloria de mi santificación, si me hago santo. Esto me parece más claro que el día; pero será para Vos una gran gloria y solamente por esto quiero desear la perfección. Así sea.

PEQUEÑA CONSAGRACIÓN AL CORAZÓN DE JESÚS DE SANTA MARGARITA MARÍA

Yo, N., me doy y consagro al Sagrado Corazón de Nuestro Señor Jesucristo, mi persona y mi vida, mis acciones, penas y sufrimientos para no servirme más de ninguna parte de mi ser más que para amarlo, honrarlo y glorificarlo. Esta es mi voluntad irrevocable de ser toda suya y hacerlo todo por su amor renunciando de todo corazón a cuanto pudiera desagradar le. Te elijo, pues ¡Oh Sagrado Corazón!, como único objeto de mi amor, protector de mi vida, garantía de mi salvación, remedio de mi inconstancia, reparador de todas las faltas de mi vida y refugio seguro en la hora de mi muerte. Sé, pues, ¡oh bondadoso Corazón! mi justificación hacia Dios Padre y aparta de mí los rayos de su justa cólera. ¡Oh amoroso Corazón, pongo toda mi confianza en Ti, porque todo lo temo de mi debilidad, pero todo lo espero de tu bondad! Consume, pues, en mí todo lo que pueda desagradarte o resistirte. Que tu puro amor se imprima en mi corazón de tal modo que jamás pueda olvidarte ni separarme de Ti. Te suplico por todas tus bondades que mi nombre esté escrito en Ti, porque quiero hacer consistir toda mi felicidad y mi gloria en vivir y morir en calidad de esclava tuya.

CONSAGRACIÓN A LOS SAGRADOS CORAZONES DE JESÚS Y DE MARÍA DE SANTA MARGARITA MARÍA

Oh muy santa, muy amable y muy gloriosa Virgen María, Madre de Dios, nuestra querida Madre, maestra y abogada, a quien estamos entregadas y consagradas, siendo felices de perteneceros en calidad de hijas, de siervas y de esclavas en el tiempo y en la eternidad. De común acuerdo nos arrojamos a vuestros pies para renovar los votos de nuestra fidelidad y servidumbre hacia Vos y para pediros que, como cosa vuestra nos ofrezcáis, dediquéis y consagréis y nos inmoléis al Sagrado Corazón del adorable Jesús, a nosotras y a todo lo que somos, todo lo que haremos y suframos, sin reservarnos nada, ni queriendo tener otra libertad que la de amar, otra gloria que la de perteneceros en calidad de esclavas y de víctimas de su puro amor, ni otra voluntad ni poder que el de agradarlo y contentarlo en todo, a expensas de nuestras vidas. Y puesto que tenéis todo el poder sobre el amable Corazón, haced, pues, nuestra caritativa Madre, que reciba y acepte esta consagración que hacemos hoy en vuestra presencia y a través de Vos, con la protesta de nuestra fidelidad, si nos apoyan su gracia y vuestra ayuda, que os suplicamos no nos la niegues.

¡Oh nuestra dulce esperanza, hacednos sentir vuestro poder hacia este amable Corazón de Jesús y emplead vuestro crédito para alojarnos en él para siempre! Pedidle que ejerza su soberano imperio en nuestras almas, haciendo reinar su amor en nuestros corazones, a fin de consumirnos y transformarnos a todas en Él mismo. ¡Que sea nuestro padre, nuestro esposo, nuestra guardia, nuestro tesoro, nuestras delicias, nuestro amor y nuestro todo en todas las cosas; destruyendo y aniquilando en nosotras todo lo que hay de nosotras mismas para que podamos establecer todo lo que es de él a fin de que le podamos ser agradables! ¡Que sea el sostén de nuestra impotencia, la fuerza de nuestra debilidad, la alegría de todas nuestras tristezas!

Oh Sagrados Corazones de Jesús y de María, reparad todos nuestros incumplimientos, suplid todo lo que nos falta, inflamad nuestros corazones con vuestros santos ardores; consumid todas nuestras frialdades y cobardías para amar y servir. Ya que queremos hacer consistir toda nuestra felicidad y dicha en vivir y morir en calidad de esclavas del Adorable Corazón de Jesús y de hijas y siervas de su santa Madre.

LAS DOCE PROMESAS DEL SAGRADO CORAZÓN DE JESÚS

1. Daré a las almas consagradas a mi Corazón todas las gracias que son necesarias para su estado. «*Separados de mí, nada podéis hacer*» (Jn 15,5).

2. Haré reinar la paz en vuestra familia. «*Os dejo la paz, mi paz os doy*» (Jn 14,27).

3. Os consolaré en vuestras penas «*Venid a mí todos los que estáis fatigados y sobrecargados y yo os proporcionaré descanso*» *(Mt 11,28).*

4. Seré para vosotros un refugio durante la vida y, sobre todo en la hora de la muerte. «*Os tomaré conmigo para que donde esté yo estéis también vosotros*» *(Jn 14, 3).*

5. Derramaré abundantes bendiciones. «*Bendito sea el Padre de Nuestro Señor Jesucristo que nos ha bendecido con toda clase de bendiciones espirituales*» *(Ef 1,3).*

6. Los pecadores encontrarán en mi Corazón una fuente y un océano infinito de misericordia. «*Misericordia quiero y no sacrificios. Porque no he venido a llamar a los justos sino a los pecadores (Mt 9,13).*

7. Las almas tibias se volverán fervientes. «*He venido para que tengan vida y la tengan en abundancia*» *(Jn 10, 10).*

8. Las almas fervientes se elevarán rápidamente hasta una gran perfección. «*Sed perfectos como vuestro Padre celestial es perfecto*» *(Mt 5, 48).*

9. Bendeciré la casa en la que sea expuesta y venerada la imagen de mi Corazón. «*Hoy ha llegado la salvación en esta casa*» *(Lc 19,9).*

10. Daré a los sacerdotes el don de tocar los corazones endurecidos. *«Curad enfermos, resucitad muertos, purificad leprosos, expulsad demonios» (Mt 10,8).*

11. Las personas que propaguen esta devoción tendrán su nombre inscrito de manera indeleble en mi Corazón. *«No borraré su nombre del libro de la vida, sino que me declararé a su favor delante de mi Padre y de sus ángeles» (Ap. 2,5)*

12. El amor todopoderoso de mi Corazón concederá la gracia de la perseverancia final a todos los que comulguen el primer viernes de mes, durante nueve meses consecutivos. *«Yo soy el pan vivo, bajado del cielo Si uno come de este pan, vivirá para siempre» (Jn 6,51).*

Índice

SEGUNDA PARTE: DEVOLVER AMOR POR
AMOR AL CORAZÓN DE CRISTO